中国基础教育质量监测协同创新中心重大专题成果培育类课题（2018 – 06 – 004 – BZPK01）成果

主研人员

李 鹏 宋乃庆 吴 虑 徐小容

彭 敏 马新星 张媛媛

西南大学教育学部
现代教育文库

中国义务教育均衡发展论

朱德全 著

人民出版社

图书在版编目（CIP）数据

中国义务教育均衡发展论 / 朱德全 著. —北京：人民出版社，2018

ISBN 978-7-01-020102-3

Ⅰ. ①中… Ⅱ. ①朱… Ⅲ. ①义务教育－发展－研究－中国 Ⅳ. ①G522.3

中国版本图书馆CIP数据核字(2018)第268727号

中国义务教育均衡发展论

ZHONGGUO YIWU JIAOYU JUNHENG FAZHAN LUN

著　　者：朱德全

责任编辑：翟金明　韩 悦

出版发行：人 民 大 版 社

地　　址：北京市东城区隆福寺街99号

邮政编码：100706

印　　刷：廊坊市海涛印刷有限公司

版　　次：2019年6月　第1版

印　　次：2019年6月　河北第1次印刷

开　　本：710毫米×1000毫米　1/16

印　　张：24.5

字　　数：290千字

书　　号：ISBN 978-7-01-020102-3

定　　价：98.00元

销售中心：(010) 65250042 65289539

目　录

前　言

　　义务教育均衡发展是社会公平的重要基石，也是我国教育改革的战略性任务之一。自1904年义务教育制度确立至今，经过一百多年艰苦探索，随着"两基"目标的实现，我国义务教育机会均衡已然基本实现；同时，经过多年学校标准化建设，义务教育资源均衡也正在逐步推进。但是，中国义务教育是全世界受众最多、覆盖面积最广、情况最为复杂的教育，因此，中国完全实现义务教育均衡发展，尤其是优质均衡发展，任重而道远。所以，党和国家把全面实现义务教育均衡发展当作我国教育改革的战略性任务之一。2006年，全国人大常委会新修订的《义务教育法》规定："国务院和县级以上地方人民政府应当合理配置教育资源，促进义务教育均衡发展。"2010年，《国家中长期教育改革和发展规划纲要（2010—2020年）》（以下简称《纲要》）指出"均衡发展是义务教育的战略性任务"。同时，国务院还专门出台了《关于深入推进义务教育均衡发展的意见》，明确了义务教育均衡发展的目标与要求。

　　因此，在全面推进深化教育领域综合改革的时代，义务教育均衡发展是重要的战略任务。要实现教育"中国梦"，办人民满意的教育，就必须深入研究义务教育均衡发展的问题。正是在这样的背景下，本课题组基于第三方评估的视角，探究中国义务教育均衡发展的联动机制与立体化路径。整个研究历时三年，在广泛分析国内外现有研究基础和义务教育发展经验的基础上，课题组深入全国14个省实施实证调查，最后重点探究了中国义务教育均衡发展的联动机制、立体化路径和保障措施。

多年研究成果整合形成了这本专著。总体来看，本书有以下几个特色：

第一，研究立意独创，研究设计有新意。一是系统化、全域性的分析视角创新。本书基于"五大发展"理念的时代背景以及当前区域义务教育均衡发展的研究结论，综合国内国外区域义务教育均衡发展的模式，提出了义务教育均衡发展的新尺度。二是全局性、多维度的数据监测创新。本书从全国范围内收集了 2010—2014 年中国义务教育发展的基础数据，又从全国 14 个省（区、市）、82 个县（市、区）的 546 所学校获得了抽样数据，征集了近 5 年来义务教育均衡发展的最新案例，综合运用定性和定量的分析方法，全面再现了中国义务教育均衡发展的图景。三是立体化、协同化的对策机制创新。基于"联动""立体化"等理念，提出了推进中国义务教育均衡发展的治理体系、联动机制和保障机制。

第二，研究内容丰厚，重点明晰且突出。本书是课题组三年以来集中研究和辛勤钻研的成果，立足于全面深化教育领域综合改革的时代背景和《纲要》实施 5 周年的阶段性评估，紧紧围绕中国义务教育均衡发展的基本理论、现状调查和对策研究三大模块，用 20 余万字全景再现中国义务教育均衡发展的新成就、新经验与新问题。尽管篇幅大，但重点也格外清楚，主要论述五个问题：一是"新常态"时期，义务教育均衡发展的新内涵、新理念与新标准；二是国际、国内义务教育均衡发展的典型经验与成功模式；三是中国义务教育均衡发展的实际情况；四是义务教育均衡发展的多重制度逻辑分析与治理体系；五是义务教育均衡发展的对策建议，构建义务教育均衡发展的联动机制与保障机制。

第三，研究方法多元，信度、效度较高。由于中国义务教育均衡发展涉及面广、因素多，全面评估中国义务教育均衡发展水平的难度较大，因此，整个评估综合运用了多种定性与定量相结合的研究方法，遵循了量化研究与质性研究相结合的路子，在线性的研究思路设计下，考虑复杂的研究内容，在不同研究阶段采取不同策略。主要运用了元分析（文献法）、问卷调查法、访谈法、案例分析法等多种方法；此外，还用到了政策分析法、文本分析法和大样本数据统计分析方法等。多元研究方法交相辉映，纵深的文献分析和理论检视相结合，严谨的量化分析和案例佐证相呼应，规范的逻辑分析与政策创新相吻合。基于研究方法的科学选择和多元印证，本书关于中国义务教育均衡发展研究的主要结论都比较可靠，信度效度良好。

第四、研究价值突出，社会反响比较大。特殊的时代背景、特定的研究内容、特别的研究平台，本书关于新时期中国义务教育均衡发展的理论分析、实证调查和政策建议价值突出，产生了较大的社会反响。其中，实证调查部分的成果被纳入《中国义务教育第三方评估报告》的核心内容，为《纲要》实施以来义务教育的发展现状作了很好的反馈，并得到国家教育体制改革领导小组批示。农村中学课程改革、学校标准化建设、区域义务教育均衡政策设计等研究报告分别被重庆市教育评估院、重庆市教育科学研究院采纳。可以说，整个研究探索适合我国国情的义务教育均衡发展的理论指导和行动策略，有助于指导区域义务教育均衡发展，提高义务教育质量。

本书是课题研究成果的拓展与升华，也是课题组全体成员汗水与智慧的结晶。本书从规划、设计、修改到定稿共历时 3 年，感谢课题的主要研究成员对书稿所做的大量贡献。同时，也要感谢人民出版社的鼎力支持，才有了本书的面世。

学术研究是一种坚持，一种情怀，一种信仰！写作的过程是总结，也是反思，更是"再出发"。写完这本《中国义务教育均衡发展论》，我们期望以此回望过去，审视现在，更希望以此开启未来，把中国义务教育均衡发展研究做得越来越好。然而，限于著者的学识水平与时间精力有限，书中难免存在疏漏之处，敬请各位读者不吝批评指正。

朱德全　西南大学

2018 年 6 月

导论

一、问题提出

义务教育是国民教育的基础，义务教育均衡发展是社会公平的基础。经过一百多年艰苦探索，特别是《国家中长期教育改革和发展规划纲要（2010—2020 年)》（以下简称《纲要》）实施以来，我国的义务教育取得了突飞猛进的进步，在办学经费、办学条件和师资队伍建设上成就显著，然而新时期，教育政策环境、经济环境与文化环境不断变迁，"新常态"环境促生了义务教育均衡发展的新问题。因此，全面调查义务教育均衡发展的现状、及时采取相关措施，对我国义务教育优质均衡发展极其重要。本书从第三方评估的视角探究中国义务教育均衡发展的联动机制与立体化路径，主要基于以下三个缘由：

（一）公平与正义：义务教育百年发展的不懈追求

义务教育是国民教育的基石，追求义务教育的公平更是社会公平正义的基础性保障。自 1904 年中国义务教育制度建立以降，实现全国性的义务教育均衡发展成了百年义务教育艰难探索的教育"中国梦"。在义务教育制度确立之初，《学务纲要》就把义务教育设定为国民义务教育，保障每个人基本受教育权力的教育制度。[①] 嗣后，尽管中华大地政

[①] 董标：《符号、知识与课程——〈学务纲要〉百年的文化研究尝试》，《教育理论与实践》2003 年第 3 期；陈景磐、吕达：《张之洞的基本教育活动及其基本的教育思想——"中学为体、西学为用"（续)》，《教育研究与实验》1983 年第 1 期。

权迭换，战火纷飞，但是全国人民一直致力于努力追求每个公民基本受教育权利的实现，"有学上"成为当时全国人民共同的呼声。然而，囿于"穷国办大教育"的客观国情以及"文化大革命""城市优先发展"等外在因素的影响，中国义务教育入学机会的公平一直持续到 21 世纪之初，随着"双基"目标的实现①，中国人"有学上"的问题才初步得到解决。

然而，随着经济社会的日益发展，人们对义务教育的需求从"有学上"转向了"上好学"。② 人们不再满足于基本受教育权的保障，开始追求分享优质的义务教育，期望实现教育资源的公平与均衡。所以，在义务教育资源配置不均衡的情况下，人们"用脚投票"去实现"上好学"的目标。③ 一时间，"择名校""选名师""进名班"，以及疯狂的学区房炒作等新的问题不断涌现。中国的传统文化中，"学而优则仕""书中自有黄金屋"的文化信念尤为坚定，一种"社会达尔文主义"④的文化情结影响着整个中国教育，尤其是名校情结和高分情结。教育的公平不仅仅是"不患寡而患不均"，更要"公平而卓越"，因为教育不仅仅能改变个人命运、实现每一个人的人生价值，而且还关系社会的公

---

① 参见陈诚：《对义务教育入学限制传统观念的修正与重构》，《教育学报》2010年第 2 期；孙泽平、孙露晞：《"入学难、择校贵"难题之解——从义务教育入学机制说起》，《教育理论与实践》2012 年第 5 期。

② 王天平、李鹏、王建平：《城乡中小学标准化建设的问题审视与优化之道——基于 N 市中小学标准化建设的调研》，《西南大学学报（社会科学版）》2014 年第 3 期。

③ 陶西平：《有学上、上好学与都上学》，《中国教育学刊》2009 年第 1 期；阮成武、朱家存：《上好学政策面临的实践挑战与应对策略》，《中国教育学刊》2013 年第 1 期。

④ "社会达尔文主义"将生物进化论的"达尔文主义"的"竞争思维""强者意识"等引入到了社会领域，是实用主义、强者思维、竞争意识的代表性主张。但资先生认为，中国目前的国情条件还谈不上"社会达尔文主义"。具体参见资中筠：《从"社会达尔文主义"说起兼及中国国情》，《社会科学论坛》2002年第 9 期。

平正义。[①]

党的十八大报告提出了"努力办好人民满意的教育"的教育"中国梦"伟大蓝图，并要求"深化教育领域综合改革，着力提高教育质量"。[②] 而"人民满意"的教育，必须是公平正义的义务教育和有质量的教育。所以，党的十九大就提出"发展公平而有质量教育"[③]，精准定位了教育"中国梦"的时代内涵。尽管这些年我国义务教育发展成绩显著，但新的问题也不断凸显。[④] 要完全办好"公平而有质量"的中国义务教育，就必须深入研究中国义务教育均衡发展的现状与问题，并从全局性的视角和战略性的高度，不断推进和实施中国义务教育均衡发展，切实保障义务教育机会均衡，深入实施义务教育资源均衡，不断探索义务教育质量均衡，进而满足人民群众"上好学"的理想诉求，不断实现"公平而有质量"的教育"中国梦"。

（二）问题与挑战：义务教育优质均衡的现实超越

我国义务教育自建立到普及，一直处于非均衡发展的状态。但是经过 100 余年的不懈努力，2011 年全国所有省级行政区域、县级单位通过"两基"验收，意味着我国义务教育走过了教育机会均衡阶段。[⑤]《纲要》实施的第 5 年，我国义务教育已然成绩显著，截至 2015 年 7

① 贾中海：《教育公平及其社会正义价值》，《黑龙江高教研究》2008 年第 11 期；郝文武：《教育公平与社会公平相互促进的关系状态和基本意义》，《北京师范大学学报（社会科学版）》2011 年第 4 期。

② 中国新闻网：《坚定不移沿着中国特色社会主义道路前进为全面建成小康社会而奋斗——在中国共产党第十八次全国代表大会上的报告》，2012 – 11 – 20, http://news. china. com. cn/politics/2012 – 11/20/content_ 27165856. htm.

③ 李克强：《发展公平而有质量的教育》，人民网，http://edu. people. com. cn/n1/2018/0305/c1006 – 29848659. html.

④ 李鹏、朱德全：《义务教育学校标准化建设：进程、问题与反思——基于 2010 年—2014 年全国义务教育办学条件数据的测度分析》，《清华大学教育研究》2016 年第 1 期。

⑤ 宋乃庆、李森、朱德全：《中国义务教育发展报告 2012》，教育科学出版社 2013 年版，第 10 页。

月，全国通过义务教育发展基本均衡督导评估认定的县（市、区）达833个，完成了《义务教育均衡发展备忘录》2015年目标的45.14%。①其中京、津、沪、苏、浙5省（市）已整体通过国家教育督导委员会的均衡评估，这些地区已经迈入高水平均衡发展阶段。但是，尚有66.41%的区县没有实现完全均衡，部分地区义务教育城乡差距、区域差距依旧存在。②

目前，我国义务教育均衡发展走过了低水平均衡和初级均衡阶段，正在逐步实现高级均衡的目标，并逐步向高水平均衡迈进。尽管全国迄今已通过义务教育发展基本均衡县（市、区）评估达到1302多个，但是，全面实现义务教育均衡发展却依然存在着诸多现实问题。尤其是随着均衡评估的推进，没有实现均衡的落后地区，特别是广大中西部地区的贫困县要达到评估标准难度越来越大，义务教育均衡发展任重而道远。③具体来说，义务教育经费投入总量不足，且呈现出"中部塌陷"的问题格局；义务教育办学条件质量不够，且城乡之间"内涵化"差距巨大；义务教育师资队伍有待优化，尤其是农村师资结构性缺编严重；义务教育适应新变化需加强，城镇化进程中的新问题不断出现；义务教育优质均衡任重道远，区域、城乡间教育质量差距甚大。④

如今，伴随着中国经济社会的发展转型，社会主要矛盾已经转化为"人民日益增长的美好生活需要和不平衡不充分的发展之间的矛盾"⑤中国已然走进了社会主义的新时代。在新的历史起点上，中国义务教育

---

① 宋乃庆、朱德全、李森：《中国义务教育发展第三方评估报告》，2015年8月。
② 朱德全、李鹏、宋乃庆：《中国义务教育均衡发展报告——基于〈教育规划纲要〉第三方评估的证据》，《华东师范大学学报（教育科学版）》2017年第1期。
③ 宋乃庆：《我国义务教育均衡发展任重道远》，《中国教育学刊》2015年第9期。
④ 朱德全、李鹏、宋乃庆：《中国义务教育均衡发展报告——基于〈教育规划纲要〉第三方评估的证据》，《华东师范大学学报（教育科学版）》2017年第1期。
⑤ 王建新：《"社会主要矛盾转化"昭示深刻变革》，http://theory.people.com.cn/n1/2017/1113/c40531 - 29642605. html。

均衡发展已经步入到了"后均衡"时代，要超越这些现实问题，全面实现义务教育优质均衡发展，就必须深入实施新一轮的义务教育均衡发展研究，尤其是要站在既往研究的基础之上，从全面均衡和优质均衡的视域出发，探究义务教育优质均衡发展的新思路、新路径，转变既有的义务教育均衡发展模式，必须坚持从外延均衡转向内涵均衡、从依附均衡转向自主均衡、从区域均衡转向省级统筹、从基础均衡转向优质均衡、从同质化均衡转向特色均衡。①

（三） 实践与反思：义务教育均衡发展的学术自觉

学术研究从来就不能脱离于学术实践。近年来，研究者所在团队承袭八年前的农村中学课程改革，深度探索西部农村中学教学质量提升的课程与教学模式创新。② 基于对优质均衡的教育质量提升，系统总结多年来在巴川中学、朝阳中学等实验学校提出的课堂教学有效性评价尺度。③ 受国家教育部委托，连续多年追踪评估中国义务教育发展问题，先后就义务教育均衡发展的标准化学校建设问题④、义务教育督导绩效问题⑤、学生核心素养问题等做了系统研究。同时还受国家教育体制改革领导小组办公室委托，承担了义务教育第三方评估的重要工作，课题组成员对《纲要》实施五周年以来的中国义务教育均衡发展新成就、新进展、新经验和新问题进行了总结，并提出了新时期义务教育优质均衡发展的治理策略。

---

① 冯建军：《内涵发展：推进义务教育优质均衡的路向选择》，《南京社会科学》2012 年第 1 期。
② 朱德全：《农村中学"三位一体"课程与教学模式创新的行动研究》，《西南大学学报（社会科学版）》2015 年第 1 期。
③ 朱德全、李鹏：《课堂教学有效性论纲》，《教育研究》2015 年第 10 期。
④ 李鹏、朱德全：《义务教育学校标准化建设：进程、问题与反思——基于2010—2014 年全国义务教育办学条件数据的测度分析》，《清华大学教育研究》2016 年第 1 期。
⑤ 李鹏、朱德全：《公平与发展：中国义务教育督导绩效的实证研究》，《教育学报》2016 年第 2 期。

事实上，新世纪以来，中国义务教育均衡发展的问题一直都是教育研究的热点问题。比较为人们所熟悉的研究主要有：翟博的中国义务教育均衡发展的指标体系①，中国教育科学研究院义务教育均衡发展国家标准②，范先佐义务教育均衡发展的省级统筹体系③，姚继军中国义务教育均衡发展的测度研究④等，这些研究或侧重于指标体系，或侧重于实证测量，或侧重于对策建议，抑或多者兼顾。但是，都不是基于第三方评估的视角，而且，时代在不断发展变化，彼时的研究和探讨多集中在县域义务教育均衡发展的问题上，而对省域乃至全国层面的义务教育优质均衡发展讨论略少；同时，彼时的均衡发展多聚焦于义务教育资源的均衡配置，对于义务教育优质均衡发展论述不多。

因此，本书基于课题组前期研究基础，借助于翟博等学者前期的研究基础，基于第三方评估的视角，专注于探索中国义务教育优势均衡发展的治理体系、联动机制和立体化路径。把多年学术追求与实践探索相结合，系统总结、广泛实践、深刻反思，这既是实现中国义务教育均衡发展的课题驱动，更是研究者作为理论研究学术自觉的直接结果。开展此项研究，一方面是课题研究成果自发的表达；另一方面，也是西南大学义务教育均衡发展课题组成员实践、反思和学术创作、学术自觉的产物，是理论与实践相结合、智慧与汗水的结晶。

---

① 翟博：《教育均衡发展：理论、指标及测算方法》，《教育研究》2006 年第 3 期；翟博：《教育均衡发展指数构建及其运用——中国义务教育均衡发展实证分析》，《国家教育行政学院学报》2007 年第 11 期。
② 中国教科院"义务教育均衡发展标准研究"课题组：《义务教育均衡发展国家标准研究》，《教育研究》2013 年第 5 期。
③ 范先佐、郭清扬、付卫东：《义务教育均衡发展与省级统筹》，《教育研究》2015 年第 2 期。
④ 姚继军：《教育均衡发展综合测度的原则与方法》，《教育科学》2008 年第 6 期；姚继军、张新平：《新中国教育均衡发展的测度》，《华东师范大学学报（教育科学版）》2010 年第 6 期。

二、文献回顾

以"主题—义务教育均衡发展—或含—义务教育均衡发展—模糊";并且"篇名—中国义务教育均衡发展—或含—区域义务教育均衡发展—模糊",在 CNKI 期刊网对 2000 年 1 月 1 日到 2013 年 12 月 31 日期间全部的期刊文献进行高级检索,然后主要运用文献计量法、内容分析法,结合人工统计,从主题分布、研究方法、文献被引频次等维度进行文献回顾与评论。

(一) 研究概况

研究主题的变化路线主要为:（1）"内涵解读→教育法制、时效性、非均衡因素探析;[①]（2）对策研究→机制构建与效率分析→农村发展基本策略→教师政策→学科均衡;（3）伙伴研究→教育质量保障机制→政策研究指标体系构建[②]→城市区域分化"的发展趋势。研究路径由理论走向实践,研究主题由抽象的理论探讨走向具体的扎根理念,研究地域从区域→校际→学科均衡向县域、市域和省域均衡的优质目标发展,研究视角不断宽广、路线不断深入。研究重点偏向义务教育优质均衡的发展路径、政策变革、师资均衡配置问题、政策研究、绩效研究指标体系的构建、科研管理中的计划与实施。

文献引用 H 指数分布图如图 1 所示。从图 1 看出 H 指数为 9,说明至少有 9 篇文献被引次数在 9 次以上。而且,被引频次在 43 次以上的文献 1 篇,39 次 1 篇,22 至 28 次 2 篇,仅有 4 篇文献被引频次在 20 次

---

① 薛海平、胡咏梅:《我国义务教育区域非均衡发展研究》,《教育理论与实践》2004 年第 2 期。

② 薛二勇:《区域内义务教育均衡发展指标体系的构建——当前我国深入推进义务教育均衡发展的政策评估指标》,《北京师范大学学报（社会科学版）》2013 年第 4 期。

（5%）以上，说明仅有极少数文献在学术领域具有较强的影响力；被引频次在 4 次以上为 24 篇（32.43%），这部分文献对其他研究者也有一定影响；被引频次在 1 次以上为 37 篇，仅占文献总量的 50.00%，被引次数不高。当然，文献被引频次与发表时间有关，发表时间越早被引用机会越大，但仅被引用 1 次及以下的有 44 篇文献，说明有将近59.45% 的研究成果学术影响力很低。

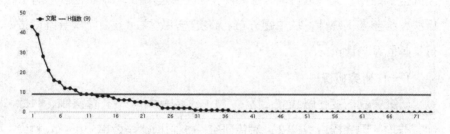

图 1　文献引用 H 指数分布图

研究发现，学术界对中国义务教育均衡发展话题的研究已从初步认识、理论探讨走向广泛的实践探索；从抽象的理论构建到实践的理论创新与发展；从整体的框架体系探索到具体的实地模式构建；从低位均衡到高位均衡以及优质均衡的方向发展；从内容的单一到思维的立体深度、广度与厚度；从"物"的因素逐渐走向"人"的因素，朝向人的发展；从宏观、中观到微观的理论探讨走向学科、课堂教学的均衡探索与理论构建。

（二）研究内容回顾

对文献内容进行类别汇总与分析，义务教育文献内容主要涉及均衡发展内涵、实施现状、困境及阻力因素、对策与发展路径四方面；研究技术路线以内容分析为横向维度切入点，从时间序列探索研究发展特征为纵向维度着手点，以实现探寻未来发展方向。从主题维度来分析现有文献，内容主要涉及"人"与"物"两方面，"人要素"涉及上级行政人员与校长管理能力的提高、学校师资专业能力发展以及学生的均衡发展；"物要素"主要包括均衡发展的内涵解读与因素探析、影响因素、途径与对策、区域推进发展战略、教育资源的有效配置、教育经费、制度排斥与消解、教师政策、校际均衡、师资均衡、监测指标体系、财政制度改革等，围绕均衡发展的"构成要素、影响因素、与社会要素关系、国际经验译介、对策与实施路径"的内容要素展开。具体研究如下：

1. 关于"均衡发展"的概念相关研究

与"均衡发展"内涵解读有关的文献共 16 篇（占 21.62%）。从"区域"视角看，主要涉及区域间、区域内、城乡间的校际均衡话题以及寄宿制学校、教学点、农村义务教育的均衡问题，其中，72 篇（97.29%）文献涉及区域内研究，只有 1 篇是区域间初中阶段教育经费的比较研究（1.35%）。① 其均衡发展路径，如图 2 所示。

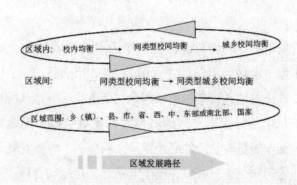

图 2　区域发展路径解析图

如图 2 所示，其发展趋势是由"校内均衡→乡（镇）、县、市内同类型校间均衡→乡（镇）、县、市内城乡校间均衡→乡（镇）、县、市间城乡校间均衡→省内城乡校间均衡→省间城乡校间均衡→西、中、东部大区域间城乡校间均衡→国家内整体均衡的发展思路与趋势。从"均

---

① 杨薇、张蓓蓓：《义务教育初中阶段发展不均衡的横向比较研究——基于辽宁省与全国其他区域教育经费横向比较的视角》，《现代教育管理》2011 年第 6 期。

衡"视角看，由"区域、城乡、校际和个体均衡"并列的混沌现象走向清晰解读，如图3所示。

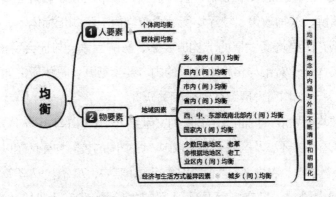

图3 "均衡"概念解析图

既往研究明确"均衡"应该包括作为"人要素"的个体间与群体间均衡；作为"地域因素"的乡（镇）、县、市、省，东、中、西部或南北部，少数民族地区，老革命根据地，老工业区等地区间均衡；以及作为"经济与生活方式"差异的城乡间均衡等类型，明确肯定中国义务教育的均衡发展是现阶段的必经路径。所以，"均衡发展"概念的内涵与外延开始明朗化，从模糊逐渐走向清晰、规范与合理。

2. "对策与发展路径"的文献分析

文献检索与分析发现，36篇（占48.64%）文献都是结合本地实践发展而构建的解决对策、实施模式与途径，综合所有文献，发现中国义务教育均衡发展对策的主要路径如图4所示。在"均衡途径"上构建了走教制、大学区管理制、名校集团化、上海市委托管理模式①、成都

――――――――――

① 朱丽：《求解区域教育均衡发展——上海市义务教育委托管理模式探析》，《义务教育》2013年第2期。

模式①、科研名校②、徐州"无差别教育"、教育组团、教育发展协作区③、学区管理模式等；"均衡策略"有学校发展计划、示范区推进、师资的发展式均衡路径、法制推进、校际均衡、UD 伙伴协作等。

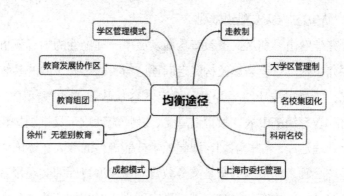

图 4 中国义务教育均衡发展途径

3. "困境及阻力因素"的文献分析

该主题涉及教育资源的有效配置、教育经费的横向比较、制度排斥与消解④、教师政策等要素。"义务教育均衡发展"的研究视角广泛，从学科和利益因素角度来探讨义务教育的均衡问题，丰富了均衡发展的内涵，如生态学、教育公平、制度、博弈论、大均衡观、生均经费、公众需求、两免一补、增量教育资源配置、教师继续教育、公共服务均等化、优质均衡发展、国际视野、资源配置与激活、农村中小学布局调

---

① 庞祯敬、谭媛媛、林双：《成都模式：统筹区域义务教育均衡发展的有益探索》，《上海教育科研》2013 年第 10 期。
② 滕琨：《"科研名校"带动区域义务教育优质均衡发展》，《现代教育科学》2011 年第 12 期。
③ 罗兰、黄道主：《"教育发展协作区"：推进区域义务教育均衡发展的新举措——以湖北省丹江口市为例》，《教育探索》2012 年第 2 期。
④ 张放平：《区域内义务教育均衡发展的制度瓶颈及其破解》，《中国教育学刊》2011 年第 6 期。

整、共生视野、教育法学、社会福利最大化、财政制度变革、教育督导实践、应然角度、学校文化、和谐社会、教育学理论等。基于"中国义务教育"背景的涉及经济学、教育经费投入、政策学等。

（三）研究的反思与展望

1. 研究内容从宏观到微观

研究维度由早期对义务教育均衡发展单一理论性的内涵解析、影响因素探究、基本对策与途径构建走向理论与实践融为一体的系统多元理论研究，以及实践新路径开发；研究内容从政府的政策保障、管理策略、财政教育经济投入、教育信息化、教师流动政策及机制构建、学习文化及管理建设、校长培训、课堂教学技能等方面深入，逐渐明晰校际均衡是核心因素，校内均衡是义务教育均衡发展目标的实现根基；班级均衡发展是校内均衡的先在基础，是实现学生个体均衡的先决和必要条件，学生个体均衡的实现又有赖于学科间、学习时间、学校组织管理以及教师间的均衡发展；校际均衡发展是实现所有均衡目标的基础，有助于学生和教师个体间的均衡发展，是实现"以人为本"教育理念和以"和谐、全面发展为目标"教育价值的最终诉求；而校际均衡的实现必须首先保证"人"和"物"要素的双重均衡，"人要素"是学校均衡发展的关键，涉及教师与学生素质均衡。

2. 研究范式与方法逐渐综合化

研究范式由原先单一的线性思维、研究程式走向多维的非线性思维程式，逐步呈现立体的空间架构和体系路径，渗透出研究范式的多元化和规范化特点；研究方法由单一思辨性特征的文献研究法走向多元的综合研究方法，方法的质性与量化相结合，理论演绎与实践探索有机交汇，从而推动研究的发展。但依旧存在以下问题：第一，概念与逻辑的一致性。例如对概念的内涵和外延不太清晰，理论思辨逻辑性不强，话语内容宏观性和重复性多，具体和创新性少。第二，研究方法单一，多元研究方法意识薄弱。例如，既有研究运用单一研究方法居多，多种方法综合运用的比例较低。第三，实证范式的规范性有待加强。因此，未来科学研究应加强哲学研究范式与量的研究范式、质的研究范式和自然式研究范式的相互结合；突出量化研究与质性研究的有机融合；理性研究方法与自然研究方法的相得益彰；实现教育活动研究、教育观念研究以及教育学科元研究的协同共存；促进基础研究、应用研究、发展研究、评价与预测研究的和谐共生。

3. 研究方向的动态优质化均衡发展趋势

均衡发展的研究方向呈现从基本均衡（低位均衡）向优质均衡（高位均衡）的发展趋势。因为，对于中西部地区，实现基本均衡是目前的理想目标，但高位和优质均衡发展是东部及发达地区教育均衡发展的愿景追求，故"不均衡→低位均衡→不均衡→高位均衡→不均衡→优质均衡→不均衡→更优均衡……"的动态发展规律要求全国各地的教育事业必须在做好适合自身发展要求的基础上，走上由"低位均衡向高位和更优均衡"的发展路径。"教师资源的有效配置和专业化发展""学校内涵发展和校长专业提升""课程均衡化构建以及课堂均衡化发展"将是接下来不断深入探讨和研究的重点，从"区域内"均衡走向"区域间"均衡，从"区域推进"走向"深度推进"，不断突破面上政策层面的"区域推进"工作模式，深入扎根到精神和意识层面的"整体推进"，使义务教育均衡发展理念和意识深入人心并转化为人们行动的动力，增强先进教育改革理念和意识，从宏观路径走向微观实践，由体制机制构建到保障措施的实施，由外围政府政策的外延式发展走向微观教师的能力提升、课堂的高效与创新，学校的内涵式发展将是未来的研究与发展路向。

三、研究设计

（一）研究目标

1. 理论目标

本书立足于第三方评估，从中国义务教育优质均衡发展的现实问题、应然导向出发，综合运用政策研究、比较研究、调查研究、案例研究等方法，全面分析中国义务教育均衡发展的现实问题与出路，并从国家治理、教育公平的角度，尝试性地探索义务教育均衡发展的联动机制与立体化路径，力图助推中国义务教育均衡发展之实现。

2. 应用目标

本书的应用目标有三：一是建构中国义务教育均衡发展的标准体系，为教育评估监测提供科学依据；二是重点关注中国义务教育均衡发展的联动机制和立体路径的构建，为中国义务教育均衡发展提供参照模式和框架；三是通过实证研究和理论分析，为国家与政府部门，提供义务教育均衡发展的政策咨询。

（二）研究主张

义务教育均衡发展是一项系统的变革，要实现中国义务教育均衡发展，必须以"五大发展理念"为指导，构建义务教育均衡发展的联动机制，实现义务教育均衡发展的协同治理，并从宏观、中观、微观和省域、市域、县域多重基点出发，采用中国义务教育与区域经济、文化联动，国家、政府、学校、家庭、社会"多方参与"立体化推进中国式义务教育均衡发展改革模式。

1. 中国义务教育均衡发展是一项系统的变革。其中，办学条件的改善是义务教育均衡发展基本均衡的基础，师资队伍均衡是义务教育均衡发展基本均衡的关键，课程与教学是义务教育均衡发展基本均衡的重要支撑，教育经费投入是义务教育均衡发展基本均衡的保障。

2. 中国义务教育均衡发展具有多元性与特殊性。中国义务教育规模庞大、教育经费短缺、办学条件差，并没有固定的模式可以借鉴。因此，需要采取"和而不同"的治理策略，以公平和发展为终极目标，因地因事而异，采用中国义务教育与区域经济、文化联动，国家、政府、学校立体化推进的中国式义务教育均衡发展改革模式，推动中国义务教育优质均衡发展。

3. 中国义务教育均衡发展要坚持"五位一体"的义务教育均衡发展新内涵，尤其关注课程与教学有效性；转变发展理念，从外延均衡到内涵均衡、从依附均衡到自主均衡、从同质化均衡到特色均衡、从基础均衡到优质均衡转变、从区域均衡过渡到省级统筹。

4. 尽管中国义务教育均衡发展具有多元性与特殊性，但是依旧可以从国外义务教育发展中汲取和借鉴经验，从本土先进的实践模式中，找到方向。

5. 中国义务教育均衡发展成效显著，但是问题依旧突出，实现全局性义务教育均衡发展任重而道远。

6. 要全面推进中国义务教育均衡发展，就必须从义务教育均衡发展的治理逻辑出发，系统设计义务教育均衡发展新战略，构建义务教育均衡发展的联动机制和立体化路径，推进义务教育均衡发展治理现代化。

（三）研究内容

紧紧围绕义务教育均衡发展的本体研究、实证研究和对策研究的三大模块和九个研究专题。集中论述了五个方面的内容：第一，"新常态"时期，中国义务教育均衡发展的新理念与新标准；第二，国际、国内义务教育均衡发展的典型经验与成功模式；第三，中国义务教育均衡发展的实际情况考察与中国义务教育发展水平的测度与比较；第四，义务教育均衡发展问题的治理框架，重点分析义务教育均衡发展的多重治理逻辑、政策设计与治理方略；第五，义务教育均衡发展治理现代化，构建义务教育均衡发展的治理体系、联动机制与保障机制。具体如图5所示：

模块一：中国义务教育均衡发展的本体研究
这部分研究包括概念重建和标准体系建构，也是本课题的研究起

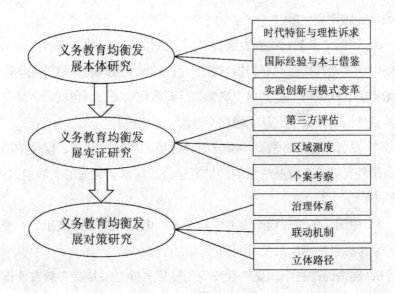

图 5　研究内容结构图

点。在对既往中国义务教育均衡发展概念进行理论分析的基础上，深刻把握中国义务教育均衡发展的内在本质特征，重建概念；并通过对影响中国义务教育均衡发展因素的逻辑分析，把握其机理，建构中国义务教育均衡发展的标准体系。这部分研究包括三个方面内容：

专题1　中国义务教育均衡发展的时代特征与理性诉求

从简要的历史回顾，回归到"新常态"时期，"五大发展理念"主导下的中国义务教育均衡发展。重点研究后均衡时代，中国义务教育发展的新内涵、新理念与新标准——新时期，中国义务教育均衡发展要坚持"五位一体"的义务教育均衡发展新内涵，尤其关注课程与教学有效性；转变发展理念，从外延均衡到内涵均衡、从依附均衡到自主均衡、从同质化均衡到特色均衡、从基础均衡到优质均衡转变、从区域均衡过渡到省级统筹；不唯量化指标为评价标准，建构实践性的义务教育均衡发展新尺度。

专题2　国际义务教育均衡发展的实践模式与经验借鉴

从国际比较与经验借鉴的视角出发，探究中国义务教育均衡发展的参照经验。通过重点关注发达国家义务教育均衡发展的基本模式，特别总结了澳大利亚教师流动的经验，日本、法国、韩国的标准化建设成就与经验，批判性的反思和总结发达国家义务教育均衡发展的得失成败，并把相应的经验用于指导中国义务教育的均衡发展

专题3　中国义务教育均衡发展的实践创新与治理模式

中国义务教育均衡发展经过艰苦的探索，在部分地区也取得了喜人的成就。因此，在借鉴国外经验的基础上，也可以系统总结国内义务教育均衡发展的先进模式，如江苏省泰州市全面实施"基本均衡—优质均衡—全域均衡"三步走模式等。通过总结国内义务教育均衡发展的先进经验，为其他地区义务教育均衡发展提供范式指导。

模块二：把握中国义务教育的现状，探寻中国义务教育均衡发展的问题

基于模块一，从区域整体经济、文化特征把握义务教育非均衡发展的问题症结，运用文献研究、实证调查等方法，从文化、经济等不同视角进行深层归因和逻辑分析。

专题4　中国义务教育均衡发展现状的第三方评估考察

课题组依托于《中国义务教育第三方评估》，对苏、鲁、鄂、湘、川、渝等14个省（区、市）、82个县（市、区）的546所中小学校的数据进行了监测评估，全面分析中国义务教育均衡发展的成就与问题。

专题5　中国义务教育均衡发展现状的区域测度与比较

一是通过对2010—2014年中国义务教育发展水平的东中西部区域测度比较，二是基于八大经济综合区的办学条件测度比较，三是实地考察师资队伍建设与师资队伍分配情况。在此基础上，细致分析中国义务教育均衡发展的成就与问题。

模块三：中国义务教育均衡发展的对策体系研究

义务教育的均衡发展既与地域经济、文化等外部环境互动，也与自身结构中的子系统互动。因此，把握这些互动的规律，探索各个要素的

联动关系和方式，从多维角度出发，以开放系统论的理论思维，探索建立适合地域文化特征、具有高度内在效度的内内联动、内外联动、外外联动机制。中国义务教育均衡发展是一个系统工程，运用多学科理论，以达成中国义务教育均衡发展的目标，建立以文化路径、经济路径和政策路径为主的立体路径。

专题6　中国义务教育均衡发展的多重制度逻辑

义务教育均衡发展治理涉及多个相关利益主体，不同治理主体处于不同的"制度场域"。由于当前公共理性缺失和信息不对称，各个治理主体在不同治理逻辑驱动下走向了行动中的自由博弈，使整个义务教育均衡发展的治理陷入了低效率困境。因此，有必要重新设计义务教育均衡发展的治理体系。在当下我国经济社会发展的现实条件和背景下，应当从宏观、中观、微观政策的三个层级来分层推动，并通过"省域统筹、市域推进、县域实施"的三域联动路径选择，共同促进义务教育均衡发展，推进义务教育均衡发展治理现代化。

专题7　中国义务教育均衡发展的联动机制

推进义务教育均衡发展需要通过机制创新引导义务教育均衡发展。面对义务教育均衡发展在体制机制方面的尴尬境遇，需要汇聚政府、学校、学生与社会的四方合力，以"自上而下""自下而上""自内而外""自外而内"的机制共同推进"新常态"时期中国义务教育均衡发展的态势。通过"多维对接"路径、"点—线—面"联动路径以及"五位一体的"协同联动路径，保证中国义务教育均衡发展的顶层设计、体制机制的创新到具体的标准化学校建设和课程教学质量的提升。

专题8　中国义务教育均衡发展的保障机制

为了提高义务教育的教学质量，缩小地区间、城乡间和校际间的差异，促进教育公平的实现，需要从义务教育均衡发展的办学管理体制、投入配置机制、人事管理体制等角度提供多方面保障。

（四）研究思路

本书遵从课题研究的范式，即从"现状着手—问题反思—理论构建"的研究思路。试图将质的研究和量的研究方法结合使用，针对不同的研究问题将采取不同的研究方法和技术路线，具体路线如下页图6所示。

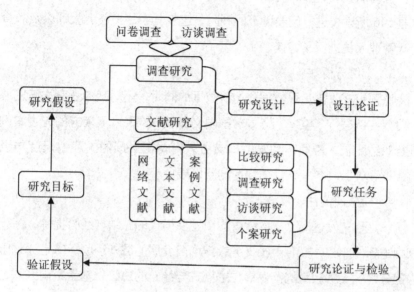

图6　研究技术路线图

（五）研究方法

本书遵循量化研究与质性研究相结合的路线，在线性的研究思路设计下，考虑到复杂的研究内容，所以在不同阶段采取不同研究策略。在整个研究中，综合运用了元分析（文献法）、问卷调查法、访谈法、案例分析法、比较研究法等多种方法。具体使用情况如下：

1. 文献法

通过对近20年来中国、外国义务教育发展的海量文献分析，得到了新时期义务教育均衡发展新走向、国内外义务教育均衡发展经验与教训。并结合新常态和新型城镇化的进程，分析了新时期义务教育均衡发展的新内涵、新理念和新标准。

2. 问卷调查法

一是问卷调查，基于对全国 16 个省市、82 个区县的 546 所学校的调研获得了抽样数据，收集了近 10 万个被试的大数据，掌握了中国义务教育均衡发展的实际情况；二是访谈调查，对全国 16 个省市、82 个区县 546 所学校进行问卷调查的同时，还就其中的校长、教师以及教育行政管理人员进行了访谈。

3. 案例分析法

课题组在收集量表数据和访谈数据的同时，还对义务教育均衡发展的典型案例进行了整理，通过对国内义务教育均衡发展模式的先进案例进行总结比较，最后归纳出中国义务教育均衡发展的实践性尺度与经验，指导中国义务教育优质均衡的新发展。

4. 比较研究法

一是通过发达国家义务教育均衡发展模式的总结与经验提炼，基于国内国际的比较，探寻中国义务教育均衡发展的域外经验；二是通过国内部分地区义务教育均衡发展先进模式与经验的总结，基于不同区域的对比，探索中国义务教育均衡发展的本体经验。

四、研究创新

（一）研究的前沿性表征

一是把义务教育均衡发展的研究问题置身于"新常态"、新型城镇化的时代背景下，分析了新时期义务教育均衡发展的新内涵、新理念和新标准；

二是借助国际先进经验和成功模式的启发，为中国义务教育均衡发展提供经验；

三是采用中国义务教育均衡发展的最新案例和最新数据，分析中国义务教育均衡发展的新走向，强调"省级统筹"、多方联动、一体化推进的新战略。

（二）研究的创新性表征

一是义务教育均衡发展理念与标准创新。本书基于中国经济的"新常态"和中国社会新型城镇化，提出义务教育均衡发展要从人财物，过渡到重视教育质量均衡，强调并构建了中国义务教育"四位一体"的内涵发展指标体系。

二是数据、案例收集与分析的创新。本书从全国范围内，收集了2010—2014年中国义务教育发展的基础数据，又从全国16个省市、82个区县的546所学校获得了抽样数据，征集了近5年来义务教育均衡发展的最新案例，运用定性和定量的分析方法，全面再现了中国义务教育均衡发展的图景。

三是义务教育均衡发展对策建议的新突破。本书基于省级统筹、多方联动、协同治理等理念，提出了推进中国义务教育均衡发展的治理体系、联动机制与保障机制。

五、研究意义

（一）理论意义

本书致力于探索适合我国国情的中国义务教育均衡发展的理论指导和行动策略，提出适合我国中国义务教育均衡发展的联动机制，并基于开放系统理论建构立体多元的发展路径，再通过试验验证所建构机制和提出路径的实效性，进而探索出适合我国国情的中国义务教育均衡发展理论，可以完善我国本土化的义务教育研究，丰富中国特色教育理论。

（二）应用价值

从宏观层面来说，本书基于实证，研究报告可以为各级政府统筹和协调义务教育的均衡发展提供决策咨询，以推动区域教育的均衡发展，实现教育公平，进而实现区域社会、经济的均衡与和谐，推动和谐社会的建成；从微观意义上来说，本课题研究成果有助合理规划区域教育，指导中国义务教育均衡发展，在教育内部统筹提高义务教育质量，促进中国义务教育的科学均衡与和谐发展。

第一章

中国义务教育均衡发展的时代特征
与范式转型

义务教育均衡发展是教育"中国梦"的重要目标，也是全社会一直关心的教育热点问题和不断追求的教育理想，更是全面实现教育公平的基本要求和主要路径之一。经过数十年的努力，中国义务教育已经基本实现教育机会均衡，正在逐步实现教育资源均衡，并在向着教育质量均衡迈进。因此，经济社会发展的"新常态"时期，在义务教育内涵均衡的"后均衡时代"，中国义务教育均衡发展要树立新的发展理念与发展思路，寻找新的发展方向和发展战略，不断深化义务教育均衡发展的改革，创新义务教育均衡发展模式。

第一节 中国义务教育均衡发展的历史脉络

中国义务教育均衡发展的历史是曲折的，各个阶段的主题、内容、任务与特色各有不同，但一直以来，实现义务教育公平、推动义务教育发展的目标从未改变，所以说，中国义务教育均衡发展的历史脉络是"和而不同"的变迁史。从教育发展的一般规律来看，义务教育均衡发展的实现可分为四个阶段①：低水平均衡阶段——初级均衡阶段——高级均衡阶段——高水平均衡阶段。这四个阶段依次对应着四个核心内涵，分别是义务教育的普及、教育机会的均衡、教育资源的均衡和教育质量的均衡。我国义务教育自建立到普及，一直处于非均衡发展的状

① 翟博：《教育均衡发展：理论、指标及测算方法》，《教育研究》2006 年第 3 期。

态。经过 100 余年的不懈努力，2011 年全国所有省级行政区域、县级单位通过"两基"验收①，意味着我国义务教育走过了教育机会均衡阶段。数据表明，过去 5 年中，我国义务教育成绩显著，截至 2015 年 7 月，全国通过督导评估小组认定的义务教育基本均衡发展县（市、区）达 833 个，完成了《义务教育均衡发展备忘录》2015 年目标的 45.14%。② 其中京、津、沪、苏、浙 5 省（市）已整体通过国家教育督导委员会的均衡评估，这些地区已经开始迈入高水平均衡发展阶段。但是，尚有 66.41% 的区县没有实现完全均衡，部分地区义务教育学校标准化建设"内涵化"任务艰巨，城乡差距、区域差距依旧存在。③ 中国义务教育均衡发展走过了低水平均衡和初级均衡阶段，正在向高级均衡的目标迈进。

一、义务教育均衡发展的"赤贫"时代

中国义务教育制度始于清朝末年。1904 年，清政府在《学务纲要》中明确指出："初等小学堂为养正始基，各国均认为国家之义务教育……国家不收学费，以示国民教育国家认为义务之本意。"这是中国历史上首次提出"义务教育"的概念④，因此也可以称之为中国义务教育的元年。但义务教育在相当长的时期内并没有在全国普遍推行⑤，由于改朝换代、政治纷争、日寇入侵等原因，中国义务教育受师资匮乏、经

---

① 宋乃庆、李森、朱德全：《中国义务教育发展报告 2012》，教育科学出版社 2013 年版，第 11 页。

② 宋乃庆、朱德全、李森：《中国义务教育发展第三方评估报告》，2015 年 8 月。

③ 李鹏、朱德全：《义务教育学校标准化建设：进程、问题与反思——基于 2010—2014 年全国义务教育办学条件数据的测度分析》，《清华大学教育研究》2016 年第 1 期。

④ 熊贤君：《中国近代义务教育发轫年代问题》，《华中师范大学学报（哲学社会科学版）》1996 年第 6 期。

⑤ 郭建如：《国家——社会视角下的农村基础教育发展：教育政治学分析》，《北京大学教育评论》2005 年第 3 期。

费短缺的羁绊，进展艰难。① 义务教育的推行时断时续，形成了中国近现代义务教育坎坷崎岖、起伏迭宕的特色。② 清末与民国时期的义务教育，主要是政府和民众自力兴办的新式学校。同时，一些知识分子发起的乡村教育运动和乡村建设运动也成为其重要组成部分。③ 这一阶段的义务教育改革，诸如兴办学堂、建立学制、倡导女学等④，对义务教育均衡发展有一定的积极作用。

　　新中国成立后，我国的义务教育处于整顿和恢复阶段，在对旧的教育进行改造的同时还要实现新民主主义的教育⑤，因此，国家和地方开始全力普及初等教育。1949 年 9 月，第一次政治协商会议上通过的《中国人民政治协商会议共同纲领》就提出，"中华人民共和国的文化教育为民族的、科学的、大众的文化教育"。其中，大众的教育就是文化教育要为全民族中百分之九十以上的工农劳苦民众服务。1951 年 8 月，《政务院关于改革学制的决定》提出"应给儿童以全面的义务教育"。1956 年，第二届全国人民代表大会第二次会议决定，"自 1956 年开始，按照各地情况，在十二年之内，基本扫除青壮年的文盲""逐步普及小学教育"。然而，当时国家政权建立之初的中心主要在经济建设，国家确立了"城市教育优先"的城乡教育发展取向，并由此形成了

①　王献玲：《中国近代义务教育的艰难进程及历史启示》，《天津师范大学学报（基础教育版）》2008 年第 9 期。

②　熊贤君：《中国近代义务教育发轫年代问题》，《华中师范大学学报（哲学社会科学版）》1996 年第 6 期。

③　梁漱溟：《村学乡学须知》，转引自马秋帆：《梁漱溟教育论著选》，人民教育出版社 1994 年版，第 160–176 页。

④　李森、杜尚荣：《清末民初时期基础教育改革的基本经验与现代启示》，《西南大学学报（社会科学版）》2013 年第 2 期。

⑤　曹能秀、荀琳：《西部地区义务教育均衡发展：历程、特色与趋势》，《学术探索》2005 年第 1 期。

"城市教育靠国家、农村教育靠集体"的教育供给方式。① 这虽然对推动当时的义务教育全面发展具有重要作用，但是却并不利于义务教育的均衡发展。而且，随后的"三年自然灾害"和"文化大革命"期间，教育受到了严重的破坏，各阶段的教育均被迫中断，义务教育普及也出现了停滞和空白。从"文革"前"用革命的办法办教育"，到"文革"中的"用阶级斗争的方式办教育"②，中国义务教育的普及都没有实质性的重大突破，均衡发展处于"赤贫"阶段。

二、义务教育均衡发展的艰难摸索时代

"文革"结束后，改革开放启动了中国经济社会的全面发展，中国教育迎来了"人民教育人民办"的时代。1980 年，《中共中央、国务院关于普及小学教育若干问题的决定》就提出要"在八十年代，全国应基本实现普及小学教育的历史任务"。1982 年，义务教育的普及被写进了新的《宪法》。《宪法》指出"国家对接受义务教育的学生免收学费。九年制义务教育，一般指小学六年、初级中学三年（或小学五年、初级中学四年）共计九年的教育"③。但是，在经济社会改革的"梯度发展战略"中，义务教育也在梯度发展。1985 年《中共中央关于教育体制改革的决定》将非均衡发展作为教育发展的基本战略，指出"必须鼓励一部分地区先发展起来，同时鼓励先发展起来的地区帮助后进地区，达到共同的提高"。1986 年 4 月 12 日，《中华人民共和国义务教育法》明确要求全国开始推行九年制义务教育。至此，我国首次把免费的义务教育用法律的形式固定下来。④ 但是《义务教育法》及其随后的细则以

---

① Chandra, Nirmal Kumar, "Education In China: From The Cultural Revolution To Four Modernisations", *Economic & Political Weekly*, 19 – 21(1987), pp. 127 – 136.

② 邵泽斌、张乐天：《从意识形态到公共精神——对新中国 60 年义务教育治理方式的政策考察》，《社会科学》2008 年第 12 期。

③ 张力：《中国教育绿皮书——中国教育政策年度分析报告》，教育科学出版社 2008 年版，第 19 页。

④ 张承先：《历史转折与教育改革》，吉林教育出版社 1998 年版，第 275 页。

法律的形式明确了"分地区、有步骤地普及义务教育"的"梯度发展"安排。1993 年《中国教育改革和发展纲要》延续了这一政策，要求"教育发展从各地经济、文化发展不平衡的实际出发，因地制宜，分类指导，鼓励经济文化发达地区教育率先发展"。这些政策文件的出台，虽然推动了发达地区的义务教育优先发展，但是却形塑了我国义务教育非均衡发展的基本格局。

在"人民教育人民办"的时代，义务教育法的改革取向基本是"城市偏向""效率第一"，这种导向加剧了义务教育非均衡发展。因此，党和国家开始探索新的义务教育发展模式，尤其是 20 世纪 90 年代中期以来，配合"以工促农、以城带乡"的发展战略，通过调整农村教育的供给体制和实施对农村教育的特别性支持政策等方式，有效缩小城乡教育差距、促进城乡教育均衡发展。① 在这一阶段，义务教育的机会均衡不断推进。1993 年党中央、国务院制定的《中国教育改革和发展纲要》，明确将"基本普及义务教育，基本扫除青少年文盲"确定为 20 世纪我国教育事业发展的重要战略目标。1995 年，全国人大通过了《中华人民共和国教育法》规定"国家贫困地区义务教育工程"开始启动。在"科教兴国"和"可持续发展"战略的指引下，到 2000 年，中国如期实现全民教育目标，实现了历史性的大飞跃，全国通过"两基"地区的人口覆盖率超过 85%，青壮年文盲率下降至 5% 以下，这是中国教育史上一个辉煌的里程碑。② 义务教育均衡发展写进《中华人民共和国教育法》，以法律的形式确定了中国义务教育均衡发展的战略地位，对我国义务教育均衡发展起到了重要的推动作用。

三、义务教育均衡发展的攻坚突破时代

新世纪以降，伴随着国家西部"两基"攻坚计划的实施，我国义

① 邵泽斌：《从"城市教育优先"到"城乡教育均衡"——新中国城乡教育关系述评》，《社会科学》2010 年第 10 期。

② 翟博：《均衡发展：我国义务教育发展的战略选择》，《教育研究》2010 年第 1 期。

务教育由基本普及迈向了全面普及这一新的历史阶段，并向着全面提高质量的更高目标迈进。因此，党和国家开启了"人民教育政府办"的教育发展重大转轨。在这一阶段，中国义务教育经费投入体制不断变革，义务教育在历史上第一次实现了免费制。2003 年《国务院关于进一步加强农村教育工作的决定》，确认并重申了"在国务院领导下，由地方政府负责、分级管理、以县为主"的体制。新机制的实施，实现了两个转变：一是把农村义务教育的责任由农民承担扭转到主要由政府承担；二是把政府对农村义务教育的责任从乡镇为主转到以县为主。2005 年开始，国家对 592 个贫困县的义务教育实施"两免一补"政策，2006 年实施范围扩大到西部农村和中部的部分农村地区，2007 年春季学期在全国农村实施。2008 年 8 月 12 日，国务院发布 25 号文件，正式公布了《国务院关于做好免除城市义务教育阶段学生学杂费工作的通知》，决定从 2008 年秋季学期开始，在全国范围内全部免除城市义务教育阶段学生学杂费。教育经费体制的变革打破了教育非均衡发展的格局，强有力地促进了义务教育均衡发展的进程。另一方面，2006 年，全国人大常委会新修订的《义务教育法》规定："国务院和县级以上地方人民政府应当合理配置教育资源，促进义务教育均衡发展，改善薄弱学校的办学条件，并采取措施，保障农村地区、民族地区实施义务教育，保障家庭经济困难的和残疾的适龄儿童、少年接受义务教育。"这是我国首次以法律的形式规定"促进义务教育均衡发展"的根本任务。

随后，2007 年 7 月，教育部发布了《全国教育事业第十个五年计划》，文件中明确规定要"进一步加大对贫困地区义务教育的扶持力度"和"推动西部地区教育发展"。2008 年，中共十七届三中全会"城乡一体化"目标提出，我国义务教育的发展进入了城乡一体化发展的新阶段。2010 年教育部《关于贯彻落实科学发展观，进一步推进义务教育均衡发展的意见》明确提出了"2012 年实现义务教育区域内初步均衡，2020 年实现区域内基本均衡"的"路线图"。同时，《纲要》也提出"推进义务教育均衡发展，均衡发展是义务教育的战略性任务。建立健全义务教育均衡发展保障机制"。如今，《纲要》提出的目标时间只剩下不到四年，中国的经济发展已步入"新常态"时期，经济结构不断优化升级，民生保障更为完善。中国义务教育第三方评估报告表明，2010 年到2014 年间，全国九年义务教育巩固率从 87.5% 逐步提升到92.6%；全国通过义务教育发展基本均衡督导评估认定的县（市、区）达 1124 个，其中京、津、沪、苏、浙 5 省（市）已整体通过国家教育督导委员会的均衡评估。① 可以说，我国义务教育已从"普及时代"转向"均衡时代"，已经站在新的历史起点上。在义务教育普及和教育机会均衡目标基本实现、教育资源配置均衡不断发展的情况下，中国义务教育均衡发展应该走向质量均衡与内涵发展②的高级阶段。2015 年 10月，十八届五中全会提出树立创新、协调、绿色、开放、共享五大发展理念，这为我国义务教育均衡发展走向高阶段提供了指导思想，也将开启中国义务教育均衡发展的新时代。

第二节　义务教育均衡发展的价值尺度

随着义务教育以资源配置为核心的外延式配置性均衡的普遍实现，义务教育均衡发展的重心也逐渐从"兜底均衡"走向"优质均衡"，从而不断满足民众对义务教育优质资源均衡获益的发展性需求。充分认识义务教育均衡治理新阶段的主要矛盾，准确把握新形势下义务教育均衡发展的现实问题，并以一种整合的研究视域，将义务教育均衡发展要素进行整合，充分洞悉义务教育均衡发展中的价值关系，深层考察义务教育均衡发展的"三层级"水平，能够有助于找准治理方向、厘清发展

---

① 宋乃庆、朱德全、李森：《中国义务教育发展第三方评估报告》，2015 年 11 月。
② 冯建军：《内涵发展：推进义务教育优质均衡的路向选择》，《南京社会科学》2012 年第 1 期。

思路，从而有效率地助推义务教育优质均衡发展的实现。

一、义务教育均衡发展的"三维度"均衡结构

义务教育均衡发展作为一个复杂的动态发展体系，由诸多子系统和若干子要素构成，其不仅关涉均衡发展政策规范、制度机制、均衡指标等相关要素，也涵盖了均衡发展在时空维度上所映射的内容体系。系统整合这些要素，从义务教育均衡发展核心指标、义务教育均衡发展过程及义务教育均衡发展承载体三个层面分别设定义务教育均衡发展在要素、过程和空间上的三个维度，可立体化呈现义务教育均衡发展的要素结构，建构义务教育均衡发展的三维立体框架，如图1.1所示。

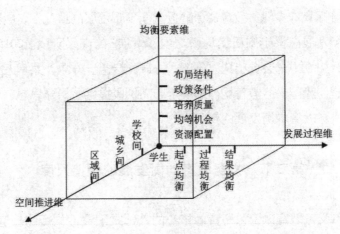

图1.1 义务教育均衡发展的三维立体框架

（一）配置性均衡："全要素"指向的核心要素维

均衡要素维主要指向义务教育均衡发展的核心要素，由资源配置、均等机会、培养质量、政策条件及布局结构等构成，是衡量单维和单体层面义务教育均衡程度的重要标尺。其中，资源的配置要素主要关涉义务教育发展所必需的基础性资源的享有和配置，包括经费资源、办学软硬件资源、信息资源等的享有和配置，一定程度地决定了学校、城乡及区域义务教育的均衡水平，因而在义务教育均衡发展中起着基础性作用；均等机会要素主要指向义务教育学校、教师及学生均等地享有发展的机会，其较大程度地决定了义务教育的公平与公正程度；培养质量要素主要指向对义务教育学校在人才输入、加工和输出质量方面的过程性强调，其较大程度地决定了社会对义务教育学校质量水平的直接认知；政策条件要素主要指向国家和政府通过政策性保障、条件性支持等手段，对义务教育均衡发展的宏观统筹、调控和引导，是义务教育均衡发展的重要外力；布局结构要素主要指向义务教育学校布局的地理位置、密集程度、与经济中心和聚居区的距离等，如在义务教育均衡发展中施行的"撤点并校"，由学校位置的选择和结构布局的不同，对撤点和并入学校及其师生的发展均产生了重要影响，也是义务教育均衡发展的重要外部条件。

（二）受益性均衡："全过程"指向的发展过程维

发展过程维，主要指向义务教育均衡发展的全过程，由起点均衡、过程均衡和结果均衡三部分构成，是衡量义务教育均衡水平的内在标尺，也是义务教育均衡发展价值的内在体现。由于义务教育均衡发展是多维主体共同作用的动态系统，由此决定了义务教育均衡发展过程必然需要考虑各维核心主体发展的公共均衡性。起点均衡不仅包括了学生层面的入学机会均等，还包括了同等资质的学校和教师所获得的初始性发展条件和支持的均衡；过程均衡不仅包括了学生层面享有的同等学习条件和受教育过程的机会均等，也包括了同等资质的学校和教师所获得的持续性发展条件和支持的均衡；结果均衡同样包括了学生层面的学业成就甚至关涉学生未来生活成就的均等机会获得，以及同等资质学校的教师成就和个人成就发展的条件、机会获取的均衡。

（三）一体化均衡："全方位"指向的空间推进维

空间推进维主要指向义务教育均衡发展的全范围，具体由学校间、城乡间及区域间三个方面的义务教育空间差构成，是衡量整体性义务教育均衡程度的重要依据，也是义务教育均衡路径推进的主要侧重面。学校间的均衡差不仅着眼于横向层面不同区域学校间的发展差，还着眼于纵向层面初等学校和中等学校间的发展差；城乡间的发展差则主要着眼于区域内城乡间义务教育的发展比对，以便区域内能够集中优势力量着力解决城乡义务教育在纵横向上的发展差距，如县域均衡和市域均衡便是区域内缩小城乡发展差的重要形式；区域间的发展差主要着眼于区域义务教育整体发展间的差距。在整个空间推进维中，学校间的发展差在均衡发展推进上主要呈"点状"带动作用，城乡间的义务教育发展差在均衡发展推进上主要起"线状"推动作用，区域间的义务教育发展差在均衡发展推进上则呈"面状"辐射作用。

二、义务教育均衡发展的"三向度"价值关系

维度是事物空间构型的客观性条件，配置型均衡、受益性均衡和一体化均衡构成义务教育的"三维"均衡结构。然而，"向度"又是"维度"各方向下的标度，是方向的选择。为此，"三维"均衡结构的各维度存在各自的指向，从而形成义务教育均衡发展的"三向度"。义务教育均衡发展是一个漫长的动态发展过程，是经由不均衡——均衡——新的不均衡——新的均衡的发展演变过程。[1] 正是义务教育均衡发展本身所具有的动态性，决定了其中所关涉的利益关系也不断发生变化，以致在向优质均衡发展的过程中，利益主体间的关系时而和谐统一，时而冲突博弈。因而，要推进义务教育更好地向优质均衡发展，不仅要有效保证义务教育发展资源和条件在"量"的范畴上数量和质量的"均"，更要推进义务教育发展在"质"的范畴上各相关主体关系、利益和发展的"衡"。为此，在推进义务教育向优质均衡发展的过程中，必然需要分别考量配置型均衡、受益性均衡和一体化均衡在发展方向层面的三对关系，即公平与利益、均等与效率、均衡与效益的关系，从而在清晰厘清义务教育均衡发展价值旨归的同时，更好地助推义务教育向优质均衡迈进。

（一）公平与利益：配置性均衡向度中的价值考量

---

[1] 顾月华：《义务教育均衡发展的实质及其实施》，《教育发展研究》2004 年第 5 期。

　　义务教育的公共性决定了其公平性。受义务教育本身特质的影响，义务教育均衡发展的最基本要求是"社会在正常的教育群体之间平等地分配教育资源和份额，达到教育需求与教育供给的相对均衡，并最终落实在人们对教育资源的支配和使用上"①，其中，教育资源是否公平分配，是人们是否能公平支配和使用资源的前提，这便涉及教育资源的分配问题。与经济领域侧重效率优先、兼顾公平的分配方式和原则较为不同的是，义务教育对公共教育资源和服务的分配和提供，最终指向促使作为具有自主意识和主体性人的均衡发展，并且在对公共教育资源和服务进行分配时，更加强调对人本性的重视和尊重，不仅要体现分配的公平公正性（底线的分配原则），还要更多考虑被分配者个体利益与他者利益的关系及共同利益的发展问题，因而公平与利益成为义务教育配置性均衡向度中的基本价值关系和价值旨归，处理好两者的关系对于推进义务教育基本均衡发展有着重要的意义。

　　在义务教育均衡要素维层面，教育公共资源是否公平配置，学生是否平等地享有入学的机会及教育服务，学生群体、学校和教师是否均等地享有政策条件，学校的布局结构是否更能满足弱势方的需求等，均不仅牵涉资源服务分配的公平性，还关涉相关利益方的利益获取问题。事实上，公平具有相对性，任何事物均没有绝对的公平，教育公共资源与服务的分配和提供亦然。而当义务教育公共教育资源和服务在分配和提供过程中，将各利益相关主体的利益进行条块分割时，公共教育资源与服务无论向哪一利益方倾斜，均难免会影响到其他相关利益方利益的获取比额。诚然，义务教育作为一种具有广泛公共性意义的公益性事业，在向优质均衡发展的整体推进过程中，必然需要着眼于公共层面的整体利益，并将各方利益进行充分整合，而不能将利益作条块化分割。因而，在义务教育配置性均衡向度中，实现公平与利益在均衡化推进中的

①　翟博：《教育均衡发展：现代教育发展的新境界》，《教育研究》2002 年第 2 期。

协调统一，应兼顾在公平公正价值指引下利益相关方的利益整合，以及在照顾整体公共利益的基础上，进行相对公平与均衡化的公共教育资源分配和提供，从而奠定义务教育在向优质均衡推进的过程中实现公共利益最大化的价值基石。

（二）均等与效率：受益性均衡向度中的价值考量

义务教育均衡发展的过程本质地表征为公共教育资源与服务的公平分配和均等化享有过程，在实现教育资源与服务的公平分配后，便需着眼于资源与服务是否被均等化享用，这便是受益性均衡向度需要考虑的重要问题。均等是均衡的重要基础，但均等并不决定均衡。要实现义务教育的均衡发展，必然需要在义务教育部分领域和内容层面实现一定的均等。在义务教育范畴内的"均等"，其意涵包括三层内容：一是教育公共资源和服务在分配上"量"的相等性，这是普遍层面的理解；二是达到相同标准或具备相同条件者均应获得或享有的同等公共资源和服务，强调的是一种起点上的和底线上的公平和均等；三是"让部分更应获得和享受更好的物质条件及服务待遇的人获得，从而体现合理的差异性，主要强调过程和结果上的公平和均等"。① 由此看来，义务教育均衡发展中的均等，集中表现为对义务教育公共资源和服务在"量"上的均等分配和对部分主体过程性的"质"的均等发展上。事实上，在义务教育均衡发展中，推进资源和服务在"量"上的均等，也只是在同等标准和条件下，部分领域实现的等量，而不能在整体层面实现完全领域的绝对等量。另外，合理把握各相关主体在起点和底线上的公平和均等，把控部分实现的合理差异性的理性限度也是值得思考的问题。因而，在义务教育均衡发展中，在考虑"均等"的同时，还应考虑"效率"的调节支撑，并将两者统一起来。

对应义务教育资源和服务的均等分配以及过程性的均等发展，效率

---

① 张万朋、孙雪：《关于"均等化"与"均衡化"的思考》，《教育与经济》2010年第4期。

也集中从教育公共资源与服务在"量"的分配和相关主体在"质"的过程性发展方面表现出来。首先，由于义务教育均衡发展在推进公共资源和服务在分配方面的均等，是在部分领域实现的等量，其实质并非绝对的等量和绝对的均等，这其中起决定性作用的是效率。效率作用于公共资源和服务的分配，便衍生了公共资源的配置效率。在效率指引下的公共教育资源和服务的配置，即以有限的教育资源和服务，根据具体情况最大限度地满足不同相关主体的不同需求，从而部分实现分配上的均等。其次，义务教育在均衡化发展中，个体所应享有的机会和条件等底线和起点的均等，以及在合理的差异层面部分个体所享有更好的过程和结果发展的均等，均被限定在特定的条件范围内，而这种起限定作用的价值标准便是效率。由于相同标准和相等条件下的机会和条件均等是一种起点和底线的均等，具有效标效力的强制性作用，因而受效率的影响较小。为此，效率的价值作用主要体现在合理的差异层面个体所应享有的更好的过程和结果发展，并在其中发挥一种鞭策和激励性的作用，通过有效地激发个体在过程性发展中的主观能动性，使各个体能够充分发掘自身的优势和特色。

（三）均衡与效益：一体化均衡向度中的价值考量

均衡本身并非最终目的，缩小差距并实现各领域和谐共生发展才是推行均衡的目的。事实上，缩小差距并非消除差距，后均衡时代义务教育发展的价值追求应当是适当的鼓励差距。[①] 义务教育发展中的均衡，也只是在一种鼓励适当差距中实现的相对均衡。在这种适当差距范围内的相对均衡态中，有效协调各种利益关系并确保各相关主体、教育领域各范畴及整个社会发展的和谐，是义务教育一体化均衡所要追寻的整体效益价值目标。义务教育均衡发展应立足通过逐步缩小学校间、城乡间及区域间的发展差距，在合理差距范围内，整体推进义务教育的均衡发

①　李生滨、傅维利、刘伟：《从"追求均衡"到"鼓励差异"——对后均衡时代义务教育发展的思考》，《教育科学》2012 年第 2 期。

展。为此，以效益指导均衡、在均衡中追求整体效益，是义务教育一体化均衡向度的价值旨归。

首先，效益指导的均衡须在效益指引下鼓励合理的差距。效益是效果和利益的统一。在义务教育发展初期，受整体生产力水平的限制，集中优势资源和力量发展重点学校和重点班级等措施，虽然使义务教育在一定层面上取得了快速发展的效果，但却拉大了义务教育学校间、城乡间及区域间的发展差距，也因效果和利益的不统一引发了一些社会矛盾。鼓励在效益指引下的合理差距，便是在义务教育所取得的已有发展效果的基础上，追求利益的统一和协调；在原有发展差距的基础上，尽力缩小差距而非消除差距。具体表现为，继续支持原有优势学校更进一步的发展，持续加大对薄弱区域和学校的投入力度，有效协调各种层面的利益关系，整体推进义务教育学校的标准化建设，从而将区域、城乡及学校间的发展差距控制在合理、合情与合标准的"相对均衡"范围内。

其次，均衡中追求的整体效益须由"相对均衡"向"优质均衡"过渡。效益指引下的合理差距，决定了这个范围内义务教育发展的相对均衡态。由于国家在整体层面对义务教育合理差距的控制，主要借助外力手段，集中在以资源配置为重心进而促使利益关系协调上所实现的相对均衡，所以这种相对均衡发展态在一定程度上表征为一种外延式均衡。效益指引下的合理差距虽在一定程度上调解了学校间、城乡间和区域间的利益关系矛盾，但这种相对均衡态并非义务教育均衡发展的最终目的。在实现了基本的外延式均衡后，还需要借助内生力量实现由相对均衡向整体优质均衡过渡，实现义务教育整体效益的最大化。这便需要承载义务教育的各个体学校，通过立足于自身实际情况，以特色和优势打造为核心，全面推进自身的内涵建设，并集合社会各界力量，协同实现义务教育的整体优质均衡。

三、义务教育均衡发展的"三层级"均衡水平

义务教育发展因受政策环境的影响和教育内外条件的作用，不断从

非平衡态向平衡态动态演进。在此过程中，依据义务教育均衡化水平和发展程度的不同，可将义务教育均衡整体划分为初始均衡、均衡化与后均衡三级水平，各层级均衡发展的内容也随社会需求的变化以及均衡治理方式的各异而表征出不同的价值特征，如表 1.1 所示：

表 1.1　义务教育均衡发展的"三层级"内容框架

	初始均衡	均衡化	后均衡
消费类型	生存型消费	发展型消费	享受型消费
主导力量	政府主导	政府与学校共同主导	多元力量协同主导
关键特征	办学基本条件均等配置	办学质量均等	发展受益均等
均衡表征	底线均衡	基本均衡	优质均衡
治理方式	外延式治理	内生性治理	差异化治理
表征形式	单向性均衡	复合式均衡	立体化均衡

（一）公平与正义：义务教育初始均衡水平的价值表征

自 2002 年教育部发布《关于加强义务教育办学管理若干问题的通知》首次提出"积极推进义务教育阶段学校均衡发展"及 2005 年发布《关于进一步推进义务教育均衡发展的若干意见》全面阐述国家义务教育均衡发展后，我国义务教育便正式进入均衡建设时期。这个时期义务教育的均衡化水平相对较低，主要处于一种初始均衡发展水平。

在初始均衡发展水平时期，接受义务教育的权利和义务已然不是人们关注的重点，而平等享有义务教育的机会和初始支持条件则成为新阶段义务教育发展所关注的重心。此时，受教育者消费义务教育主要用以满足其基本教育需求，这种主要表征为一种起点均等的需求层次则归属为生存型消费层次。在这一水平时期，义务教育均衡发展的主要矛盾表现为民众均等享有义务教育资源的需求与政府教育资源的有限供给间的矛盾。为解决这一矛盾，作为公共产品与服务提供者的政府，同时肩负着促进义务教育均衡发展的政治责任、财政责任和行政责任，并成为这一层级均衡发展的主导力量。受义务教育基础和条件的限制，区域、城乡与学校间的差距比较明显，保证义务教育发展水平、程度、价值等符合最低合格标准成为政府治理的主导责任，并主要通过增加物资投入、改善学校办学条件等手段缩小均衡差距。这一时期的均衡水平主要以义务教育学校办学资源和条件均等配置为关键特征，以最低均衡合格标准为参照底线，通过对薄弱区域和学校办学资源条件的改善及对弱势群体起点均衡的照拂，来凸显教育治理的公平与正义，从而外在地表征为义务教育发展的底线均衡。这种底线均衡是通过"保底"实现的初步均衡，是一种"保底式均衡"。在均衡治理过程中主要由外部单一力量主导，如单纯依靠政府教育投入的加大、教育物质条件的优化配置等方式实现，因而其治理方式是一种外延式的治理，以此促使义务教育外部形态在改进中渐进平衡，为此，其又表征为一种单一的、单向性作用而达成的均衡。

（二）质量与品质：义务教育均衡化水平的发展旨归

均衡化发展水平是义务教育从初始均衡向优质均衡发展转变的重要转折与过渡水平。在这一水平期，受教育者消费义务教育的需求层次已不再满足于以就学机会和条件平等为表现形式的起点均等，而是转向为追求以获得同等学习条件和教育过程中持续性发展支持为表现形式的过程均等，以及以获取学业成就和未来生活成就机会均等为表现形式的结果均等。无论是过程均等或是结果均等的需求层次，均归属为发展型消费层次。与此同时，这一水平期义务教育均衡发展的主要矛盾，也相应地转变为民众对优质教育资源的大量需求与义务教育资源的有限供给间的矛盾。伴随着这一矛盾的深入，单纯依靠政府外在的资源和服务投入已然不能解决实际问题，而作为义务教育均衡践行核心主体的义务教育学校，通过自身办学质量和品质的提升来满足受教育者对教育资源的高要求，则成为义务教育均衡发展关注的重心。义务教育学校办学质量的高低主要取决于学校办学的整个过程，包括学校办学条件输入、学校教育教学过程和学校教育结果在多大程度上满足于受教育者的消费需求。这一水平的义务教育均衡发展主要由政府和学校共同主导，以学校办学全过程的质量均等为关键特征，实现在政府投入均等与学生起点均等的基础上，全面保障义务教育学校在教育教学过程层面和结果层面质量的提升，从而充分实现对民众注重过程均等与结果均等的发展型消费需求的满足。而当薄弱地区和薄弱学校通过全过程性质量治理而普遍提升办学质量，并通过标准化建设达到基本质量指标且基本符合社会的期望水平时，此层级均衡水平则外在地表征为义务教育发展的基本均衡。由此可以看出，基本均衡作为一种"过渡式均衡"，能够满足民众全过程性发展的需求，因而均衡水平也相对较高，在均衡治理的过程中，主要由政府和学校的双重力量，通过政府的调控性治理和学校自身的内生性治理协同的方式共同实现。

（三）个性与卓越：义务教育后均衡水平的核心诉求

后均衡发展水平是我国义务教育均衡发展的理想水平，也是义务教育均衡整体推进的期望目标。这一水平期，受人类物质文明与精神文明不断提高以及教育现代化飞速发展的影响，受教育者消费义务教育的需求层次也在过程性发展均等需要的基础上，更进一步追求优质的义务教育资源和服务与真实需求的匹配，以及均等化享用，这种表征为受益均等的需求层次归属为享受型消费层次。这一水平期义务教育均衡发展的主要矛盾，转变为民众对优质教育资源的多元与多样化需求同义务教育优质资源的有限供给之间的矛盾。民众对义务教育优质资源按己所需的消费需求，单单依靠政府的有限供给和学校的内生治理是无法实现的。有学者对义务教育的产品属性作了专门分析，"从社会受益层面来看，义务教育具有纯公共产品的性质；从受教育者的消费层面来看，义务教育具有准公共产品的性质"①。纯公共产品的性质决定了政府义务教育供给的主体责任。但政府的责任属于有限责任，当义务教育公共产品供不应求时，其准公共产品的性质又为市场和社会其他力量有限度地参与义务教育供给和均衡治理提供了现实可能性。因此，政府、学校、市场和社会相关组织等共同成为这一层级水平的主导力量。在具体的均衡践行中，主要表现为多元力量协同主导义务教育公共产品的供给，并以多样化群体更广泛的受益均等为关键特征，整体实现与不同区域、不同群体人们的真实需求有差异的均等匹配。此时的"均等"更关注个体（学校与受教育者）成长性需求的个性化满足，而非资源和物质在"量"上的均等化配置。此时的"差异"更侧重从"卓越"教育的意旨出发，在尊重个性与特色发展的基础上，追求整体层面的卓越教育品质，从而有效实现"均等"与"效率"的统一。

事实上，世间万物均是相对的，没有绝对的均衡，而有效率的差别和差异化的均衡是为了更大程度满足广大公众的需求，追求有效益的均衡，目的也是为了实现公共利益的最大化，为此，此层级的均衡水平主要表征为义务教育发展的优质均衡，是一种"保优式均衡"，也是一种高水平的均衡。而作为公益性事业的义务教育，在推进优质均衡的治理过程中，多元力量协同实现的均衡治理，因出于公益性目的而适当地、差别化地采取弱势倾斜和补偿等多元方式实现差异化治理，从而推进义务教育在学校间、城乡间、区域间的优质均衡发展，其主要表征为一种立体式推进实现的均衡。"保底式均衡"本质是一种"看得到"的外延式均衡，也是义务教育均衡发展的起始和基础，而"保优式均衡"作为一种"体验得到"的内涵式均衡，则是均衡发展的重心和目标，当"保底"式均衡基本得以实现时，那么从"保底"逐步向"保优"发展，则是义务教育均衡发展的必然选择。

---

① 姚巧华：《我国义务均衡发展中市场的效用与限度研究》，《河南大学学报（社会科学版）》2015 年第 9 期。

第三节　中国义务教育均衡发展的范式转型

在义务教育"后均衡时代"，义务教育均衡发展应当从资源的科学有效配置转向教育资源均衡配置和教育质量更大提高的统一上来。要转变既有的义务教育均衡发展模式，坚持从外延均衡转向内涵均衡、从依附均衡转向自主均衡、从同质化均衡转向特色均衡、从基础均衡转向优质均衡、从区域均衡转向省级统筹，转化与重塑义务教育均衡发展的方式。

一、从外延均衡转向内涵均衡

外延均衡是指外部的、表象的、条件性的均衡，外延发展是以事物的外部因素作为动力和资源的发展模式，它强调的是数量增长、规模扩张、空间拓展，主要是适应外部的需求表现出的外形扩张。① 诚然，在义务教育均衡发展初期，追求办学数量和规模是必不可少的，但是学校数量的增多和规模的扩大可能会在某种程度上导致教育教学质量的相对轻视和弱化。相对应的，内涵均衡则是内生的、深层次的、内在变革和动态的均衡，表现为教育质量的提高和教育文化软实力的提升。内涵均衡抛弃了以往注重表面功夫的浮躁心态，以一种积极的、内省的方式实现学校办学质量的飞跃。内涵均衡的主体是学校和人。"外延均衡"与"内涵均衡"正如辩证法中外因与内因、量变与质变的关系，二者不能完全割裂而言其一，"外延均衡"是"内涵均衡"的基础，"内涵均衡"是"外延均衡"的动力。必须将"外延均衡"与"内涵均衡"统一起来，更加注重"内涵均衡"，使外延均衡"内涵性"，实现学校发展重点由外向内的转换，从而促进义务教育协调、可持续地发展。

从政府层面来看，对义务教育的资源投入和义务教育学校标准化建

---

① 冯建军：《内涵发展：推进义务教育优质均衡的路向选择》，《南京社会科学》2012 年第 1 期。

设不仅要关注"硬件均衡",包括教育经费投入的基本均衡和办学条件的基本均衡,同时更要关注"软件"均衡,也就是人力资源的基本均衡,主要指教师的学历、素质、年龄结构等的大致均衡,以及生源和管理水平的均衡。① 从学校层面来看,"内涵"主要体现在教师的教育观念和精神面貌、学校领导的管理水平和领导方式、学校制度的更新与完善、学校文化生态的形成与优化等等。② 学校改革必须覆盖教育教学基本领域,促进学校管理、教师队伍、课堂教学多层级的深度变革,才能使学校内涵发展真正发挥作用。同时,内涵发展强调发展过程中要关注主体——人,要坚持以人为本,以学生为本,关注学生的主体意识、创新精神和实践能力。薄弱学校应当树立内涵性的发展目标,把重点放在学校发展的内驱力上,建设学校特色校风和学风,发挥教师、学生、课堂、教学的内在力量,使整个学校"活"起来。

二、从依附均衡转向自主均衡

无论是在"受教育权利"普及均衡阶段,还是教育资源配置均衡阶段,国家、政府都是推进义务教育普及、促进资源合理配置的"操盘手"。国家集中力量承担义务教育均衡发展的主要责任,增加学校数量、扩大办学规模、提升学校硬件设施水平,对困难地区和困难学校采取帮扶、倾斜的政策,这些都是国家不可推卸的责任和义务,为学校的初步成长打下了基础。国家和政府一度成为义务教育均衡发展的唯一力量,学校紧紧依附于国家和政府,"背靠大树好乘凉",后续力量难以为继。自主发展就是学校要根据社会对学校的要求、人民群众对学校的期望和学校的实际情况,确定学校的愿景与发展目标,明晰学校的办学理念,形成自己的办学特色③。因而,在注重质量的义务教育均衡发展新时

---

① 王璐:《国际视野下的义务教育均衡发展研究:理论基础、对象层次与任务内容》,《比较教育研究》2013 年第 2 期。
② 杨小微:《义务教育内涵式均衡发展路径分析》,《教育发展研究》2009 年第 5 期。
③ 冯建军:《义务教育均衡发展方式的转变》,《中国教育学刊》2012 年第 3 期。

代，学校的发展已无法满足于这种"依附均衡"。

政府应当转变角色，从"操盘手"转为"助推器"，使学校意识到其义务教育均衡发展的主体地位，鼓励和支持学校掌握主动权，在国家教育政策的指引下，主动建构本校的发展模式，依据具体需求和学校的特色规划发展路线，提升学校自我设计、自主管理的能力。要加强师资力量建设，完善教师在职培训和继续教育体系，激发教职工参与的热情，同时改革课堂与教学，建设适合本校特色的校本课程，鼓励学生在学习当中的主体参与，提高课堂的学习质量和效率。学校的"自主发展"和"内涵发展"是密切相关的。特别是薄弱地区义务教育阶段的学校，政府应当激发其内生动力，鼓励学校自主实施教育实验、践行教学改革和体制改革，促进自我创新，提升办学实力。

三、从区域均衡转向省级统筹

我国幅员辽阔，地域差异大，区域经济发展水平参差不齐，因而地区政府，尤其是省级政府的统筹作用不可小视。但事实上，以往省级政府的统筹作用并没有得到充分发挥，而是更多地充当中观层面的"传声筒"，向下传达中央政府的政策指令，向上汇报所辖市、县的具体情况。而且，以往的区域均衡的主体往往局限于国家，要求国家从宏观角度集中力量办大事，合理调控东中西部地区的均衡、协调发展。中央政府似乎成为义务教育均衡发展的"万金油"，将区域均衡的主要责任，尤其是财政责任一力承担下来，而省级政府则以完成国家规定的任务为目标，在问题与困境发生时，指望中央出台政策作为解决办法。中央政府在宏观调控上不可能面面俱到，而省级政府又未能充分发挥自身在义务教育均衡发展中的责任，这在无形当中又加大了市、县、乡等低一级政府的教育经费负担，进而加剧了区域间尤其是县域内义务教育的非均衡发展。

因此，在当今义务教育均衡发展的新时期，以往的区域均衡应逐渐过渡到省级政府起主要作用的省级统筹。中央政府应成为省级统筹的

"指挥棒"，为省级政府提供政策指引和宏观导向，省级政府才是义务教育后均衡时代的"演奏家"。让省级政府合理拨控"经费"这根琴弦，承担省级义务教育财政的主要责任，能够激发省级政府在义务教育经费投入和省域义务教育均衡发展的主导作用，注重本省实际情况，因地制宜，给予义务教育均衡发展更充足的经费保障。实行省级统筹，重点是确保义务教育阶段教师工资福利待遇的不断提高，中央政府应通过省级财政转移支付承担义务教育均衡发展的财政责任，[1] 调整中央和省级政府在义务教育均衡发展过程中的结构关系，满足省域义务教育的实际需求。同时，省级政府应当明确在省域内推进均衡发展的目标，制定或修订省的中小学办学条件标准，完善对困难地区扶持的倾斜政策；要引导县级政府明确县域内教育均衡发展的状况，制定县级政府义务教育均衡发展的目标和推进义务教育均衡发展的具体措施。[2]

四、从基础均衡转向优质均衡

义务教育的全面普及和教育资源配置的辉煌成果标志了义务教育基础均衡已经有了长足的进步。在这种情势下，教育的需求与供给之间的矛盾转化为人民群众渴望接受优质教育与优质教育资源不足的矛盾。[3] 因此，在义务教育均衡发展的新时期，必须强调义务教育发展的优质均衡，这也将成为义务教育均衡发展的新目标、新途径。所以，底线均衡是一种统一标准，是受教育权"兜底"的基本保障，而优质均衡是建立在上述内涵均衡、自主均衡、特色均衡的基础上的更高层次、更高目标的均衡发展，是优质教育资源的均衡。促进学校变革和转型，鼓励教师和学生张扬个性、焕发活力，提升学校系统软实力，完善自主管理机

---

① 范先佐、郭清扬、付卫东：《义务教育均衡发展与省级统筹》，《教育研究》2015 年第 2 期。

② 陶西平：《推进义务教育均衡发展求实效》，《中国农村教育》2012 年第 8 期。

③ 冯建军：《优质均衡：义务教育均衡发展的新目标》，《教育发展研究》2011 年第 6 期。

制，是优质均衡的必然要求。

　　优质均衡是"优质"与"均衡"的统一，这种优质并不是仅仅指教育资源，而且指向教育质量，优质均衡并不是对优质教育资源的追求，相反，资源的作用要在优质均衡发展的过程中体现出来。优质均衡最关键的是采取各种措施改造薄弱学校。[1] 这并不是要求把薄弱学校拆毁消除，或是把薄弱学校建设成为软硬件、设施、师资等质量一流的学校，而是希望薄弱地区的学校可以通过内涵发展、自主发展、特色发展，发挥本校特色，提升办学水平，缩小同优势学校之间的差距，从而实现真正的义务教育均衡。因而优质均衡发展，是建立在保证教育基本目标得以实现的底线均衡基础之上的对教育质量更高的追求。办学的根本目的是为个人的发展和社会的进步来服务的，在均衡发展的基础上更加重视教育质量，更加注重本地区的特色，才能更好地满足本地区发展的要求，才能真正满足人民的需求。

五、从同质均衡转向特色均衡

　　以往对教育公平和教育资源均衡配置的认识往往存在一个误区，即"绝对"的公平和资源"绝对"的均衡。此种公平和均衡不问对象，不看过程，追求结果上的完全平等。这种完全平等的"同质化均衡"，是绝对的平均主义，当然是不可取的，也是无法得以实施的。当前，我们仍处于义务教育并不完全均衡以及均衡与质量不能二者得兼的情势下，需要通过挖掘各地区特色，尤其是义务教育质量相对薄弱的地区和学校，设计规划属于自己的特色发展方向，实现义务教育均衡的"多元化"。特色均衡可以是一种积极有为的建设性选择，欠发达地区也可以缘于特色而获得创生性的发展。[2]

---

[1]　段展华：《优质均衡：义务教育均衡发展的目标》，《现代教育科学》2009 年第 8 期。

[2]　杨启亮：《特色均衡：欠发达地区课程变革路径的选择》，《课程·教材·教法》2006 年第 12 期。

　　真正意义上的公平和均衡是一种动态性的过程，从学校和学生两方面来讲，要根据地区发展程度和特色文化，根据学生的个性特色，因地制宜，因材施教，使每个学校获得其所适合的教育资源，每个学生获得其所适合的教育，实现教育的自由与多元化。这种特色均衡对薄弱学校而言，更是一种机遇和挑战，挖掘本地区、本民族的特色，充分发挥自身的个性差异，告别以往单纯的模仿和经验输入，才能使薄弱学校与示范学校站在对等的平台上，使资源差异转为特色差异。同时，由于各地区家长和学生对义务教育的要求可能不尽相同，少数民族地区或特色地区家长和学生的需求也可能具备民族特点或地方性特点，因而地方学校在发展过程中也应考虑家长和学生的需要，特色办学、优质办学。

第二章

国际义务教育均衡发展的成功模式
与经验借鉴

教育公平是社会公平的基础，义务教育公平是最基本的公平，推进义务教育均衡发展是世界各国共同面临的课题。[①] 促进义务教育均衡发展需要实现教育资源的合理配置与教育质量的均衡发展，保证区域内每一所学校得到充分发展，每一个学生享受优质均衡教育。我国社会二元体制导致区域经济发展不均衡，经济的非均衡发展致使义务教育在资源配置和教育结果上存在着巨大的地域差异。世界发达国家长期致力于义务教育均衡发展，形成了基于本国特色的经典模式，因此，对国际义务教育均衡发展模式的解读可以为推进中国义务教育均衡发展提供借鉴与经验。

第一节　国际义务教育均衡发展的整体模式探析

义务教育的重要特点就是强制性地实行免费教育，不同国家根据不同的政治、经济、文化等体制的影响实行不同范式的义务教育发展模式[②]，也正因为如此，国际义务教育均衡发展形成了基于本国特色的经典模式，通过对各国发展模式的解读可以为我国义务教育均衡发展提供经验。

[①] 姜茂、朱德全：《区域义务教育均衡发展的国际经验及其对我国民族地区的启示》，《教师教育论坛》2015 年第 3 期。

[②] Gabriela Ossenbach. "Research into the History of Education in Latin America: Balance of the Current Situation", *Paedagogica Historica*, 36. 3(2000)，pp. 41 – 861.

一、国际义务教育均衡发展的模式归结

不同的国情决定了各国义务教育均衡发展模式的差异，发达国家与发展中国家义务教育均衡发展现状也呈现不同特色，通过归结各国"个性化"的义务均衡模式，指导我国义务教育均衡的发展，具体模式如下：

1. 美国"补偿教育"发展模式

随着美国 20 世纪六七十年代民权运动的高涨，以及受社会、文化等多元因素的影响，美国特别强调各民族和各文化群体之间教育机会均等和注重教育公平。美国公众打出"教育机会均等"的口号，特别关注少数民族和处境不利儿童，同时运用一系列法律手段解决教育发展不均等问题，因此，"补偿教育"发展模式应运而生。"补偿教育"计划主要是针对移民、少数民族、黑人、城市贫困人群等弱势群体实施的，通过每年拨出大量经费改善教育，在 2001 年颁布的《不让一个孩子掉队》中，针对贫困学校的扶持和弱势群体的教育做出了明确要求，该模式对弱势群体、少数民族和黑人等的关注，成为美国消弭城乡教育差异、促进教育公平的最佳范例。①

2. 英国"社会融合中同化"发展模式

1967 年《普劳顿报告书》指出"处于最低劣的贫穷与不利状态的环境中，直接而明显地影响学校和学生的学业成就"。英国更加注重对少数群体聚居区的教育扶持，中央政府向少数群体聚居区的教育拨款政策有所倾斜。英国是多民族、多人种混居的国家，为了不打破少数民族群体的"特性"，并且保证少数群体享有平等权利，《1988 年教育法》规定了对少数民族薄弱地区和"教育优先区""教育行动区"等地区的倾斜政策和扶持计划，其目的在于改善参差不齐的区域现状，缩小校际间教育质量的差距。这一系列计划不仅让教育公平内涵在英国教育界得

---

① 姜茂、朱德全：《区域义务教育均衡发展的国际经验及其对我国民族地区的启示》，《教师教育论坛》2015 年第 3 期。

以扩充和转型，也使教育在"社会融合中同化"的发展多样性得以保留，向着实现"积极差别待遇"实质公平的方向努力。

3. 芬兰的"全民教育"模式

芬兰的"全民教育"模式建立在芬兰政府对义务教育的高度重视与强大的财政支持的基础之上。芬兰教育面向全民，力求每个学生优质均衡发展，人人获得成功的机会。芬兰采取了以下措施：第一，取消择校制度，规定学生就近入学，不办"重点学校"，不设"实验班"，对薄弱学校进行财政倾斜，重点扶持。第二，实行独特的个性化的教育辅导制度，设立了班级教师、教师助理和特别需要教师与多学科综合工作小组等一系列分工细致、职责明确的教师团队对学生进行辅导。第三，开展特色教师培训，建立高素质的教师队伍。芬兰《基础教育法》规定所有学前教育、高等教育、成人教育的教师都需取得硕士以上学历，通过教师资格考试方能申请教师职位。

4. 俄罗斯"农村学校结构整合"模式

新世纪伊始，俄罗斯实施了新一轮教育现代化改革，此次改革将注意力集中在对农村学校的改革上。2001 年颁布的《俄罗斯农村学校的结构改革构想》，明确了农村学校结构改革的基本原则是"集中与合作"，包括学校"保留和整合"等具体要求；实施教育信息化计划；确立以示范性学校为中心建立区域性学校综合体；建立农村学校结构网等。通过整合农村学校网络结构，对困难地区实施远程教育，是改善农村学校的社会生存条件、辐射紧缺的优质教育资源和提高教学效率的最新途径。

5. 日本的"多元尺度发展"模式

日本的"多元尺度发展"模式的主要内容有：首先，以振兴偏僻地区教育为重难点，促进日本义务教育均衡发展。从"颁布实施《偏僻地区教育振兴法》；建立国家财政补助制度；加强偏僻地区教师的培养与培训；积极改善偏僻地区生活与教育环境，促进偏僻地区教育信息化建设"① 四个方面促进偏远地区教育的发展。其次，以学校"标准化"建设为稳定点，以"多元尺度公平"择校理念为着力点，促进区域内校际间的均衡发展。通过《学校教育法》《公立义务教育学校班级编制及教职员编制标准相关法律》的颁布规范了办学条件、班级规模与师生比例。最后，政府推行"择校"制度，引进竞争机制，建立"多元尺度"的公平，以"多元"价值标准对学校进行评判，推动特色学校的发展。

6. 韩国的"平准化均衡发展"模式

韩国的"平准化均衡发展"模式重点关注经济落后地区、偏僻地区的教育发展与标准化学校的建设。② 该模式的具体做法有：第一，通过颁布法律保障落后地区教育的优先发展。如《关于实施初中义务教育的规定》规定初中义务教育首先应该从经济困难的岛屿、偏僻地区的居民的子女开始，进而推向邑、市地区，从"农村包围城市"。《岛屿、偏僻地区教育振兴法》规定偏远地区所需经费优先支付，对教师发放特殊地区工作津贴，帮助偏远地区的孩子享受同等教育。第二，采取"初中免试入学制"与"平准化教育"等教育改革措施。将初中入学考试制度转变为区域内抽签分配，遵循就近入学的原则，通过抽签方式对新生进行分配。取消重点学校、名牌学校，在教育经费上倾斜于"不利学校"，以求中小学教育质量在达到标准、均衡的基础上实现统一与和谐。

二、国际义务教育均衡发展的经验归结

各国在本土特殊环境寻求义务教育均衡发展模式的进程中，呈现出"百家争鸣"的繁荣景象。然而，各国"个性化"模式中又不乏"共通性"，具体表征为以下几个方面：

（一）强化政府责任，健全相关法律法规保障义务教育均衡发展

---

① 薛二勇：《少数群体教育均衡发展政策模式探析：以英国与瑞典为例》，《外国教育研究》2007 年第 8 期。
② 刘培培、朱德全：《日韩义务教育学校标准化建设》，2015 年。

国外在推进义务教育均衡发展的进程中，都非常注重强化各级政府的责任，建立相对集中的财政投入机制，明确各级政府投入比例。如韩国中央政府投资比重在53%以上，是其义务教育投资的绝对主体。[①] 美国的中央、州、地方（学区）、学校的负担比例为6.3: 42.1: 41.2: 10.3[②]。同时，各国还为保障义务教育均衡发展而制定了相关法律法规，如日本颁布了《学校教育法》《义务教育经费国库负担法》《偏僻地方教育振兴法》等相关的法律法规，硬性规定中小学的办学条件、师资水平等，并依法严格执行。[③] 强化政府责任、扩大义务教育投入，完善相关法律法规，只有在相对健全的外部保障体系下，义务教育均衡发展和教育公平才有可能更快实现。因此，强化政府责任成为国际经验的第一启示。

（二）注重教育资源的均衡配置，促进义务教育均衡发展

教育资源的配置对教育均衡发展起着决定性作用，国外各国非常重视教育资源的共享和办学条件的均衡，保障教育资源的相对均衡配置。如日本在城市与农村、偏僻地区与内地之间推行教师定期"流动"制度，促进优质师资队伍共享；韩国注重办学条件的相对统一，推出"教育标准化"政策以改善"不利学校"建设，还引入校长和教师定期流动制度，从而实现各学校办学条件相对标准化建设；俄罗斯则是通过改革农村学校结构，集中教育资源，形成以"示范性"学校为中心，以网络为媒介共享的优质教育资源，从而促进区域内整体办学水平的提升。

（三）扶持处境不利地区与弱势群体，推进义务教育均衡发展

国外在义务教育均衡发展的过程中，注重关注弱势地区和弱势群体

---

① 王孔敬：《国外义务教育均衡政策及其对重庆民族地区义务教育均衡发展的启示》，《贵州民族研究》2010 年第 2 期。

② 田汉族：《促进区域基础教育均衡发展的国际经验及其启示》，《当代教育论坛》2011 年第 4 期。

③ Jenkins, Kathryn A. Jenkins, Bertram A., "Education for Sustainable Development and the Question of Balance: Lessons from the Pacific", *Current Issues in Comparative Education*, 7(2005), pp. 114 – 129.

的教育问题，如美国"教育补偿"模式对处境不利者和弱势群体给予了教育资源的倾斜，缩小群体教育发展差距；南非对贫困地区的学校实行"分层倾斜拨款政策"；英国重视对处境不利地区的学校和贫困家庭的扶持，实行了"教育行动区"计划，在"行动区"内享有一系列如课程设计自由、教师待遇优厚、区内教育资源共享等优惠政策，还实施了"追求卓越的城市教育""连锁学校"等计划，通过整合和共享优质教育资源，提高区域教育质量。

三、国际义务教育均衡发展对我国的启示

整合国外义务教育均衡发展的经验与我国实际情况，可以从财政投入机制、教育优先区建设、标准化学校建设、优质教师均衡发展等四个方面变革中国式发展模式。

（一）建立中央与省级政府为主体的财政投入体制

教育财政是教育发展的脊梁，教育经济学家本森认为，"评价教育财政的三个主要因素是充足、有效与平等"①，财政投入总量、财政的有效利用与平等配置是义务教育发展的前提条件。我国当前义务教育财政投入力度与发达国家相比仍存在一定差距，《纲要》提出国家财政性教育经费的支出在 20 世纪末应占总 GDP 的比重达到 4%。中央应努力加大国家教育财政性支出，各地政府落实义务教育经费的"三个增长"，保证教育财政充分投入。为实现教育财政投入的有效性与公平分配，我国财政体制应由"地方负责，分级管理，以县为主"走向"以中央和省级政府为主"，实现财政责任重心的上移与管理权力的下放。建立中央和省级政府为教育投资主体的财政制度能够充分发挥中央政府全国范围内资源调动的优势，在宏观上促进教育财政资源公平配置，省级政府能基于本省经济发展状况实现差别性经费分配，缩小义务教育投入的地区间差距，促进教育财政的均衡配置与有效利用。

① ［美］M. 卡诺：《教育经济学国际百科全书》，闵维方等译，高等教育出版社 2000 年版，第 525 页。

（二）优先发展落后地区教育，设立农村义务教育优先区

我国东部、中部与西部三个区域的经济发展差异明显，其中东部经济最为发达，中西部经济相对发展缓慢，经济发展的差异导致了义务教育的非均衡发展。为推进区域间义务教育均衡发展，各地区应依托政策倾斜与资金补偿等政策优先发展中、西部地区教育，促进中部地区的崛起与西部地区的开发。教育的发展应基于经济的发展，改善中西部地区的经济发展现状是推动其教育发展的基础。改善中西部地区的经济发展现状应从"外扶"与"内立"两个层面入手，一是国家通过政策引导、经济补偿等方式促进中部地区的崛起与西部地区的开发，二是中西部应结合自身的区域优势，鼓励区域特色发展，带动经济的发展。城乡二元分治结构致使我国农村义务教育与城市义务教育存在着巨大的差距，因此，推动义务教育均衡发展应注重发展农村义务教育，设立农村义务教育优先发展区，在教育优先发展区内，建立农村义务教育发展专项资金，加强农村学校管理团队与师资队伍建设，提高教师的收入，共享城市优质教育资源，鼓励城市优质教师向农村地区流动等措施有利于促进农村义务教育发展。

（三）推进"标准化"学校建设与学校特色内涵发展

教育资源的均衡配置是义务教育均衡发展的基础与前提，教育质量的均衡发展是义务教育均衡发展的终极目标。推动义务教育均衡发展一方面需要改造薄弱学校，促进办学条件的"标准化"建设，另一方面需要在硬件设施标准化的基础上激活良性竞争，促进学校特色内涵发展。"精英化教育"的价值导向使得有限的教育资源向实验学校、重点学校集中，而未得到照顾的学校成为薄弱学校，衍生出严重的"择校"问题。改造薄弱学校，消解"择校"问题，首先政府应优化义务教育学校布局，合理配置教育资源，改善薄弱学校的硬件设施，达到中小学建设标准，由"不合格"走向"合格"，提高学校建设质量。其次，应促进学校间的联动发展，扩大优质资源的辐射范围，实现优质资源共

享，以名校带动、帮扶薄弱学校的发展，实现共同发展。"标准化学校"的建设是学校特色发展的基础，在"标准化"学校的基础上促进学校内涵、特色与创新发展，形成"一校一特色或一校多特色"。

(四) 重视优质教师队伍建设与流动管理制度完善

教师在教学活动中处于主导地位，教师队伍整体优化是义务教育均衡发展的重要保障。当前我国义务教育教师资源呈现出数量与质量的分布不均衡、流动体制混乱的状况，为促进优质教师队伍建设，应当从加强教师培养、上岗、培训及均衡流动四个方面入手保证优质师资的均衡发展。一是在教师的培养上应兼顾数量与质量两个方面，全面实施严格的教师资格制度，不仅规定从事教师职业必备的基本条件，并且要对有志于成为教师的人进行职业素养与能力的甄别与鉴定，从而提高义务教育的师资力量。二是在教师上岗方面应加强教师考录制度，对教师的师德师风、学历、能力及教学管理方面提出更高的要求。三是在教师培训方面应加强教师的在岗培训，以个人进修、选送外培等研修方式促进教师的专业化发展。四是为促进教师的有序流动，首先应消灭教师收入的过大差距，实行农村学校教师和城市学校教师"同工同酬"政策，并对贫困落后的农村地区的教师给予特殊津贴补助。

第二节　国际义务教育标准化学校建设经验借鉴

学校标准化建设的发展思路是教育领域工程技术的标准化建设思路和管理领域标准化管理思路的落实，同时也逐步形成了教育标准化建设自身的思想体系和技术指标。教育标准化主要是办学条件、学校硬件、师资、课程建设等方面的全面标准化，是实现义务教育均衡发展的重要政策和措施。各个国家在义务教育标准化学校建设上各有不同，通过对不同国家义务教育标准建设的探讨，对我国义务教育标准化学校的建设有一定的启示。

一、法国义务教育学校标准化建设的经验借鉴

法国义务教育是由中央政府、学区以及地方政府三方协同管理，在其义务教育学校标准化建设上，主要从办学规模标准化、学校管理标准化、校园生活标准化、督导评估标准化等几方面实现。

（一）法国中小学标准化建设的基本框架

法国《教育法令》规定，中小学教育的各方面建设是由中央政府、学区及地方政府三方分工管理的。中央政府主要负责制定全国教育发展政策，确定教学内容及大纲，招聘管理教师及评估教学成果。学区负责落实国家颁布的教育政策，指导管理辖区内中小学教育活动并协调与地方的合作。地方政府负责中小学的校舍建造、维修及日常运转等。在现行管理模式的基础上，法国中小学的标准化建设由这三方合作落实。

1. 学校办学规模标准化

法国政府为确保学校自身的发展和学生所接受的教育质量有所保障，对全国内的学校进行了系统的、严格的布局。根据政府的规定，小学的招生半径为 3 公里，以此为标准来设立学校，保证学校数量多、分布广，以方便儿童入学。在初中的布局方面，法国政府把全国划分为若干招生片区，每个招生片涵盖居民 5000—6000 人，初中的招生半径为 15—20 公里，以此确定初中的数量与位置，其规模视招生片内的适龄学生人数而定。[①] 为实现地区间的义务教育均衡发展，保障学生拥有平等的受教育权利，规定学生在招生片区内就近入学，公立学校禁止择校。

在学校硬件建设方面，法国教育部制定了《全法中小学校舍建造通用参照标准》，以保障学生在校期间的安全与健康。以小学标准为例，规定班级规模为每班 25 人，规定普通教室面积平均不少于 50 平方米。对于教学辅助教室的规定，如信息化教室面积不少于 50—75 平方米。其他教学辅助类用房建设可根据学校规模而进行调整，如图书馆面积标

---

① 邢克超、李兴业：《法国教育》，吉林教育出版社 2000 年版，第 121 页。

准为 3 个班规模以下学校可不设图书馆，12 个班规模学校则不少于 100 平方米；对于学生体育运动场所，规定 9 个班以下规模学校可使用当地公共资源，如果学校规模达 12 个班，则需配有 1000 - 1200 平方米活动场地。对于卫生设施的明确标准可以有效保证学生的健康，规定学校医务室不少于 10 平方米，每 20 个学生配一个洗手池，每 20 个女生和每 40 个男生各配一个厕位。[①]

2. 校园生活标准化

为提高学业成功率，法国政府在 2013 年对校园生活的时间标准进行了调整。以小学为例，新标准规定，从 2013 年 9 月开始学生每周上学 9 个半天，分别为周一、二、四、五的全天和周三上午的半天，每年上学天数增加为 180 天，学习时间为 864 小时。同时，为了提高学习效率，新标准规定每周课时为 24 小时，全天课时不超过 5.5 小时，半天课时不超过 3.5 小时，午休时间不少于 1.5 小时。[②]

法国政府对于中小学的教学内容及课时数也进行了标准化规定。法国公立学校教师要求按照教育部统一制定的课时标准、教学大纲和教学内容开展教学活动。在教学内容和大纲方面，每门课程在不同的年级均制定了相应学习目标、知识范围、基本技能等要求。法国政府虽然在教学内容和课时方面制定了标准化的要求，但在执行方面还是有一定的弹性的。教师在进行教学时可以自由选择教材和教学方式，各地学校可以结合其地区实际情况选择开设大纲内部分课程。在课时的安排方面，规定在每周 28.5 小时的课时中，国语 4 小时、数学 4 小时、第一外语和第二外语共 5.5 小时、史地 3 小时、理化 3 小时、地球生命科学 1.5 小时、体育 2 小时、社会公民课 0.5 小时、实践探索课 3 小时、个别辅导

---

① 《法国中小学标准化建设及启示》，见 http://www. Moe. Gov. cn/publicfiles/business/htmlfiles/moe/s8685/201504/185981. html，2015 - 04 - 16/2016 - 01 - 11.

② 王瞻、朱德全：《法国义务教育学校标准化建设：框架、特色及其启示》，2005 年 8 月。

2 小时。①

3. 学校管理标准化

法国教育部对中小学负责人职责进行了细化的管理办法。法国的中学不具备独立的、完整的法人地位，不能够独立承担全部法定民事责任，一些重大的民事责任需要由政府承担。法国小学是受学区的督学管辖，一位督学一般管辖 25—30 所小学，而小学"校长"的定位是学校的管理员，负责协调督学与教师之间的关系等事务，并且需要讲课，是属于教师身份。②

对于中小学的人事管理工作，法国政府也做出了明确、详细的规定。在中小学校长的聘任方面有着严格的要求，例如 30 岁以上且有 5 年以上的教龄才能申请参加中学校长资格考试。在资格考试合格并领到资格证书后，会由专门的导师辅导，进行为期两年的实习期，在实习期结束后，才有资格参加中学校长的竞聘。当一个校长岗位有十人以上参与竞聘时，参加竞聘的人士必须提交一份包括办学目标、发展规划和多种具体指标在内的三年期办学规划，规划会由该校所处学区的有关专家进行评鉴，作为是否聘任的参照。如果该人被聘任为校长，那么会把其所作的规划在学区存档，并作为办学依据和检查的依据。③ 另外，从 2000 年开始，规定校长在学校的任期为一届三年，最多可连任三届，且每一届校长在任期间学区都需要对学校的办学目标、多种标准进行评价以评定校长的能力。

法国教师是由中央进行管理的，对于教师的资格认证与聘任都有统一的规章制度。在成为中小学教师之前，必须获得相应的教师资格。

---

① 张梦琦、王晓辉：《浅析法国小学新课时改革》，《外国教育研究》2014 年第 3 期。
② 郑增仪：《法、德、意三国基础教育管理体制调研报告》，《教育发展研究》2005 年第 2 期。
③ 张东桥：《中国与西方国家中小学校长职位权利的比较分析——兼论"校长负责制"与"校长管理制度"》，《比较教育研究》2005 年第 7 期。

2013 年 7 月，法国政府颁布了《重建共和国学校的方向与规范法》（La loi d'orientation et de programmation pour la refondation de l'École de la République），其中提出设置"师资与教育高等学校"　　（Écoles supérieures du professorat et de l'éducation, ESPE）作为新型的教师培训机构，自 2013 年 9 月 1 日起正式取代自 1989 年起设置的"教师教育学院"（Instituts universitaires de formation des maîtres, IUFM），执行对教职人员的职前教育及在职继续教育工作。① 师资与教育高等学校的学制为 2 年，根据国家统一的教师教育课程标准进行教师培训，培养方向包括幼儿学校教师、中小学校教师、大学教师，以及教育咨询师，涵盖教师领域的各个层面，毕业后教育部将颁发"教育、教学与培训硕士"文凭（MEEF）。经国家分配进入中小学工作的教师的工作量要求每周不少于 24 课时，全年工作量 36 周，936 课时。为保障教学质量，对于班生比例的要求是小学平均每班 25 人左右，初中每班 30 人左右。并且教师在任职期间，需要定期进行进修，一般安排在每周三进行，教师的进修每年不少于 12 课时。

4. 督导评估标准化

法国政府 1802 年颁布的《国民教育总法》中提出要建立教育督导制度，经过多年的不断发展与改进，已经建立了完善的督导评估体系，以监督、评价全国各地的教育情况。

法国政府设立进行教育督导的专门机构，主要分为中央、学区和省三级。② 中央一级的教育督导机构为国民教育总督导办和国家教育行政总督导办，由教育部直接管辖。前者主要职责是对全国教育教学领域进行宏观层面上的监督与评价，包括对国家教育制度进行监督和评估；对各地教学和教育质量进行督导检查；对地方督导人员、学校负责人、教

---

① 王薇：《中法中小学教师职前教育课程结构比较研究》，《教师教育学报》2015 年第 4 期。
② 谢延龙：《法国教育督导制度及其启示》，《世界教育信息》2004 年第 1 期。

学人员等进行招聘、培训，并对他们的工作进行评估等。后者的主要职责是代表教育部和高教部部长或以部长的名义，对教育部和高教部、学区、公立学校及所有隶属于教育部、高教部或得到教育部、高教部资助的机构的运行情况和效益进行监督和检查；对涉及以上机构的行政诉讼案件提供咨询意见；对国家教育制度进行研究和评估。[1] 学区一级教育督导机构设在各大学区督学处内，其督导职能经过具体划分，分为地区教学督学、学区督学和参谋顾问人员三种。地区教学督学是专门的督学人员，其职责是对地区学科教学工作进行督导；学区督学主要负责行政工作，不参加督导；专兼职的参谋顾问人员则有十余种，为学区长工作。大学区督学处主要负责督导中学教育工作。省级督导机构分设在各省教育厅督学处，督导人员称为国民教育省督学，法国每省分为若干个分学区，每个分学区内设有一名省督学，机构主要负责督导小学教育工作。[2] 同时，法国教育部内另设预测评估司，负责对全国教育数据进行统计，协助其他司局对法国教育体制进行研究，并与总督导办合作，设计对学校的督导评估政策。

　　法国教育督导人员的选拔标准有着严格的规定，对于不同职等的督学，根据其职能和职级的不同有不同的选拔要求。国民教育总督学、大学区督学和省督学的主要职责是对各地各校教学工作进行督导，其选拔标准的基础是在教育教学领域的成绩。对于国民教育总督学的选拔要求最高，需要拥有大学教师职称或中学高级教师职称，具有博士学位，或者是从被承认的同等职衔的在国民教育领域服务十年以上的公务员中选拔。学区督学和省督学要求年龄在 40 岁以上，人员选拔是在有一定职称的大学教师、中学高级教师、学校或其他教育机构负责人等范围中选取。国家教育行政总督学的职责主要在于监督和检查教育机构的行政管理问题，所以其人员选拔要求为具有丰富行政管理经验的国家公务员，

---

[1]　钱厚斌：《法国教育督导制度建设的经验及其启示》，《教育探索》2012 年第 8 期。

[2]　刘世清：《法国教育督导以专业成就权威》，《上海教育》2012 年第 7 期。

主要包括教育系统内资历较高的文职行政人员、大学行政管理顾问、大学总务主任、任职十年以上的省教育局局长等。督学在通过选拔后还需要进行相应的培训，其中，总督学不需要专门进行培训，只需要不定期地参加实习、学术研讨会和短期培训；学区和省一级督学则需要进行专门的职前培训，必须到"国家督学和教育领导培训中心"接受为期两年的上岗培训，才能够正式被任命并就职。①

（二）法国中小学标准化建设的主要特色

法国政府对于中小学的各项建设标准进行了明确的规定，并要求按照国家标准进行相应建设，以达到全国教学条件和教学质量的标准化目标。在法国标准化建设的过程中，结合本国国情所制定的相关政策使其中小学标准化建设得以顺利实施。

1. 教师培训与分配标准化，保障教师资源均衡配置

法国教育制度具有中央集权式的特点，中小学教师在接受统一培训取得教师资格后，由政府统一分配，政府统一培训并进行分配的体制可以保障其全国教师队伍的数量与质量达到相对平衡且保持较高的标准，以实现法国全国范围内的教师资源均衡化和教育质量高层次。法国政府要求教师教育课程需根据国家统一的课程标准进行制定，课程目标及课程的设置可以由各所师资与教育高等学校自行设置。基于共同的课程标准，师资与教育高等学校的课程结构基本可划分为四个部分：通识教育课程、学科专业课程、教师专业课程和综合实践（含学术研究）课程。② 在为时 2 年的教师教育中，采用教育理论知识的学习与教学实践活动交互进行的培训模式，要求学员理论知识与实习经验双重达标，才

---

① 《对英国、法国教育督导和教育评价制度考察的报告》，见 http://www. moe. edu. cn/publicfiles/business/htmlfiles/moe/moe_ 626/201108/122815 html, 2011 - 08 - 02/2016 - 01 - 11.

② 王薇：《中法中小学教师职前教育课程结构比较研究》，《教师教育学报》2015 年第 4 期。

能够获得教师资格。此外，当下法国的教师培训中，对于学员的实践反思能力提出了高要求，在实习过程中运用多种实习方式结合的分散式实习模式，使得接受教师培训的学员可以将所学的理论知识与现实教学实际进行有机的结合，在教学实践中进行反思，结合理论知识做到自我提升。

自 20 世纪 80 年代起，法国教师正式纳入国家公务员编制①，教师作为公务员需服从国家的统一调配。② 法国的教师分配工作是以均衡全国范围内的师资配置为基本原则，并尽可能兼顾教师个人工作意愿而进行的。根据法国的教师编制政策规定，法国教育部需要每年根据全国的中小学学生人数变化和义务教育发展的具体情况，预测出全国对中小学教师的需求量，从而确定教师的编制数和各学区教师的分配指标，据此进行教师招生、考核与分配工作，以宏观调控的方式实现法国各学区、各地方的师生比例标准化、合理化与教师质量均衡化。法国政府还制定了中小学教师的流动配岗制度，小学教师可以进行省内流动和省间流动，中学教师可进行学区间流动和学区内流动，教师可以根据自己的情况提出调换岗位的申请，也可以根据政府规定参加岗位流动。对于参加岗位流动到教育发展薄弱的"问题学区"和边远地区任教的教师，政府会给予一些优惠政策和相当可观的特殊补贴，以此提高在这些地区工作的教师们的工作积极性。在国家统一进行的教师资源首次分配的基础上，教师流动制度进行的教师资源二次分配对于首次分配中可能存在的不均衡问题具有改善作用，在政府的统筹运作之下，可以在很大程度上保障法国全境内师资水平的平衡，以此实现全国义务教育的均衡发展。

---

① Education Audiovisual & Culture Executive Agency、European Commission，Organisation of the Education System in France(2009/2010)，见 http://eacea. Ec. eu - ropa. eu/education/eurydice/documents/eurybase/eurybase_ full_ reports/FR_ EN. pdf, 2010 - 05 - 06/2016 - 01 - 11.

② 常宝宁：《法国义务教育扶持政策与我国教育均衡发展的政策选择》，《比较教育研究》2015 年第 4 期。

2. 学生个体发展标准化，保障学生达到"共同标准"

法国自 1882 年颁布《基础教育法》后，一直重视义务教育的发展，并在发展过程中针对长期存在的学业失败问题，制定了实现学生个体发展的标准目标并采取相应措施，保障学生在接受义务教育期间能够顺利升学并在义务教育结束时能够掌握共同的知识和能力。

为减少学业失败的问题，降低各阶段的留级率，法国在实现义务教育阶段学生个体发展标准化的过程中逐步形成了一套中小学辅导机制。1975 年的"哈比教育改革"提出了"辅导活动"，在 80 年代，法国政府对小学及初中阶段的补课辅导做出了硬性规定，要求以补习课的形式对学习受阻的学生进行补课。在法国的义务教育阶段，对落后的学生进行课外辅导成为各学校的固有职责。①

为保证学生在义务教育阶段能够掌握足够支持个体发展的知识，法国提出了学生个体能力发展标准的框架和评价指标。2005 年 4 月，法国政府正式颁布了《学校未来的导向与纲要法》，在这项法令中提出了"必不可少的共同基础"这一核心概念，强调学生在 16 岁完成义务教育时，学校要保证全体学生具备必要的知识、技能和生存态度②，具体包括法语、数学、英语、信息技术和民主社会中共同生活的教育。法国政府在中小学标准化建设中不仅确保了学生教育机会的标准化和教学条件的标准化，在学生个体发展方面也在努力实现接受教育后达到相对统一的发展标准，以确保在义务教育阶段实现全国范围内的教育公平。

3. 教育督导制度标准化，完善教育督导评估体系

法国的教育督导制度自 1802 年正式确立以来，时至今日已经历了 200 多年的发展，在此期间，法国政府对于教育督导工作一直予以重

---

① 孙启林、周世厚：《大均衡观下的"略"与"策"——法国义务教育均衡发展政策评析》，《现代教育管理》2009 年第 1 期。
② 王晓辉：《法国新世纪教育改革目标：为了全体学生成功》，《比较教育研究》2006 年第 5 期。

视，将其视为法国教育事业中的教育行政管理的重要支柱之一。法国教育部门设立了专门的督导机构，明确督导职责，规定严格的督导人员选拔标准，制定严密的督导程序，通过立法手段建立了完整的督导制度体系。

法国的教育督导有非常完备的法制法规作为保障，比较重要的法规有《国民教育总督学特别章程》《国家教育行政总督学章程》《地区——学区督学和国民教育督学特别章程》等，这些教育督导法规的颁布使得法国教育督导工作保持着高效有序的运作。根据立法手段所作出的明确规定，法国教育督导工作实行分工监督，这是法国教育督导最为显著的特征。按照督导的职级区分，中央一级的督导人员中，国家教育总督学主要负责教学方面的督导工作，其日常督导工作主要包含三个方面：一是按照专业将各位督学编入各个学科组，对本学科全面开展研究和建设，监督和检查本学科的教学质量；二是根据每年教育专题调研课题，组成调研小组深入有关地区开展调研；三是担任学区通讯员的总督学按要求深入到某一学区，在地方督学的帮助下完成年度调研计划，同时要帮助制定该学区督导工作的工作计划，指导和协调地方督导工作。国家行政总督学的日常工作同样包括日常督导、地区调研、专题研究，督导职权范围很大，涉及从学前教育到高等学校等各级别学校除教学外的所有行政和经济事务。① 中央督学人员负责从宏观上对全国教育进行监督和检查，地方上的督学则负责从具体的方面来对教育机构与教学质量进行督察。其中，初中的督导是由学区一级督导机构负责，由学区督学对学区内的初中进行监督和检查；小学的督导是由省一级的督导机构负责，由省督学对所在省内的小学进行监督和检查。

法国政府既重视行政性督导，又重视教学性督导，即对学校的教学

---

① 《对英国、法国教育督导和教育评价制度考察的报告》，见 http://www. moe. edu. cn/publicfiles/business/htmlfiles/moe/moe_ 626/201108/122815. html，2011 −08 −02/2016 −01 −11.

业务开展督导，对于按学科设置的中小学进行教学性督导工作，督学定期到校观察课堂教学，听课后及时与教师沟通交流，并对教师的教学业务情况进行分数评定。教学性督导不仅可以对学校教学质量进行监督评估，也可以对教师的教学业务进行评价，对教师就职后的专业发展具有举足轻重的作用。

（三）法国中小学标准化建设的启示与建议

法国政府对于教育一直十分重视，在教育改革的不断进行和教育法令的持续修订中，建立了中小学标准化建设操作体系和保障机制，以确保义务教育的均衡发展。现阶段，我国义务教育的发展存在着非均衡化的问题，教育部门为解决此问题，参照各国的成功经验，提出打造"标准化学校"这一对策。通过对法国中小学标准化建设体系进行分析，以得到对我国标准化学校建设有价值的经验，有助于建立适用于我国国情的中小学标准化建设规划。

1. 标准化建设需加强和完善教育法制建设

在法国教育管理的"立法、执法、监督、指导"四项主要职能中，首先强调的是立法，在法国的标准化教育建设过程中，每一方面的建设都有相应的法律法规作为依据，并且根据教育的发展和现实的需要，法国政府对于教育法规不断进行改革与修订，使各级各类教育机构在执行、监督和评价过程中有法可依，从而使得法国中小学标准化建设能够规范有序地进行。2012 年国务院颁布了《国务院关于深入推进义务教育均衡发展的意见》，其中对于中小学标准化建设的办学条件、师资配置、管理督导等各项资源配置进行了宏观层面的规定，但对于各个地区及具体地方的中观、微观层面的法律法规还需要结合各地区的实际情况进行制定，以保证各地中小学的标准化建设可以有明确依据，保障执行、督导及评价环节有理有序地运行。

2. 标准化建设需要立足国情

法国义务教育阶段的特点是高度中央集权，政府重视教育标准化建设，结合本国实际不断改进，制定了成熟的国民教育体系。在标准化建设中，政府机构始终掌握着国家教育发展的总方向，中央政府从宏观上对全国的教育进行管理和规划，同时，在执行过程中，中央与地方政府采取分工协作的方式，各司其职。在这种执行制度下，既能通过立法保证全国教育基本标准得到落实，又能兼顾地方特色，制定出符合本地实际情况的实施细则。

法国标准化建设的成功经验对于我国有一定的参考价值，但由于两国实际情况相差较大，对法国的中小学标准化建设体系要进行理性的分析。我国是世界上最大的发展中国家，社会发展的不均衡导致我国中小学教育发展也呈现不均衡现象。同时，我国地域辽阔，人口众多，不同地域的不同情况使得我国在标准化建设过程中应该考虑基本国情，考虑地域特点，做到落实基础，实事求是。在《国务院关于深入推进义务教育均衡发展的意见》中，义务教育均衡发展的指导思想指出需要加强省级政府统筹，强化以县为主的管理模式，并提出统筹城乡、因地制宜的指导理论，以实现每一所学校符合国家办学标准这一基本目标。中小学标准化建设是改善教育发展不均衡现象的有效方法，结合各地区不同情况进行标准化建设，并且各级单位分工协作，各司其职，才能保障中小学标准化建设运作的高效性。

3. 标准化建设需要以促进教育公平为宗旨

受到历史影响，法国在早期的教育发展中存在着明显的等级差异，故而在法国的义务教育改革中，其首要目的就是努力消除因社会阶层问题造成的教育不平等。自1925年法国政府对小学阶段"双轨制"实施改革开始，至1975年的哈比改革建立了全国统一的初级中学，法国义务教育阶段的中小学实现了制度层面的教育公平，实现了教育机会的标准化。在之后的"教育优先发展区"建设政策落实中，法国政府将标准化建设的重心放在了办学条件标准化建设上，并进一步从教学设施、师资配置、学校管理和督导评估等方面对中小学标准化建设进行完善，以促进教育公平。在我国，进行中小学标准化建设是改善区域间、城乡间和学校间的教育发展不均衡问题的有效途径，其目的是做到努力缩小区域差距、加快缩小城乡差距、切实缩小校际差距，中小学标准化建设是促进教育公平，推动社会和谐发展的有效对策。

二、日本义务教育学校标准化建设的经验借鉴

日本自明治维新之后，经历了对外开放和资本主义工业化、战后重建、经济高速发展以及日益显现的经济全球化趋势等发展阶段，日本的现代学校制度建设也在历史进程中发生着改变，但日本政府一直在为保障国民不受经济、地区差异的影响，平等享有义务教育的权利而不断探索，并取得了良好的成绩。因此，对日本学校标准化建设的发展过程、实施现状及其经验与问题进行分析，对于我国现阶段推动义务教育学校标准化建设、实现义务教育均衡发展具有一定的借鉴意义。

（一）日本学校标准化建设的发展进程

日本的义务教育学校标准化建设并不是一蹴而就的，而是经过了多阶段的磨合与探索而成。根据日本义务教育改革的时间，可以将日本义务教育学校标准化建设的进程大致分为三个阶段。

1. 标准化建设初具雏形，确定现代学校制度

第一阶段是日本明治维新到二战前（1868—1945），这是日本历史上比较重大的教育改革时期之一，日本已经制定出关于中小学办学条件与师资的一些粗略标准，并且"日本通过学校标准化建设成功建立了现代学校制度"①。1872年，日本通过《学制》，开始实施全国规模的学校设置计划，在大、中、小三类学区中建设学校。1879年颁布的《教育令》规定，学校设置和教育任免要由地方负责，1882年，日本文部省对现代学校制度十年的实施状况进行总结时，第一次公布了小学的建筑标准（包括学校选址、校舍等23项内容），这也是日本最早的学校

---

① 严平：《均衡视野下日本义务教育学校标准化研究》，《比较教育研究》2013年第4期。

建设标准。但这一时期，对学校标准化建设影响最深的是《小学校令》，经过约三次修订，确定了日本 6 年免费义务教育，同时《小学校令》规范了小学教育的内容、学制、课时等，并颁布与《小学校令》相配套的政策规定，如"小学设备准则""小学教则大纲"等。虽受日本战前经济水平的影响，标准的设立只是为满足各市、村儿童的需要，但其普及了义务教育，规范了学校设置，对学校标准化建设有启发作用。

2. 教育资源配置统一化，实行九年免费义务教育

二战后到 20 世纪 90 年代前是日本第二次比较重要的教育改革时期。在该阶段对日本当时所实施的教育内容的整理初见雏形，对教育资源的配置虽有限但却开始统一化，且制定并深入贯彻了教师流动制度，提升了教师的地位，将教师纳入国家公务员体系中。在该阶段，日本对美国教育的模仿痕迹较重，1947 年确定了九年义务教育，将免费教育年限从六年提升至九年。为了保证教育质量，1947 年颁布的《教育基本法》确定了平等的入学权利，同时规定无论规模大小，所有学校都必须具备法律所规定的办学基本条件，确保设施设备的到位，执行统一、规范的教学要求。此外，为确保偏远地区教育的顺利实施，制定了《偏远地区教育振兴法》。而通过《学习指导要领》，日本对中小学课程内容的比例、课时、课型等也进行了调节，如在选修课上进行了改革，初中阶段提升了选修课比重；加入了社会学科作为各教科之一，这一阶段的日本课程，日本教育界称为"人间课程"，即以培养人为中心的课程。

3. 高度重视教育质量，学力教育是关注点

第三个阶段是 20 世纪 90 年代以来，在这一阶段，日本经历着最为重要的第三次教育改革，在全球化经济的背景下，日本在教育质量上提出明确要求，例如追求个性化的教育。在 1998 年到 2003 年期间，日本实施"宽松教育"，在课程标准、课程内容方面有所改变，如设置综合

学习时间课程，减少必修课内容，意在改变日本重知识学习、轻实际能力的"旧学力观"，以追求学生个性发展。然而因为执行不当，不得不重新修订《学习指导要领》，将其定为学生必须掌握的最低标准，减少综合学习课时，增加课程内容，由此，学力教育又重新占据日本教育的中心地位。同时在该阶段先后颁布了《今后学校教育的综合扩充与整顿的基本措施》《青少年德行与社会教育》《关于综合教育》《审议经过报告》《关于教育改革》等教育法律，修改了《学校教育法》等法律，对办学条件、师资等有详细的规定，如实施教师资格证更新制度、课程改革等，也更加重视国民信息素养的提高，文部省规定："小学两人一台计算机，中学一人一台计算机，所有公立中小学校能上因特网的硬件配置目标已经实现，新一轮以实现远程教育为目标的学校硬件建设已开始进入实验阶段。"[1]

（二）日本义务教育学校标准化建设的实施现状

依据对关于日本义务教育学校标准化建设的相关资料分析，可以初步归纳出日本在学校标准化建设中的实施现状，其特色主要表现在办学条件、师资队伍、课程教学和实施保障四个方面：

1. 办学条件

日本中小学针对公立学校设立了国家最低标准，在此体系下的学校都要求能够达到最低标准，否则便被视为不合格，但在此基础上可以努力追求办学水平提升。

（1）办学规模

对办学规模的探索主要体现在三个方面：一是在学校的布局和规模方面，2008 年日本出台的《中小学布局调整与运营基本方针》中强调了市町村的主导权利，省级政府主要进行配合工作，依托地方市町村的调研，设置各地学校的规模和布局情况，即为地方自治标准，该方针能

---

① 杨秉翰、刘畅：《日本中小学建设标准的经验及其对我国的启示》，《西南大学学报（社会科学版）》2008 年第 3 期。

够增加布局的公正性、时效性；二是在学校建筑面积方面，日本中小学的校舍建设标准是依据学校内学生总数来确定的，计算方法是在基数上面依据生均水平进行计算累加，中小学校舍建设标准共有3个类型，即"1人以上40人以下、41人以上480人以下、481人以上"，小学、中学建设面积对应基准为500平方米、600平方米；三是对班级人口数的规定，日本中小学班级人数严格按照小班制的原则要求，班级人数必须在40人以下。具体如表2.1所示：

表2.1　日本中小学校舍建筑面积标准表（单位：平方米）

学生人数	小学校舍面积标准	初中校舍面积标准
1–40人	500	600
41–480人	500+5×（儿童数–40）	600+6×（儿童数–40）
481人以上	2700+5×（儿童数–480）	3200+6×（儿童数–480）

注：本表整理自2002年文部科学省令第十五号。

（2）基础设施

日本对于学校基础设施的主要体现在四个方面：第一，日本要求学校至少包括教室（普通教室、特殊教室等）、图书馆、保健室、职员办公室等基本设施；第二，在体育运动场方面，日本按照学校中学生人数来进行建设，大致分为三个标准，即"1人以上240人以下、241人以上720人以下、721人以上"三个类型，小学、中学运动场建设对应基准分别为2400平方米、3600平方米；第三，在图书馆藏书方面，日本各中小学也有一定的标准，即依据学校班级数来确定学校藏书数量，大致分为"1/2/3–6/7–12/13–18/19–20/31"七个标准；第四，在教学仪器方面，将器材按单位进行分配，依次为学校（1校1套）、年级（1个年级1套）、班级（1班1套左右），按教学内容（8人、4人、2人、1人/一套）分配则根据教学内容决定。如表2.2所示：

表2.2　日本中小学运动场建设面积标准表

学生人数	小学运动场面积标准	初中运动场面积标准
1 – 240 人	2400	3600
241 – 720 人	2400 + 10 ×（儿童数 – 240）	3600 + 10 ×（儿童数 – 240）
721 人以上	7200	8400

　　注：本表整理 2002 年文部科学省令第十五号。

　　（3）信息化

　　日本在 2009 年实行 "i – Japan" 的计划，即将信息技术融入人们的生活中。因此，在教育中也处处体现着对信息技术的关注；在课程上，信息义务教育课程已经建构出基本体系，小学、初中阶段是信息基础阶段，具体来说，小学阶段没有开设专门的信息课程，只将信息技术知识融入综合学习时间、社会等课程中去，初中采用合科教学的方式，在"技术与家庭"部分加入了"信息技术"的内容，或者在必修课中加入信息技术的应用；在教师培养方面，培养教师的 ICT 应用能力；在设备方面，在电脑配备、数字电视、因特网连接方面，日本每年都会开展调查，以督查提升信息化的落实工作，目前来看在信息技术课上要求"学生每人 1 台，教师 2 台"，普通教室中，要求设置"学生用电脑 1台，教师用 1 台"。

　　（4）校车和营养餐

　　日本提倡就近入学，小学生入学半径不超过 4 公里，中学生入学半径不超过 6 公里，对超过上学距离的学生所在地区，政府给予一半的交通补贴，而校车的运营经费则是通过《地方交付税法》的规定进行收取，形成了专用型校车和非专用型校车，乘坐专用型校车的学生可以免费乘车，而非专用型校车中除委托型校车费用由政府支付外，运营支援型、独营型、普通公交等都是需要学生缴纳费用的。日本自 1954 年颁布《学校给食法》至今，"实行营养午餐的义务教育学校达到了 30003

所，其中小学 20920 所，初中 9083 所，分别占小学和初中学校数的
99.2%和85.4%"① 营养餐的供餐形式主要有食堂、加餐，以及牛奶，
每一所学生都配备有专门的营养师，并要求严格审查食材质量以及营养
搭配，但是日本的营养餐并不是免费制度，而是要收取成本费用。

2. 师资队伍

（1）教师培养与录用

日本教师资源的培养途径主要是通过大学进行培养，由专门的师范
大学或者开设有文部科学省认定的教师教育课程的普通大学负责，而义
务教育阶段的教师在取得教师资格证时要参加为期七天以上的生活体
验，以提高教师的个人尊重意识。而在教师录用方面，日本采用各都道
府县负责主要决策，校长参与决策的方法，要求小学、初中教师应分别
具备大专、本科以上学历，同时还必须具备教师许可证、毕业学校的成
绩证明书、毕业学校的品德证明书、健康证明书等。教师录用考试则基
本上持续一年，从一年的 4 月一直到次年的 3 月，随后还有一年的试用
期，在试用期间若未能通过都道府县的考察，将不会被录用，因此一般
在日本义务教育阶段新教师入职率很低。

（2）教师轮岗与研修

日本采取教师、校长定期流动制度，日本法律规定"一个教师在同
一所学校连续工作不得超过 5 年；校长任期两年，连任者需在校际之间
轮换"②，这种轮换主要在本地城乡之间进行，教师可以根据自身情况
申请目标学校，同时也有区域之间的轮换，这种做法在于保证城乡间、
区域间的教育均衡。另为鼓励教师到偏远地区任教，日本采用政策倾斜

---

① 中华人民共和国教育部：《关于韩国、日本义务教育学校标准化建设情况的调
　　研报告》，见 http://old. moe. gov. cn/publicfiles/business/htmlfiles/moe/s8685/
　　201504/185980. html.
② 张家军：《日本基础教育资源配置的经验及启示》，《上海教育科研》2011 年第
　　12 期。

的方法，为困难地区的教师发放偏远地区教师津贴，同时提高教职工福利和医疗保险。日本教师的研修，分国家机构和都道府县实施的研修，分别有针对新任教师、10 年教龄的教师、有教育职业经验的教师的研修，国家都会给予一定的补助。此外，自 2009 年起，在职教师和预备教师采用新教师资格证 10 年更新制度，即每 10 年教师将通过考核重新换取新的教师资格证，从取得教师资格证书的第 8 年开始研习、考试，若在第 10 年还未能通过考试，那么将取消教师资格证书。

3. 课程教学

日本小学课程包括各教科（国语、社会、算数、理科、生活、音乐、图画手工、体育、道德、特别活动、综合学习。初中课程包括各教科（国语、社会、数学、理科、音乐、美术、保健体育、技术与家庭），这类课程属于必修课范围内；外语或者基础学科为主的选修课，道德、特别活动、综合活动时间也将继续学习。在丰富的课程类型中，日本的特别活动和综合学习时间、选修课等为学校创造了打磨特色课程的机会。如表 2.3、2.4 所示：

表 2.3　日本小学课程的类型与年标准课时（单位：课时）

年级	各教科									道德	特别活动	综合学习	外语活动	总计
	国语	社会	算术	理科	生活	音乐	手工	家庭	体育					
一	306	—	136	—	102	68	68		102	34	34		—	850
二	315	—	175	—	105	70	70		105	35	35		—	910
三	245	70	175	90		60	60		105	35	35	70	—	945
四	245	90	175	105		60	60		105	35	35	70	—	980
五	175	100	175	105		50	50	60	90	35	35	70	35	980
六	175	105	175	105		50	50	55	90	35	35	70	35	980

注：日本小学每课时约为 45 分钟。本表整理自日本文部科学省《小学校学习指导要领》（小学校学习指导要领）。

表2.4　日本中学课程与年标准课时（单位：课时）

年级	各教科									道德	特别活动	综合学习	等候（不计）	总计
	国语	社会	数学	理科	音乐	美术	保体	技家	外语					
一	140	105	140	105	45	45	105	70	35	35	50	0–30	1015	
二	140	105	105	140	35	35	105	70	140	35	35	70	50–85	1015
三	105	140	140	140	35	35	105	35	140	35	35	70	105–165	1015

注：日本中学每课时约为50分钟。本表整理自日本文部科学省《中学校学习指导要领》（中学校学习指导要领）。

4. 实施保障

（1）制度保障

日本的教育行政是以国家、都道府县、市町村相互合作，三者分别行使职能，但又紧密联系的教育分权制度。中央负责《学习指导要领》的制定、教育经费的投入、教育法律的制定与修订等，地方教育行政主要由都道府县和市町村两级掌握，两者组成地方教育自治团体（教育委员会），是地方教育管理的主体。但都道府县和市町村并不是上下级关系，而是平行关系，分别管理不同的教育事务，都道府县在国家法律的规划下，确定地区的教育目的、教师录用、学校设置以及经费预算等；而市町村则主要处理义务教育中最基层的事情，是与学校关系最密切的实施主体，管理地区学校建设和公共教育装备的修建，当然对于一些复杂教育事务，都道府县会参与市町村的决定，给予意见。

（2）经费保障

日本义务教育所需经费主要由中央政府和地方政府共同承担，通过政府拨款和地方交付税的方式取得，中央财政基本上负担全国义务教育经费总额的1/2以及教师工资的1/3。日本的教育财政相对来说比较独立，由中央政府分发给地方，地方通过预算再分发到义务教育学校中去，并且实行"总额裁量制"，即中央政府只规定国库补助金的总额，下设的各项目之间是可以任地方自由使用、分配的。对于困难地区，日本颁布了《偏远地区教育振兴法》，对偏远地区市町村的教育项目进行一般的补助，如完善教材教具、设置方便学生上学措施等方面。最后，日本还实行专项转移支付制度，由中央和地方政府大部分负责义务教育的投入。

（三）日本义务教育学校标准化建设的经验与问题

日本义务教育学校标准化建设历经多个阶段的探索，现如今收效良好，"日本成为世界上公认的城乡义务教育均衡发展水平较高的国家"①。日本义务教育标准化学校发展良好有其内在的合理性，一方面得益于其有效的经验，但另一方面也存在着部分问题。

1. 日本义务教育学校标准化建设的经验

第一，国家统一最低标准，各地酌情增设设施。目前在日本义务教育学校标准化建设中，文部科学省规定"中小学的设立者应该保证学校的编制、设施、设备等不低于其所规定的标准，并在此基础上努力追求办学水平的提高"。如其规定中小学应有的基础设施包括教室（普通教室及特殊教室）、图书馆、保健室和职员室。各地方可在最低标准之上，依据各地方的经济情况增设其他设施，比如游泳池，这些设置一般不计入全国性的法规要求之中，但是地方自治体会按自身情况进行添加。这种措施避免了让不断增设的设备成为国家义务，在一定程度上可以减轻国家财力负担。

第二，教师轮岗成为定制，多项措施保障实施。在日本，教师流动制度已经存在 70 余年，其能够长久的存在也是由于日本政府采用多种措施保障教师流动制度能够顺利实施。一是通过立法规定，以及政策吸引教师流动，日本设立了《关于地方教育行政组织及营运法律》《国家

---

① 胡艳婷、贺雯：《教育公平视野下的安徽省农村地区义务教育均衡研究》，《社会心理科学》2015 年第 5 期。

公务员法》将教师流动纳入地方公务员调动流程中，并颁布《偏僻地振兴法》鼓励教师到偏远地区交流；二是由政府主导、组织和调控教师的流动，从组织领导方面加强了其运行；三是流动程序有明晰的规范，程序始终保持合理性与公平性，保证教师能够参与其中；四是在流动中尊重教师的意愿，让教师主动参与流动。

第三，经费分担制度合理，责权分配清晰到位。日本义务教育的拨款比较充足，其主要来源为政府拨款，采用中央和地方共同分担义务教育经费的财政体制。在日本主要有国立、公立和私立三种学校，并以公立学校为主，公立学校由都道府县决定是否建立以及进行管理的学校，因此义务教育的最大直接提供者是省级政府。而都道府县单一的通过地方自治团体固有的税收和地方支付税难以维持当地义务教育的有序发展，需要中央政府对地方政府进行转移支付，并设有《义务教育经费国库负担法》《公立学校设施费国库负担法》等法律规定了中央政府的财政经费负责部分，包括教师工资、学费、教材费、图书费以及公用设施、偏僻地区的经费补助等，并规定了中央政府与地方政府各自所负责的经费比例。

2. 日本义务教育学校标准化建设的问题

第一，学校师资的流动制度，使校园的固定文化难以形成。教师与校长的流动制度在日本已有悠久的历史，形成了有效的保障机制。但教师与校长定期流动制同时也带来学校文化的不固定性。校长与教师作为学校文化的主要管理者，对学校文化建设、宣传都有一定的责任与贡献，流动制度会使教师与校长的校园文化接收与宣传显得困难。尤其是校长作为学校的主要管理者，是整个学校的管理核心人物，其教育理念、文化思想等都将体现在学校文化建设中，两年的定期流动制度使其难以在短时间内建立起具有特色的校园文化，也会对原有的校园文化造成一定程度的破坏。

第二，学习指导为最低标准，容易加剧学业竞争无序化。日本义务教育在 1998—2003 年期间曾实施"宽松教育",旨在建设个性化、宽松、自由的教育环境,提高学生的生存能力,因此开设了综合课程,实行"周五日制",加大课程学习与社会实践的联系,但是随后发现"宽松教育"导致了日本中小学生的学力下降。于是,日本文部科学省在2003 年提出《学习指导要领》规定学生必须掌握学习内容的最低标准,根据学生实际情况教师可以增加学习内容,或者根据学生对学习内容的掌握程度,教师可以采取课外补习或者发展性的学习活动。有着优质资源的城市中小学以及以进入高级学校为主要目标的私立学校正好可以顺势进行以"最低办学标准"为名的"高强度作业",辅导班也受到欢迎,"因而造成义务教育出现失衡现象,城乡差距也越拉越大"。

(四)日本义务教育学校标准化建设对我国的启示

日本义务教育学校标准化建设经过多年发展,已经累积了一定的经验,但是也存在一定的问题。借鉴其经验,规避其问题,将对我国义务教育学校标准化建设具有一定启示。

1. 健全义务教育法律体系,促进标准化建设有序进行

日本在义务教育方面的法律体系比较健全,对各种问题以法律的形式加以规定,这是日本义务教育标准化建设能够顺利实施的重要基础。因此,在我国义务教育标准化建设中可以在立法方面进一步完善,如在中央与地方的责权方面,对标准化建设中办学条件、教师轮岗、资金保障、营养餐等具体措施的实施问题,可在国家层面上进行立法保障,尤其是在学校的设立标准上应该有国家层面的法律规定,这使得城乡在一定层面上,得到最基本的均衡。在资金问题上,更是要以法律法规划清中央与地方的事权、责权,在各方比例上要规划清楚,如在教师工资上,明文强制规定中央与地方所负担的比例问题。

2. 强制性与激励性并存,促进教师轮岗制度的进行

教师定期流动制度,有助于义务教育中的师资均衡调节。日本教师定期流动制度之所以能够得到有序实施,在于其强大的保障体系,包括

法律规定的强制性、工资保障的稳固性以及教师意愿的主动性等，这一系列的保障措施既有强制又有激励，综合推动了教师流动制度的实施。我国"以县为主"的教师轮岗和校长交流制可以借鉴其经验，在国家方面颁布完善的法律、政策文件作为教师轮岗制度的基本保障，理顺轮岗制的程序，保障教师轮岗各方面待遇的稳定性，以及尊重教师的意愿，提升教师的主动性，如教师可以申请轮换到自己有意向的学校。根据我国的现实情况，在教师轮岗与校长交流的时间上，可以有所调整。我国义务教育阶段包括小学六年、初中三年，在轮岗年限上，可以采用六年为一个轮岗周期，这样既能保证教师对学生学习的持续性，又能保证学段的完整性。

3. 特色课程与基础课程并行，促进课程多样性

日本的课程设置注重多样化，主要分为四个板块：各教科、道德、特别活动、综合学习实践。这四个板块的课程，除了有基础的文化课程内容，还开设有烹饪、木工、缝纫等内容，并有专门的特殊教室以供特殊教学使用，日本将这些特殊课程设定为中小学的必修课，意在提高学生的生存能力；另外，日本在各教科中的社会与自然科学学科中，还开设了农学和园艺这类贴近农村学生的课程，在课程设置中调节了"城市取向"和"农村取向"，将两者有效结合。因此，在我国的课程设置中，也可以借鉴日本的做法，一是在课程设置中，不单单以"城市取向"为主，可以加入农村生活色彩，帮助城市儿童了解农村，促进农村儿童对环境的有效利用，有利于城乡教育的均衡化发展；二是在课程类型上，丰富课程样式，除基础的文化学习外，也可以加入一些贴近生活的特殊课程，比如烹饪、缝纫等，这部分内容将大力提升学生的个人生活能力，也有助于我国教育质量的提升。

三、韩国义务教育学校标准化建设的经验借鉴

20世纪50年代以来，韩国政府颁布了多项法律法规和政策，大力推行义务教育均衡发展，实行义务教育学校的标准化建设，实现了教育

事业的极大发展。韩国在 70 年代普及了义务教育且基本扫除了文盲，到 80 年代开始普及九年制义务教育，进入 21 世纪后，韩国成功挤进世界识字人口比率最高的国家行列。审视韩国的义务教育均衡发展进程，总结基础学校标准化建设的经验，对我国的义务教育均衡发展有着非比寻常的借鉴意义。

（一）韩国学校标准化建设的发展进程

韩国从 20 世纪 50 年代开始，针对义务教育的质量提升，从义务教育的设施设备完善着手，扩大免费义务教育的范围，并得到了良好的成绩。从 20 世纪 50 年代到 21 世纪，经过几十年的改革与发展，韩国的义务教育从初等学校普及到初中，实现了九年制免费义务教育。依据韩国义务教育发展的特点和成就主要分为四个阶段：萌芽期、发展期、提高期和扩大期。

1. 义务教育的萌芽期（1948—1959）

朝鲜战争结束后，韩国的教育面临着来自多方面的严峻形势。首先，学校的运行和人民的生活受到战争影响，学生家长经济负担过重，导致大部分儿童到了上学年龄却无法入学，儿童就学率处于低迷状态；其次，教育设施和教学条件严重不足，教学资源紧缺，教学场所的建筑面积远远不够使用；再次，义务教育阶段所需的师资力量不足，教师队伍建设不够，导致很多义务教育阶段学校的师生比居高不下；最后是教育经费紧缺的问题，也是战后义务教育恢复的重要保障问题。1948 年制定的《大韩民国宪法》中将初等义务教育纳入免费的范围。随后，在 1949 年韩国颁布的《教育法》中明确提出"全体国民具有接受六年初等教育的权利，而学龄儿童的父母或监护人具有使其所保护的儿童接受初等义务教育的义务"。韩国政府于 1950 年 6 月 1 日开始对适龄儿童实施免费义务教育。到 1952 年，韩国开始全面推行义务教育，采取教育自治的方式。在《义务教育完成六年计划（19541959）》中韩国政府计划从 1954 年到 1959 年的六年中着重解决高适龄儿童的入学问题，达到普及义务教育的目标。直到 1959 年计划完成时，其适龄儿童的入学率达到了 96.4%，比原计划超出了 0.4%。

2. 义务教育的发展期（1962—1976）

随着韩国人口自然增长率的提升，每年应入学的适龄儿童人数也开始激增，导致班级人数过多，师资与教学设施出现了严重的不足。韩国为了实现小学义务教育的全面普及，改善义务教育的综合质量和条件，制定了两个义务教育设施扩充五年计划（1962—1971），提高对教育经费的投入支持，着重改善学校设施与教学环境问题。韩国在第一个五年总共投入 90 亿韩元，其中设施费用就占到了 58.62%，第二个义务教育设施扩充五年计划中总共投资 339 亿韩元，用于增设学校，修缮教室和改善学校条件。据统计，在两个五年计划中总共购买校地 96.5 万平方米，新建教室 53456 间，修缮破旧教室 27636 间，新增学校 881 所，小学教师人数增长到 101100 人，教师与学生的比例为 1:600，基本解决了教育设施缺乏的问题，达到了法定标准。1972 年，韩国政府为了适应经济开发与发展，提高义务教育的质量和范围，制定了义务教育的第三个五年计划（1972—1976），投入 536.73 亿韩元，新建教室 7000 间，修缮破旧教室 13000 余间，将每个班的平均人数降到 52.23 人，师生比例下降到 1:48.09，为 526 万名小学生免费提供了教科书。从《教育法》的制定到《义务教育完成六年计划》的颁布，再到七八十年代的义务教育三个五年计划的实施，经过了二十几年的建设，1976 年，韩国文教部宣布小学六年制的义务教育在韩国已达到全面普及。

3. 义务教育的提高期（20 世纪八九十年代）

初等义务教育的基本普及使韩国政府将注意力放到了初中教育。20 世纪 80 年代，韩国的初中生就学率不断提升，在 1979 年的时候已经达到了 93.4%，并一直保持持续增长趋势，1980 年上升到 95.8%，直到 1987 年已经达到 99.5%，在这段时期中，初中生的学习费用全部由家长承担。在随后颁布的《1978—1991 年长期综合教育计划》中提出从偏远地区开始逐步推行九年制义务教育。1984 年 2 月，在新修订的《教育法》中规定"所有国民有接受六年的初等教育和三年的中等教育的权利"，紧接着在次年颁布了《关于实施初中义务教育的规定》，主要采取按地区、分阶段的实施原则，先对经济情况较差的岛屿和地区实施初中阶段的义务教育，再逐步向镇和市等地区扩大其实施范围，直到完全普及。1985 年偏僻地区享受免费教育的对象为初中一年级在校学生，人数为 62236 人；1986 年为初中二年级在校学生，人数为 24.9 万人；1987 年为初中二年级在校学生，人数为 25 万人。[①]

4. 义务教育的扩大期（21 世纪）

韩国在 20 世纪 90 年代完成了小学义务教育的普及，小升初升学率在 1995 年达到了 99.8%，直到 2004 年普及了九年制义务教育。2004年，韩国的国会通过了《幼儿教育法》，在公共教育体系中增加学龄前的幼儿教育，即"年满 5 岁的儿童均可以免费到幼儿园和儿童娱乐室享受幼儿教育和娱乐，并向低收入家庭的 3 到 4 岁儿童提供教育补助金，为学龄前儿童提供均等的幼儿教育机会，减轻幼儿家长的经济负担"。与此同时，该法案中还提到要增加建设全日制托儿所，方便对双职工家庭的孩子进行托管。除此之外，在《幼儿教育法》中韩国政府明确规定了幼儿教育的相关研究以及课程和教材的建设与开发的相关事宜。"义务教育制向幼儿教育与成人教育扩大与延伸是当今世界各国教育发展的趋势，韩国在这个方面走在了世界的前列"。韩国的义务教育经过这些年的发展与建设，从小学普及到初中，再扩展到了学前一年；从六年制免费义务教育发展到九年义务教育，再到现在的十年制免费义务教育，其范围已经涵盖了从幼儿园到小学，再到初中的三个阶段。

（二）韩国学校标准化建设的实施现状

韩国实行九年制的义务教育，其中小学 6 年，初中 3 年。直至 2014

---

① 于发友：《县域义务教育均衡发展研究》，博士学位论文，山东师范大学 2005年，第 4 页。

年，韩国的义务教育阶段的学校中共有5541所小学和2888所初中，其中小学班级平均人数为23人，初中平均班级人数为30人。2014年平均每个学生享有的校舍面积和体育运动场面积，分别为小学平均为16.5平方米和16.3平方米；初中平均为14.2平方米和13.4平方米。[①] 韩国政府十分注重对教育设施的建设和投入，并制定了学校建设的相关法规，在学校的基本配置、校园面积、教室基准面积等方面都有明确的规定。依据对韩国义务教育学校标准化建设的资料分析，可以从以下四个方面总结韩国义务教育学校标准化建设的现状：一是办学条件，二是师资队伍，三是教学设置，四是实施保障。

1. 办学条件

韩国《初等教育法》中对学校的设立有着明确的规定。学校的设立者必须具备总统令所规定的设备、设施条件；设立私立学校首先要得到特别市、广域市或者道一级教育监的批准；私立学校因故停止办学或有其他变更，应首先得到教育监的批准。在《韩国高中及以下各级学校设置与运营条列》中明确规定校址的选择要考虑到安全、隔音、换气、采光、消防、排水和无阻碍等方面；教室的建筑规模应遵照建筑相关法律法规规定；学校体育场应具有良好的排水系统，规模面积要严格按照相关规定建设；学校应配备供水设施，水质通过测试，卫生无害，还要配备提供热水的设备。

（1）教室基准面积

教室的建筑规模按照韩国的相关规定，如表2.5所示，主要分为幼儿园、小学、初中和高中四种类型。其中人数在40人以下的幼儿园，教室面积以平方米为单位，用 $5 * N$ 计算（N为全校学生人数）；人数在41人以上的以 $80 + 3N$ 计算。小学的教室建筑面积依据学生人数的规模划分为三个等级，分别为240人以下、241—960人和961人以上，教

---

① 孙启林、安玉祥：《韩国科技与教育发展》，人民教育出版社2004年版，第191页。

室建筑面积分别以 7N、720 + 4N、1680 + 3N 计算。初中按照全校学生人数也分为三个等级，分别是 120 人以下、120—720 人、721 人以上，教室建筑面积计算方式分别为 14N、1080 + 5N、1800 + 4N。高中的全校人数划分等级与初中的一致，其中还可细分为普通高中，职业高中，艺术、体育等特殊高中，不同类型有各自不同的计算方式。如果一个学校中有两种类型的学生，就要先进行分类计算再进行相加。

表 2.5　韩国教室基准面积（单位：㎡）

学校		学生数（人）		
幼儿园		40 以下	41 以上	
		5N	80 + 3N	
小学		240 以下	241 – 960	961 以上
		7N	720 + 4N	1680 + 3N
初中		120 以下	120 – 720	721 以上
		14N	1080 + 5N	1800 + 4N
高中	分类	120 以下	121 – 720	721
	普通高中	14N	960 + 6N	1680 + 5N
	职业高中		720 + 8N	2160 + 6N
	艺术、体育等特殊高中		480 + 10N	1920 + 8N

注：N 为全校学生人数；韩国教育部提供。

（2）体育场基准面积

韩国对学校体育场的建设有着设备条件与面积大小的规定，如表 2.6 所示，依据学校的类型分为幼儿园、小学、初中和高中四类。其中幼儿园依据全校人数在 40 人以下的以 160 平方米计算；41 人以上的以 120 + N（N 为全校人数）。小学、初中、高中的全校人数划分等级都是相同的，分为 600 人以下、600—1800 人和 1801 人以上等三个等级，各自有不同的计算方式和标准，一般从小学至初、高中递增。

表 2.6 韩国体育场基准面积（单位：㎡）

学校	学生数（人）		
幼儿园	40 以下	41 以上	
	160	120 + N	
小学	600 以下	600 - 1800	1801 以上
	3000	1800 + 2N	3600 + N
初中	600 以下	600 - 1800	1801 以上
	4200	3000 + 2N	4800 + N
高中	600 以下	600 - 1800	1801 以上
	4800	3600 + 2N	5400 + N

注：韩国教育部提供。

（3）设备标准

韩国政府于 1969 颁布的《学校设施及设备基准令》中规定，学校必须配备的教室中要包括普通教室、特别教室、电化教室；除此之外学校应配备图书室、商谈室、管理室、医务室、休息室、更衣室、厕所等教学辅助用房。另外，学校必须配备教学中必备的图书、器具、标本、模型等教学工具，设备建设还要包括供水设备、消防、电器和电话等设备。

2. 课程与教学

韩国一直以来都重视义务教育课程与教学的建设。在 2011 年，韩国教育科学技术部提出了新的义务教育课程大纲，将"全球化创造性人才教育"作为课程与教学的核心理念，并为课程改革、课程标准以及课程的建设进行了明确的规定。大纲中提出改变人才培养的目标，从以往的"技能中心"转向"创造中心"，并逐步实现"世界型人才"的培养目标。韩国在课程标准中明确提出"学生能够学习感兴趣的知识，体验愉快的学校生活，激发学生的学习兴趣，提升学生的学习能力"等具体要求。

（1）初等教育

韩国的初等教育机构实行免费的义务教育，实行儿童 6 岁入学，学制 6 年，男女合校，称为国民学校。在初等教育阶段，主要培养学生的基本国语能力、基本道德理念、基本责任感以及集体观念，从而让学生掌握观察和处理日常生活中发生的自然现象。与此同时，让学生培养和提升音乐、美术、文学的欣赏能力。在初等教育阶段鼓励学生养成良好的生活卫生习惯，为学生成为一个文明的市民打好基础。国民学校的课程设置主要包括国语、道德、社会、算数、自然、体育、音乐、美术和实践课。其中，一至二年级除了国语和算数的具体课程之外，依据儿童的年龄特点开设"趣味的生活""正确的生活"等综合性课程。具体的分科教学从三年级开始进行，其中三年级比四至六年级少一门实践课程，四至六年级开设全部的 9 门课程。如表 2.7 所示：

表 2.7　韩国国民学校各年级课时最低标准

年级	一年级	二年级	三年级	四年级	五至六年级
课时	790 课时	850 课时	952 课时	1020 课时	1088 课时

注：每课时 40 分钟。

（2）初级中学

韩国的初级中学称为中学校。20 世纪 70 年代为了解决初级中学升学率所带来的学生升学压力和课外负担过重的问题，韩国在 1969 年开始实行初级中学免试入学。初级中学的教育培养目标主要包括：第一，培养作为中坚国民所必备的品格和素质，扩大国民学校的教育成果；第二，让学生掌握在社会生活中所需的知识和技能；第三，引导学生理解劳动的崇高意义，树立正确的劳动观，并且尊重劳动；第四，提高学生选择职业的能力，能够正确地对事物做出判断，通过思考能够做出正确的决定；第五，学生要勤于锻炼身体，提高身心综合素质。韩国初级中学开设的必修科目包括道德、国语、国史、社会、数学、科学、体育、音乐、美术、汉文、外国语、产业或家政等十二门，其中道德、国语、国史、社会四门科目规定使用国家统一编写出版的教科书。除此之外，课程设置中还包括许多活动课程，如课外活动小组、学生会活动、年级活动及学校组织活动等校内活动等等。韩国在授课时间中明确规定，初级中学在全年授课不少于220天，每周要有34—36课时，每学时为45分钟。

3. 师资队伍

（1）教师聘任

教师在韩国属于公务员，只有通过了严格的教师任用相关要求和考试才能获得终身教师资格。韩国为了保证教师职业的专门化，在师资队伍的专业质量上具有较高的要求和标准，在教师的资格审定和聘任方面制定了严格的制度规范。在教师的任用应征考试上，韩国制定统一的标准，进行公开的考试，择优录取，过程相当公平透明，既保证了公民获得教师资格证的公平竞争机会，又保证了从教人员的专业水平。小学教员一般是师范大学的本科毕业生，在获得教师资格证的同时，他们还需要参加公开的应征考试才能正式上任。在初级中学任教的老师必须是从教员大学毕业或者是由四年制师范大学本科毕业生，并且要通过教师资格考试和用人单位考试才能成为从教人员。韩国的诸多学校非常重视新手教师的岗前培训以及其他教师的在职培训，有助于教师的专业素质和综合能力的提升。

（2）教师评价

韩国的教师评价主要包括经历评定、勤务评定、修进评定和加算点四个部分。经历评定是评定教员的从业年限及达到一定的分数后才有可能晋升到相应的职位；勤务评定的评定基准是参照勤务实绩、勤务实行能力、实行态度以及教师的自我实绩评定来开展评价活动；进修成绩评定将进修成绩分为教育成绩和进修实绩进行评定，教育成绩评定包括一般进修成绩和资格进修成绩；加算点，即对有特殊教育经历或专业特长的教员，评价者在评定时要把这些经历换算成相应的分数，作为该教员晋升评定的一部分。韩国教师的晋升、俸给以及进修都要根据对个人的上述四项评定来决定。①

4. 实施保障

义务教育的均衡发展以及学校标准化的建设都需要多方面的保障，韩国对义务教育均衡发展和标准化建设的实施保障中对教育经费的投入是最重要的保障。与此同时，韩国政府还非常注重对弱势群体的保障，从偏远地区和岛屿为开始逐步向城市扩大，实行免费义务教育。

（1）经费保障

韩国对教育的投入资金主要由中央政府统一筹措，同时依据公共资金为主、私人基金为辅的原则，政府拨款在教育预算中占据很大一部分，拨款的主要来源是国家"法定教育经费"，并对不同地区根据经济发展情况采取不同的资金投入政策。韩国加入经济合作与发展组织OECD（Organization for Economic Co – operation and Development）之后，推行教育平准化，并取得了显著的成绩，在国际上成为推进教育公平的典范。"根据2001年的统计数字，韩国对教育的投入占GDP的8.2%，超过OECD所有其他国家。"② 1962年至1980年，韩国的教育预算占据政府全部预算的比重年平均为16.8%，1981年至1984年为年平均18.7%，除国防预算外，教育预算高于经济开发在内的一切预算项目。

---

① 谢彦红、朴连淑：《韩国中小学教师人事制度及其对我国的启示》，《教学与管理》2006年第6期。

② OECD, Education at a Glance 2004, 见 http://www.oecd.org/document/7/0, 2340, en_ 2649_ 201185_ 33712135_ 1_ 1_ 1_ 1, 00. html, 2006 – 9 – 10.

据韩国教育部的预算数据统计，"1997 年韩国教育预算占政府总体预算的23.9%（占 GNP 的4.4%）；1998 年预算占总体预算的23.3%；2003年预算占总体预算的20.3%；2004 年预算占总体预算的20.8%"。

（2）弱势群体保障

韩国为保障贫困地区的儿童和残障儿童的受教育权利，提出针对性的有效策略。韩国针对偏远欠发达地区实行"贫困地区优先普及义务教育"策略，充分体现出韩国政府对农村、渔村等经济条件较差区域的政策照顾，优先对偏远地区实行免费教育。对于经济发展较好地区的教育经费由学生家长承担。这也在政府资金有限的情况下保障了弱势群体的义务教育，直到 2004 年的时候韩国在全国范围内普及了免费义务教育，体现了教育的公平，实现了教育均衡，弱势群体真正收到了教育福利。针对残障儿童的教育问题，韩国的教育法中规定每个道和广域市必须为残障儿童设立特殊学校，以保障残障儿童的教育权。"截至 2003 年 4月，韩国共有盲人学校、聋哑学校、身体残疾人学校、弱智学校及精神残疾人学校等各类特殊学校 137 所，在校生人数达 24119 人，教师人数为 5329 名。"[①]

（三）韩国学校标准化建设的特点与问题

经过多年的努力，韩国的义务教育已经取得良好成绩，在义务教育均衡建设与发展中逐步形成了自身的特点，主要包括坚持平等的教育理念、政策经费的充分保障、教育与经济的联动发展、形式转向内涵均衡等四点。但其中也存在一些不可避免的问题，主要体现为教育质量的参差性、教育平等的局限性、教育决策的失范性等三个方面。

1. 特点

韩国义务教育学校标准化建设的特点主要有教育理念的平等化坚持、教育政策与经费的双重保障、教育与经济的双向联动发展，以及教

---

① 吴慧平：《韩国的平等教育制度解读》，《外国中小学教育》2008 年第 9 期。

育均衡化从形式发展转向内涵发展等四个方面。

第一，坚持平等的教育理念。韩国一直坚持平等的教育思想理念，从入学机会均等、教育资源均等、教育效果均等三个方面推进义务教育的均衡与公平。韩国在1948年颁布的《大韩民国宪法》中明确了"保障教育机会均等和小学无偿教育"的目标，确立了"平等"与"免费"的义务教育基本方针。1986年，韩国取消初中入学考试制度，实行就近入学。义务教育的免费和升学制度的改革意味着平等教育的进一步加深，保证每个学生都始于同一条起跑线。韩国大力改善"不利学校"，实行教师流动制，保障学生享有均等的教育资源。韩国为实现义务教育效果的均等，从教育目标的设定着手强调平等的教育理念。与此同时，韩国在国家规定的教育阶段中提倡学生的学业成就机会均等。为使得贫困地区儿童享受平等的教育权利，韩国实行偏远岛屿和地区实施免费义务教育的优先推行，同时设立特殊学校为特殊儿童提供教育保障。每个学生都具有均等的入学机会、享有均等的教育资源，并且有均等的教育效果是韩国义务教育多年来发展的方向和目标。

第二，政策经费保障充分。韩国一直秉持科教兴国战略，教育在国家发展中具有重要的战略作用与地位。在推进义务教育均衡发展方面韩国各级政府单位给予充分的政策和经费的多重保障。政策保障中主要包括相关单位为保证义务教育的均等在义务教育学校的建设中规定一系列详细的标准，针对不同阶段的义务教育制定相应的发展计划，并设立诸多的教育法形成自己的教育法律体系。教育政策、教育法和教育投入三方面形成了有力的教育发展保障，也成了韩国义务教育均衡发展取得显著成效的重要力量支撑。韩国的教育法律形成了体系，包括对教育的资金投入、教育基本方针、义务教育实施的计划、义务教育学校建设的标准、学校设施设备的基准等等。

第三，联动教育经济发展。韩国在推进义务教育标准化建设的进程中，韩国政府将义务教育的发展与经济发展联动起来，结合社会经济发展的步伐来调整和制定教育政策的发展目标。义务教育标准化建设需要教育经费的投入、支持与保障。经济发展是改善国民生活、提高教育质量的重要基础，经济发展能够为教育发展提供实质性的物质资源，同时教育的发展也能为经济的发展提供合格的人力资源。经济发展与教育发展是相互联系的主体，韩国协同联动起教育与经济两者的发展，以经济的发展推动教育的发展，再以教育的发展为经济发展提供源源不断的人力资源，形成教育与经济的双向联动发展。

第四，形式均衡转向内涵均衡。韩国义务教育均衡发展的关注点从形式均衡转向内涵发展。从 20 世纪 60 年代开始，韩国大力推行义务教育标准化建设，树立教育公平的理念，实行免费义务教育，最终解决了韩国在战后出现的若干义务教育方面的问题。纵观韩国义务教育均衡发展的脉络，不难发现一个特点，即韩国的义务教育均衡发展很长一段时间都是重视形式均衡，义务教育的建设重点在于解决一些基本的问题。进入 21 世纪后，韩国在学校建设与发展中开始鼓励多样化与特色化的理念。韩国教育改革委员会于 2007 年 8 月公布《未来教育：远景与战略——构建学习型社会》提出了以"学习者为中心"的教育理念，义务教育均衡发展的重点转向了内涵发展。

2．问题

韩国在义务教育均衡的发展进程中取得了诸多显著的成效，但是随着社会的变革，在外部大环境和学校建设发展内部运行机制的综合作用下，产生了一系列的问题。主要体现在数量与质量的增长差异和城乡教育质量的差异问题；平等教育理念对特色化发展和学生择校自由的局限性作用问题；教育决策制定过程中各方利益主体间的协调、合作及沟通问题。

（1）教育质量的参差性

韩国早在 20 世纪 70 年代就普及了小学阶段的义务教育，促使韩国各个学校与学生的人数不断增加，学校的设施设备不断完善，直到

2005 年义务教育各阶段的学生入学率接近 100%。但是相比之下韩国的义务教育还是存在量与质之间的问题。一方面，韩国从解放到现在，学校与学生的数量一直在增加，但是教育的质量却没有跟上这种增长速度。深究其原因主要是因为教育理念和方式问题，很长一段时间内韩国依旧使用传统的填鸭式教学，并以教科书为中心；另一方面，城乡教育的差别问题一直是韩国政府和社会的关注问题。虽然韩国的义务教育学校在区域上基本实现了资源配置与教育质量的均衡，但是在城乡教育之间还存有一定差距，并且逐年扩大。这种差距主要体现在城乡教育的质量问题上。由于韩国城市化的发展，越来越多的人口集中到城市，导致农村学校的人数骤降，给学校的教育教学和建设带来很大的问题。韩国政府针对该问题，提出了农村小规模学校合并政策，但是相随而来的问题，比如学生在校车上花费的时间过多、学校合并对学生身心健康带来的问题却需要很长的时间去解决。

（2）教育平等的局限性

为扩大受教育的机会，韩国政府于 1974 年开始实施"高中平准化政策"（High School Equalization Policy）。该政策的实行有效减少了学校与区域之间在办学规模、办学条件、办学经费和招生规模等方面的差异，推进高中教育的均衡化发展和受教育机会的平等。但是政策中把公立和私立高中划分定成学区、使用抽签的分配学生的方式明显存在问题，主要体现为剥夺了学生的教育选择权、侵害了学校的自主权、阻碍了学校的规律性和多样性发展、加速了优秀高中所在地住宅价格的上涨，以及因学生能力不齐而导致学习指导困难和教学效果下降等。

（3）教育决策的失范性

教育决策的长效机制是教育逐步发展的重要保证。韩国教育决策的制定受政治、经济和社会等外部环境因素的影响特别高，外部环境一旦有所改变，教育政策也会受到不同程度的影响，从而导致教育决策缺乏长效机制。在教育决策的制定过程中遵循科学和民主原则，与利益相关者进行有效的沟通是教育决策顺利实施的重要保证。韩国在教师退休年龄更改政策上由于没有与政策的目标群体进行有效的沟通，导致老教师在精神和物质上受到损害，造成学校共同体的瓦解。教育改革中有效平衡不同群体的利益协调与分配是教育决策顺利执行的重要保障。韩国的经验与教训说明，改革政策既然是教育资源与权力的重新分配与调整，就必然会使不同的利益群体在改革中获得收益或付出代价。① 所以，在制定相关决策的时候，除了考虑政治、经济和社会效益的合理性之外，还要综合考虑到学校运营方面利益相关者的决策参与以及利益受损群体的代价补偿机制是增强决策时效性的重要保证。

（四）韩国学校标准化建设的启示

推行义务教育均衡发展是教育"平等"的理想，也是当下国际社会和各国政府关注的焦点问题。韩国义务教育学校标准化建设对我国的启示如下：

1. 推进教育立法，实行依法治教

政策与法律的保障是义务教育均衡发展的首要需求，也是实施义务教育学校标准化建设的重要基础。韩国以教育立法保障实施义务教育均衡发展的经验有很高的借鉴价值。我国尚需进一步完善义务教育相关法律，明确划分中央与地方事权，对校舍建设标准、设施设备配备标准、课程设置、校长教师流动、营养午餐等进行规范，确保义务教育学校标准化建设顺利实施。抓住新修订的《教育法》《高等教育法》的颁布实施和修订《民办教育促进法》的契机，明确以建立现代教育治理体系和现代学校制度为目标，不断更新教育行政治理理念，加强完善行政管理方式，强调行政程序价值，对政府与学校之间的行政法律体系进行深层次的调适。

2. 扶助贫困地区，实现均衡发展

---

① 张红、杨颖秀：《二战后韩国基础教育改革政策的嬗变与成效》，《外国教育研究》2008 年第 5 期。

义务教育均衡发展最困难的地方在经济落后的偏远地区。由于经济的落后，偏远地区的办学质量一直未能达标，教育教学质量也很难提高。如何保障偏远地区和低收入阶层的子女和留守儿童的受教育权利和受教育机会一直是人们关注的重要内容。针对这些问题，韩国主要采取了"农村包围城市"的做法，先从农村、偏远岛屿和渔岛开始实行免费义务教育，同时加强教育建设投入，不断改善各地区的学校建设，完善学校设施，大力普及义务教育，实现义务教育的均衡发展。

3. 扩大教育投入，实施教育基金

义务教育的均衡发展，总会面临各种问题和困难，其中最显著的问题就是教育资金的投入。教育资金的投入是保障义务教育均衡发展的一项重要保障，也是实现免费义务教育的重要前提条件。免费的义务教育可以有效地消除和减少经济发展的区域性差异和家庭经济条件的差异等因素对儿童受教育权利带来的不利影响，能够在最大程度上保证义务教育的普及，保证适龄儿童具有均等的享受教育的权利，促进义务教育的均衡发展。韩国随着经济的发展，推出不同的教育发展计划，如两个义务教育设施扩充五年计划和《1978—1991 年长期综合教育计划》等，都是根据经济发展情况，投入大量的教育资金，用于义务教育的发展。

第三节　国际教师流动制度实施的经验借鉴

目前，我国教师流动制度与法规缺失、教师迁调呈单向性和无序性，造成了地区与城乡学校之间的优质师资分布不均，教师结构失衡与教师队伍的不稳定。[①] 国外在教师流动制度方面做了大量有益的探索，因为其独特的教育管理体制和地理人文环境，国外的教师流动制度有着鲜明的特色和一些较为突出的问题。这些教师流动制度及经验对我国教

---

① 薛正斌、刘新科：《中小学教师流动样态及其合理性标准建构》，《陕西师范大学学报（哲学社会科学版）》2011 年第 1 期。

师流动，尤其是教师内部流动情况的启示意义重大。

一、框架与运行：国际教师迁调制度的实施现状

澳大利亚、日本、韩国等国家在教师迁调制度的设计与实施上，立足于国家基本国情，着力于解决现实困厄，推进了教师迁调制度的系统创新。但是，由于各国的基本国情、政治机制、政策体系等制度因素不尽相同[1]，所以，三个国家在教师迁调制度上也别具特色。因此，借鉴国际教师迁调制度，首先需要了解各国教师迁调的制度框架及其运行情况。

（一）澳大利亚教师流动制度的实施现状解读

澳大利亚教师流动制度主要包含两个方面的内容，一是教师的空间位置变化，即教师移动（Teacher Movement），二是教师流动的条件，即教师甄选（Teacher Selection）。其中，教师移动包括教师流动在空间上移动的过程与途径——教师调动（Teacher Transfer）和教师空间移动的结果——教师安置（Teacher Placement）。教师甄选则包括州内教师甄选（Intra – Province Teacher Selection）和州际教师甄选（Inter – Province Teacher Selection）。其框架体系如图2.1所示：

1. 教师移动（Teacher Movement）

澳大利亚教师移动（Teacher Movement）包括教师调动（Teacher Transter）和教师安置（Teacher Placeneat）两个部分。其中，教师调动指的是教师自愿申请或接受命令的行为；教师安置则是指行政机关义务安排教师工作的做法。

（1）教师调动（Teacher Transfer）

教师调动是澳大利亚教师最主要的迁调方式之一，然而，各州及特区所使用的术语却稍有不同。归结起来，澳大利亚教师调动为三大类

---

[1] Yuayai, Rerngrit, P. Chansirisira, and K. Numnaphol, "Developing Competency of Teachers in Basic Education Schools", *Educational Research & Reviews*, 10.12(2015), pp. 1758 – 1765.

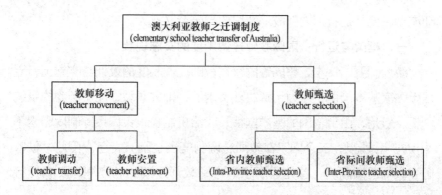

图 2.1　澳大利亚教师流动制度框架图

型：申请式调动（Requested Transfer）、命令式调动（Required Transfer）及斟酌情况的调动（Compassionate Transfer）。

申请式调动（Requested Transfer）：申请式调动是以教师主动申请转换学校的做法。申请式调动首先必须满足起码的申请条件。一般来说，教师必须于同一学校服务满 3 年才可申请。如新南威尔士规定，教师在 8 点及 6 点的学校完成 3 年的服务或在 4 点的学校完成 5 年的服务方可调动。同时，申请式调动也必须在规定的时段内申请，各州办理申请式调动的时间不尽相同，通常于第二学期结束之际教师必须提交申请表。申请调动必须履行必要的程序，包括：填写资料表、积分计算、资料审查、校长确认和调动实施五个阶段。① 其中，填写资料表是第一步，主要包括：个人详细的基本信息、以往的服务经历、志愿位置及服务计划、申请志愿及其理由等。

积分计算是第二步。申请式调动的申请者必须符合该教师教学能力与志愿地点的职缺要求，其中之一就是调动者的调动点数。申请调动的教师必须列出近 10 年曾经任教学校的表现，同时计算出在这些学校获

① Australian Capital Department of Education & Community Services, Employment Notice Board – Employment Information for Teachers, 见 http：//www. decs. act. gov. au/department/noticeboard. html, 2001 – 05 – 14/2013 – 10 – 7.

得的调动点数总和。总和计算出来后，提交给地方教育行政机关，由调动机关确定调动等级，从而去参与调动竞争。塔司马尼亚"指定的教育地点"（Designated Educational Site, DES）就以指定的教育地点来分配等级，用"教育地点等级表"（Educational Site Rating List）测量每一位教师在某一学校的调动积分等级及委派年限。

在积分等级确定之后，申请教师的相关材料须由教育行政部门审查，审查通过之后，申报表经由原服务学校校长签名生效，递交给学区办理调动。调动的实施一般由学区的教育局或相关人员来办理。在昆士兰，教师调动主要依照教师曾经服务过的学校及任教年资的调动点数，并考虑申请调动教师所填写的志愿行政区、地理区域及学校来评价教师调动申请的优先级。通常具有最高调动点数的教师将被调往适合该教师的教学领域，或者优先调动地点的职缺。但是当教师被调往其第一志愿的调动地区，且该区域是少于或等于调动层级 3 时，将丧失所有累积的调动点数。

命令式调动（Required Transfer）：命令式调动与申请式调动的不同之处在于，教师在某所学校并无最高服务年限的限制。一般而言，任何教师都可能受到命令式调动，除非该教师能够拿出让教育部满意的拒绝调动的合理理由，否则教师必须接受命令式调动。在昆士兰，当教师在一个地点任教达到特定时间以后，就可能会受到命令式调动。故在志愿地理区域服务长达一段时间的教师，必须提交志愿参考表以作为实施命令式调动的参考依据。一旦收到命令式调动，则意味着调动必须生效。当然，志愿参考表也会提供教师希望接受的服务地区的机会，即使当命令式调动为必要时，志愿参考也会允许教师向行政区的人事官员表达其被安置到志愿地理区域的意愿。

关于命令式调动原则，一般而言，行政区的人事官员将根据调动申请表，尽可能将申请者调动至志愿服务地区。如昆士兰行政区的人事官员就特别重视时间、距离及公平、公开原则。如昆士兰州规定应将教师由住处开车至学校的时间列入考虑，时间至多以不超过 50 分钟为合理时间。而且，命令式调动的主要精神在于确保调动计划是合理的，调动必须坚持公平、公开与平衡原则，应考虑学校的需求、教师个人生活及聘任的正当性。此外，调动费用由政府承担，根据昆士兰《教师聘用暨管理条例》第 38 条决定，如果命令式调动需要改变教师居住的地点，调动费用由教育局承担，调动成功则立即提供教师薪资，并暂时安置在公告的职缺中。①

斟酌情况的调动（Compassionate Transfer）：斟酌情况的调动指基于教师个人需要或其他偶发情境，有协助教师调动的情况。澳大利亚各州或特区均有类似做法，而且其通常先于命令式及申请式调动办理。斟酌情况的调动，通常没有最低服务年限的规定，只要教师本身及其直系亲属发生偶发困境（Exceptional Hardship）或需要立即处理的个人情境（Pressing Personal Circumstances）就可以提出申请斟酌情况的调动。斟酌情况的实施各州稍有差异。新南威尔士的斟酌情况的调动是由"学校任用教职员的长官"（Director of School Staffing）依调动申请表所列举的情况来做出决定。如果在申请表中确认斟酌情况的范围是合法的时候，将安置教师至其他学校。如果申请斟酌情况的教师在他们的志愿调动表中列举出一些学校，将会提高他们被安置他校的机会。昆士兰执行斟酌情况的决定是由教师、校长、人事官员及相关行政区人力资源助理执行官来进行协商。同时，教师必须获得目前服务地点的允诺及想要调动的行政区的核准才可调动。

（2）教师安置（Teacher Plancement）

澳大利亚教师安置实施独立于教师调动实施程序之外，分为学区教师安置和中央教师安置两类。

学区教师安置（District Teacher Placement）：学区教师安置是因教

---

① Queensland Department of Education, *Teacher Transfer Guide*, *Education Views*, 1998 – 4 – 17, 1 – 8th.

师产假、事假、交换教师、在职进修、健康不佳等调任到特殊职务的教育者或担任教育行政工作者、学校关闭或减班的教师、具有担任专任教师资格的兼任教师等原因的教师迁调。这种安置属于教育行政机关对特定教师安排的移动，安置实施是由教师任教的学区负责办理。在必要的时候，也可由负责学校人事与招募职务的主任来安排。其程序和教师调动类似，教师必须提出志愿安置申请表，并经原服务学校校长签名及审核申请材料完全正确无误后递交给学区办理安置实施。

中央教师安置（Central Teacher Placement）：学区分派安置后，若仍有教师缺额，就必须进行中央教师安置来填补职缺。中央教师安置是教师面临学校关闭、合并，或其他因素而影响工作时，各州为保障教师工作所进行的活动。如南澳的中央教师安置，是南澳教育聘雇厅为实现对教师工作保障的承诺，委派教师担任45公里内的合适地点且符合医疗限制证明的职务。当州内学校面临学校关闭或合并时，会以教师曾经服务年资所累积的安置点数来获得保障，此安置方式并不受服务满3年才能接受委派的限制。

中央教师安置在新南威尔士称作指定式调动（Nominated Transfer），当教师因学校关闭、合并、重新分类、入学人数减少、课程改变而影响到教师现有的职务，则需进行指定式调动。一般而言，接受指定式调动的教师，会被安置到目前服务学校附近的合适职缺，而且其服务年资不受学校变更的影响。同时根据《官员执行调动判决》（Transferred Officers Determination）规定，政府提供接受指定式调动者解职的费用。

2. 教师甄选（Teacher Selection）

教师甄选是澳大利亚教师流动的另一途径。目前，澳大利亚教师甄选主要有州内教师甄选和州际教师甄选两种。澳大利亚6个州及2个特区之间，以及各学区校际间都有教师调动。大多调动都遵照各政府所统一规定的教师调动政策或办法来执行。一是学校选择分派（School Choice Placement），学校选择分派是一种州内教师的甄选，教师参加学校执行的选择分派时，首先，教师必须向有职缺的学校提出申请，并满足公告职缺的工作条件。学校选择分派委员会（School Choice Placement Committee）会书面审查申请甄选教师的任教资格证明。其中，书面审查的材料包括：申请者的任教经历、工作条件的其他技能及与学校相关的说明。而后，由各校依据学校需求选择分派、招募、甄选前来应聘的教师。二是教师业绩甄选（Teacher's Merit Selection），教师业绩甄选是地方教育行政机关依照教师"业绩"（Merit）来甄选教师的办法。其中，甄选的标准 包括相关的技能、个人特质、特定职务所应具备的能力等。业绩甄选可随时登广告或上网招募教师，并依"业绩甄选程序"（Merit Selection Procedures）来进行甄选。

澳大利亚每一个州及特区有其各自任用现职教师的资格权，所以，教师几乎不可能在各州及特区间进行迁调活动。若教师希望能跨州任教，则仅能通过教师甄选。而教师参加教师甄选，通常必须符合教师最基本的学术、工会及专业资格的要求，与州内教师甄选相似。

（二）日本教师定期流动制度的实施现状解读

自 20 世纪 50 年代中期以后，随着日本地方教育行政组织新的法律，即《关于地方行政组织及营运的法律》出台，教师的人事管理权限集中到了县一级教育主管部门，政府推动教师流动与交流的力度逐渐增强。日本教师"定期流动制"在 20 世纪 60 年代逐渐趋于完善，有力推动了日本义务教育的均衡发展。日本的《国家公务员法》《教育公务员特例法》规定，中小学教师为公务员，中小学教师的定期流动属于公务员的人事流动范畴。同时对教师流动的年限、流动的待遇等又有专门的法律法规做出相关规定，在相关政策和制度上各级政府保持一致。全国公立学校的教师平均每 6 年流动一次，多数中小学校长则 3 到 5 年就要换一所学校。①

---

① 《日本教师流动有高招》，见 http：//www. shedunews. com/web/Disp_ 11523. html，2016 - 05 - 16.

1．流动对象

在日本，教师的人事调动及审批权限、教师流动的基本原则及年限的规定、流动教师的津贴标准等主要政策各县、都、道、府基本一致。例如，东京都的《实施纲要》规定，流动的对象主要分为如下几种情况：（1）同一学校连续任教 10 年以上、新任教师连续 6 年以上者，必须定期流动；（2）为解决定员超编而有必要流动者；（3）在区、市、街道、村范围内的学校及学校之间，如因教师队伍在结构上（专业、年龄、资格、男女比例等）不尽合理，有必要进行调整而流动者。① 另外，一些特殊人群不提倡流动轮岗，如处于妊娠期、哺乳期、长期旷工或新婚者，任教时间 3 年（含）以下及 57 岁（含）以上者。

2．流动形式与程序

总体来看，日本的教师人事组织管理工作由教育委员会负责，市镇村级学校教师的调转由各学校呈报给相应的教育委员会，再由市镇村教育委员会呈报给都道府县教育委员会，由都道府县教育委员会行使任命权；都道府县级学校教师的调转由各学校校长将意见呈报给都道府县教育委员会，由其行使任命权。校长则由教育长直接任命换岗，本人可以提出申请。教师流动形式主要有同区不同校之间流动以及跨行政区域流动。两种形式都能确保教师，尤其是优秀教师资源实现共享。教师自己可以选择在同级同类学校之间进行流动，如从小学 A 流向小学 B，或从高中 C 流向高中 D；教师也可以选择在公立教育的各层次学校之间流动，如从初中 E 流向职业技术学校 F。

日本教师定期流动的实施程序具体为：（1）一般县（都道府）一级教育委员会每年 11 月份上旬会根据管辖区域内的实际情况，对社会公开发布下一年度教职员工的相关轮岗制度实施细则、运行办法、重点要求；（2）符合要求并自愿轮岗的教师可以向学校提交申请和意向表；

① 汪丞、方彤：《日本教师"定期流动制"对我国区域内师资均衡发展的启示》，《中国教育学刊》2005 年第 4 期。

（3）由校长决定人选，在充分尊重教师本人意愿并与之商谈后，报上一级主管部门审核，最后由县（都道府）教育委员会教育长批准。校长一般由教育长直接任命换岗，本人也可以提出申请；（4）在来年4月新学期前，流动教师全部到位。①

3. 保障措施

一是法律保障。截至2015年，日本教师轮岗法律保障制度体系已经相对完整了。整个轮岗法律保障制度体系中既有指导性法律如《教育公务员特例法》《教师公务员法》等，也有财务制度法规如《义务教育费国库负担制度》《教师相关津贴规则》《公立义务教育诸学校教师薪酬的特别措施法》等。此外，日本还制定了《关于国家公务员寒冷地津贴的法律》和《关于学校教师地域津贴的规则》等鼓励教师从发达地区向贫困地区流动的法律法规②；二是现代学校制度保障。在中小学实行民主管理和教师同行评价，并且教师的分配是在资源配置、资金投入、校舍建设、学生入学全部统一标准的情况下来进行的。这意味着，教师从重点校流动到普通校，在待遇、工作环境等方面不会面临落差。③ 此外，在涉及教师利益的人事调动及审批权限、任职年限规定、流向偏僻地学校的优惠措施等方面，日本各县、都、道、府具有比较一致的配套政策措施作保障。三是经济财政保障。以奖励的方式鼓励教师流动，尤其是向贫困地区、山区和寒冷地区流动。为此，日本政府制定了复杂但高效的教师工资和津贴发放办法。例如，为特定地区（一般是苦寒地区）工作的教师发放奖励性津贴，如寒冷地区津贴、偏僻地津

---

① 汪丞、方彤：《日本教师"定期流动制"对我国区域内师资均衡发展的启示》，《中国教育学刊》2005年第4期。
② 《日本教育体系中的轮岗制度》，见 http://www. Scopsr. gov. cn/mtgl/ddsj/201604/t20160407_ 286201. Html, 2016 – 05 – 16.
③ 《让教师"流动"起来有多难？》，《工人日报》2014年9月5日，见 http://acf-tu. people. com. cn/n/2014/0905/c67502 – 25607315. Html, 2014 – 09 – 5.

贴、特别地区勤务津贴、长距离人事调动津贴等。[①]

（三）韩国教师定期流动制度的实施现状解读

20 世纪 70 年代，韩国农村学校面临教师短缺、优秀教师严重流失、教师老龄化现象等问题，致使城乡教师结构失衡、城乡教育差距逐渐扩大。[②] 韩国政府为解决区域、学校间师资水平严重失衡的问题，开始试点教师定期流动改革。要求教师每隔 2 至 5 年，需在本地城乡学校之间进行流动。该制度在提高韩国教师整体素质、合理配置人才资源、缩小城乡教育差距等方面发挥了巨大作用。

1. 流动对象

韩国教师流动制度作为一项重要的人事管理制度，流动的对象主要有：中小学校长、校监（相当于中国的教导主任）和中小学教师。首先，在韩国公立学校工作的校长，一般在同一所学校的工作预定周期是 4 年。工作 4 年之后，校长将被安排轮换到另一所学校工作。其次，韩国中小学教师在同一所公立学校的工作年限为 4—5 年。对于包含偏远农村地区的道行政区，教师在城市工作的时间可以是 8 年或 10 年。任期满了之后，他们将流动到农村学校工作 3—4 年。最后，韩国中小学教师的定期轮岗并非"一刀切"。教师有如下三种情况可不流动：一是教师具有特长并有工作实绩，校长需要教师留任，教师可以提出申请，经道和广域市教育厅长官批准可暂不流动；二是如果夫妻双方都是教育公务员，其中一方已经在艰苦地区工作，其配偶也可以不流动；三是父母、配偶、子女或自己精神、身体有残疾的也可以不流动。

2. 流动范围

韩国教师流动制度的具体制订和实施由各道教育厅负责。因此，韩

①　《日本教育体系中的轮岗制度》，见 http://www. Scopsr. gov. cn/mtgl/ddsj/201604/t20160407_286201. html, 2016 – 05 – 16.

②　董博清、于海波：《韩国城乡教师轮岗制度及其对我国的启示》，《外国中小学教育》2012 年第 7 期。

国中小学教师流动的区域范围也是在道级行政区域内（相当于我国省级）。一般距其居住地不会超过 90 分钟的车程。韩国根据各地区的城市化水平程度，将所有学校的人事管理行政区划分为五级区域，分别为 I 区域、II 区域、III 区域、IV 区域和 V 区域。I 区域是城市化水平最高、教师最愿意竞争岗位的地区，V 区域是城市化水平最低、教师竞争岗位最不激烈的地区。通常，教师在同一所公立学校的教学工作期限是 5 年。I 区域的教师教学工作年限不超过 8 年；II 区域的教师工作期限可以是 10 年。I 区域和 II 区域的流动教师可以轮换到 III 区域或更低区域。当教师从 I 区域和 II 区域轮换到 IV 区域和 V 区域，他们再回到 I 区域和 II 区域的工作年限为 3 年；当他们轮换到 III 区域，他们回到 I 区域和 II 区域的工作年限为 2 年。①

3. 流动程序

（1）每年各道和广域市教育厅根据本地各校教师余缺具体情况，制定和发布教师流动轮岗计划。根据规定，需流动的中小学校长、校监和中小学教师提交申请材料。每人可申请 4 所意向学校。（2）政府部门负责计算教师的流动分数。流动分数是韩国对教师近年来工作经历和业绩的综合评价。流动分由工作经历分数、工作业绩分数和特殊加分分数构成。工作经历分包含一般经历分和特殊经历分。一般经历分由地区分（不同地区学校有不同地区分，由各道教育厅规定）乘以教师任教年限而成。特殊经历分是指教师担任班主任工作、从事特殊教育或超工作量的得分。工作业绩分由考核分和另加分两部分组成。考核分是教师的年度工作评价，由学校考核打分，分优秀、良好、合格和不合格等 4 个档次。学校或教师本人如果受到上级部门的表彰奖励，教师还可以获

---

① 董博清、于海波：《韩国城乡教师轮岗制度及其对我国的启示》，《外国中小学教育》2012 年第 7 期。

得另加分。① （3）由道和广域市教育厅决定流动学校。道和广域市教育厅主要根据教师流动分数，同时考虑其居住地和个人意愿来综合决定教师流动的学校。

4. 保障措施

首先，韩国法律规定教师属于国家教育公务员，并确保其工资待遇比其他公务员都高。教师非常珍惜自己的工作，愿意服从教育主管部门的统一管理和调配。其次，韩国政府实施了流动教师的利益补偿机制（用以补偿教师因流动而损失的利益）。1974 年，政府颁布了《岛屿、偏僻地区教育振兴法》，给予岛屿、偏僻地区的教师优先研修的机会，并支付研修所需经费；给流动到岛屿、偏僻地区学校工作的教师支付岛屿、偏僻地区津贴。再次，韩国还实行加分晋升制度，给流动到农村的教师晋升加分，以此激励教师流动到农村地区执教，并根据农村地区不同的贫困程度和偏远程度，制定农村学校教师晋升分值。

二、特色与问题：国际教师流动制度的辩证分析

澳大利亚、日本和韩国的教师流动制度在特定的环境中形成，其框架体系为全国或各州（都道府）教师流动服务，各个体系的运行与实施具有其内在的机理，一方面，三个国家教师流动制度特色鲜明，另一方面，也存在着一些不可忽视的问题。

（一）国际教师流动制度的特色

1. 在满足各校人事需求的前提下因地制宜

尽管三个国家教师流动制度的设计与实施情况不尽相同。然而，其出发点都是希望通过教师流动来满足各校的人事需求，缩小区域、校际师资水平的差距，进而促进教育均衡发展。只不过在具体的制度实施上，采取了"因地制宜"的办法，根据各国的实际情况去执行教师流动政策。这种取向的制度设计，在一定程度上实现了政策制定者的目

---

① 夏茂林、冯文全、冯碧瑛：《日韩两国中小学教师定期流动制度比较与启示》，《教师教育研究》2012 年第 3 期。

标，也符合政策制定者的利益。同时，因地制宜的制度设计与执行，还提高了制度实施的效率。

2. 在促进教师专业发展的目标下统筹兼顾

教师通过流动所经历的各种教育环境可促进个人专业发展，而主管教育的行政机关也会基于全局的统筹兼顾和国家"整体教育质量的提高"来执行教师流动。教师流动丰富了教师的职后发展空间与环境，不断地强化教师的技能与业绩，通过不断的暗示与强化，推动教师专业化发展，通过教师的流动，实现全国的教育统筹发展。整个教师流动制度兼顾了国家教育优质发展的宏观理想，也聚焦了促进教师专业发展的微观目标。

3. 在追求教育公平的原则下照顾偏远地区

偏远地区师资匮乏的问题一直是国际"困扰"，教育公平则是国际始终的"教育梦想"。因此，各国在进行教师流动制度设计时，非常重视偏远地区奖励方案的执行。如澳大利亚新南威尔士的"奖励式调动"（Incentive Transfer, IT）、昆士兰的《偏远地区奖励方案》（Remote Area Incentives Scheme, RAIS）。各州及特区莫不在其申请条件上给予任教于偏远或特殊地区的教师一些实质性的优待条件；在教师调动点数的计算上也有奖励教师至偏远地区的做法。

4. 在尊重教师个别权益的底线下严格实施

国际的教师流动非常强调公民行为：一方面，政府制定详细的积分标准，并严格审核申请材料，强调教师流动基本义务的履行；另一方面，又非常尊重教师的个人权益。教师可提出申请式流动或斟酌情况的流动。在澳大利亚，若申请流动无法如愿，可以参照《公务员申诉程序管理标准》（Public Sector Management Standard for Grievance Procedures, PSMS）进行诉愿。即使接到命令式调动，若教师无法接受命令式调动的合理原因时，也可根据暂缓调动、反对调动及延期调动来延缓命令式调动。①

（二）国际教师流动制度的问题分析

1. 义务性、强制性色彩过浓

国际教师是公务员，所有学校教职员必须配合教育机会均等的政策，让所有孩童不因住家位置而影响接受教育的机会。因此，上述三国政府有职权不顾及教师的愿望而进行流动。义务性流动制度容易影响教师士气，对一些教师而言，常会伴随着漂泊不定（Birds of Passage）的不安，这种不安也是影响教师再迁调的主因，许多教师在服务3年后会于新学年申请调动。这种短时间内的迅速迁调，与制度设计的初衷并不一致。

2. 调动面、调动率明显偏高

国际的教师流动制度所涉及的调动面过于宽广，调动的人数偏多，调动的制度略显冗杂。公务员工作身份为教师迁调附上了行政色彩，命令式调动制度的设计使得所有教师都有被迁调的可能，这种过于宽泛的调动面加大了迁调工作的难度。正是因为行政性的强制，某些教师对迁调后的工作并不满意，于是就有了3年后的又一次申请调动，这种高频率的迁调，不利于教育教学的持续与稳定发展。另外，存在众多教育流动制度，其相互间又没有明确的适用范围规定，会使得教师流动的实施在多重制度的相互干预下，无法发挥最大功效。

3. 新局面、后遗症处理困难

当前，国际上部分地区面临着学生入学人数减少而教师过多的问题。许多国家和地区因学校关闭、合并衍生出的教师超额问题成了教师流动的新挑战，这些教师如何流动是既有流动制度没有考虑到的问题。新局面无法照料，旧问题依旧难以解决。如何处理当前部分教师流动后

① National Library of Australia, Public Sector management Standard for Grievance Procedures. http://trove. nla. gov. au/work/34694288? versionId = 42971095, 2007 – 03 – 17/2013 – 10 – 07.

的愤慨与不安、保障教育的质量是当前教师流动制度没有解决的问题；个人需求与国家教育需求的平衡也是当前教师流动制度悬而未决的一大命题。

三、借鉴与超越：国际教师流动制度对我国的启示

国际教师流动制度对我国的启示主要围绕政府、标准、人事和市场规划等重点领域。政府应当加强指导教师流动，在构建教师流动标准的同时严格把关审批申请流程，改革人事制度的同时调整薪酬管理，运用多元方式引入市场人才规划。

（一）强化政府职责，指导支持教师流动

教师流动是一场"自上而下"的教师人事变动，需要凸显政府功能，强化政府责任。澳大利亚联邦政府创建了"面向 21 世纪的教师——开创不一样的未来"（Teachers for the 21st Century: Making the Difference）计划，签署了《全国提高教师质量合作伙伴协议》，并投入 5.5 亿澳元用于教师质量改革。政府通过这些举措给教师迁调提供了活力与保障。真正的教师流动应该是有组织、有计划、有目标和可评价的。因此，我国政府也必须凸显政府本身的社会治理和社会服务作用，通过规范的立法，制定有力的政府干预政策，指导并规范教师流动；同时，提供财政支持，为教师流动机制开启保障。

（二）构建教师流动标准，严格审批申请流程

澳大利亚、日本、韩国的教师流动制度体系完整，程序十分严格。通过积分获得流动资格、校长签字通过审核、尊重个人意愿的诉愿（申诉）制度，都是教师流动制度顺利进行的重要条件。因此，一方面，我国教师流动制度必须确立科学的制度标准。从质的角度来看，我国教师流动制度的制定必须有利于学校或地区教育事业的发展，并满足教育公平的基本要义；从量的角度来看，需要确定教师流动的科学比例，既保障不同学校组织中的教师相互交流，又维持教师队伍保持相对稳定。另一方面，要严格教师流动的审批过程，严格把关申请人的资格，维护申

请人或被流动教师的个人权益。同时，杜绝"人情""关系"等不良社会风气之类的教师流动行为发生。

（三）改革人事制度，实行全面薪酬管理

我国传统教师人事管理形成了"固化模式"，教师被分配到某所学校后，其人事管理就属于该学校所在辖区的教育部门，而国家并没有统一的教师人事管理权，教师是"学校人"而非"系统人"。这种僵硬的人事管理制度是教师合理流动巨大的、顽固的屏障。因此，改革现行教师人事管理制度，把教师管理权收归国家统一管理，是教师合理流动的关键举措。与人事管理相伴而来的问题是教师薪酬问题。在现阶段，实施教师轮换流动最大的障碍是区域间、学校间教师收入的巨大差距。因此，各区（县）教育行政部门必须树立全面薪酬理念，建立收入平衡机制，逐步统一学校福利待遇标准，实现教师待遇同工同酬，在基本公平的前提下，向边远地区、农村地区倾斜，为教师流动创造有利条件。

（四）手段刚柔并济，引入市场人才规则

澳大利亚、日本和韩国的教师流动制度特别注重对教师个体利益的维护，然而，也存在行政色彩过浓、政府主导过多、处理新局面和后遗症比较迟缓的问题。因此，我国的教师流动制度必须吸取教训，发扬特色，规避问题。在教师流动的具体实施过程中，手段要刚柔并济。以尊重教师的个人意愿、维护教师个体利益为基本原则，淡化政府行为。在教师流动的操作过程中，适当地引入市场人才机制，提高教师流动机制的工作效率，促成教师流动效益的最大化。但是，并不完全消除来自政府的刚性强制力量，通过必要的行政干预，引导师资流动结果的公平。刚柔并济，政府与市场手段相结合，消解教师资源配置过程中公平与效率之间的矛盾。

第三章

中国义务教育均衡发展的实践创新与治理模式

公平与发展一直是中国义务教育的"中国梦"。在中国义务教育发展的 110 年历史中，先后出现了义务教育发展的四种发展模式，包括自上而下的行政驱动、自下而上的民间驱动、自外而内的专家驱动和自内而外的学校驱动①。这四种发展模式既是历史的实践样态，也是现实的实践模式，并且为义务教育均衡发展做出了巨大的贡献。然而，囿于多种因素与条件的限制，各义务教育均衡发展并没有固定的模式可以借鉴。因此需要采取"和而不同"的治理策略，以公平和发展为终极目标，在具体实践中，因地因事而异，采用有效的治理方式，推动中国义务教育的优质均衡发展。

第一节　义务教育均衡发展的实践模式

义务教育均衡发展的实践模式并非是固定的，而是从"公平与发展"的理念出发，坚持统筹规划、保障底线、推进核心、维持公平、开创特色、支撑协同，全面推动义务教育的整体均衡发展和优质均衡发展的重要举措。

一、做好统筹规划，引领整体均衡

近年来，上海以"办好每一所学校，教好每一个学生，成就每一个教师"为导向，坚持均衡与发展相统一、政府职责落实和学校主动发展

---

① 张天雪：《区域教育均衡发展：立场与路线》，《教育发展研究》2013 年第 11 期。

相协调、硬件建设与内涵发展并重、自主发展与城乡联动相结合，扎实推进上海义务教育优质均衡发展。2014 年 3 月，国家教育督导检查组认为上海市义务教育均衡发展达到了国家规定标准，认定上海整体通过国家义务教育均衡发展督导研究。河南出台《关于优化城乡基础教育资源配置解决城镇基础教育资源不足问题的意见》，提出要适应城镇化进程中人口变化趋势和中小学、幼儿园建设需求，编制布局专项规划，并纳入城镇总体规划严格实施；新建城镇住宅小区要统筹配建中小学、幼儿园，扩大城镇义务教育资源，解决"入学难""大班额"问题。吉林长春市启动实施教学联盟体计划，确定 3 年投入 200 万元，建立 10 个教学联盟体，联盟体内部以创建活动载体为主，开展同课异构、联合备课、教学论坛、课题研究、校本课程开发等活动，共同学习，共同提高。联盟体之间以开展"两研一评"为主，相互研究其他联盟体的成功经验，评比各联盟体发展的整体实效。

二、改造薄弱学校，保障底线均衡

广西 2014 年投入资金 1 亿元实施"义务教育薄弱学校学生用床"配置项目，为全区 2065 所学校配置新的学生用床 13.47 万套，储物柜 13.47 万套，解决"学生用床不足""学生用床替代品"等突出问题。四川编制并《"全面改薄"实施方案》，2014 年安排下达中央专项资金 19.40 亿元，省级义务教育均衡发展专项资金 5 亿元，支持市县解决大班额问题，改善食堂、教学实验仪器和图书等办学条件。宁夏近 3 年累计投入资金 44 亿元，推动全区义务教育学校标准化建设，完成了 438 万平方米的校舍新建和加固改造任务。河北将 3180 个村列为"河北省农村面貌改造提升行动重点村"，筹集资金 4.50 亿元用于改造这些"重点村"学校的面貌，在基础设施建设、办学设备购置、校园安全建设等方面给予重点支持。青海 2012 年启动实施中小学标准化建设工程，截至 2014 年底累计下达 48.03 亿元，纳入规划的学校基本达到了省标准化中小学校办学标准。

三、优化师资配置，推进核心均衡

一是推动轮岗交流。陕西从 2014 年秋季全面启动校长教师交流轮岗制。重点推进城乡学校之间的教师、校长交流，推进骨干教师和优秀管理干部的交流，新任教师首先安排到农村校或薄弱校任教。安徽探索对新招聘教师实行无校籍管理，一些地方实行"局管校用"的教师管理办法，打破学校对教师的"一校所有制"，促进教师交流。二是实行倾斜政策。广东在全省山区和农村边远地区实行义务教育学校教师岗位津贴制度，人均津贴标准不低于每月 500 元，覆盖 33 万多名教师。湖南长沙市提出，实行城乡统一的中小学编制标准，对农村寄宿制学校、村小学和教学点人员编制单独核算并适当增加，保证每所完小以上规模学校有 1 名以上音、体、美和计算机教师。三是加强培养培训。新疆计划在 2018 年前投入 2.54 亿元培训少数民族双语教师，完成 35 岁以下4.23 万名中小学少数民族教师分级转型培训任务。截至 2014 年底，共有 2 万多名少数民族双语教师参加"一年制"或"两年制"培训，大多数成为双语教学骨干力量。

四、关注弱势群体，维持公平均衡

河南洛阳市统一划定市区 82 所义务教育学校接收随迁子女，包含39 所初（完）中学校、6 所九年一贯制学校和 37 所小学，要求按照"应收尽收"的原则和有关规定依法办理入学手续，确保随迁子女都有学上。江西南昌市为留守儿童开通亲情热线电话及网络视频连线 800个，建立留守儿童之家 765 个、留守儿童家长学校 524 个、留守儿童托管中心 50 个。湖南长沙市规定，凡已在长沙城区小学取得学籍的进城务工人员随迁子女，可就地申请入读长沙城区公办初中，按照一视同仁的原则同等享受城区小学毕业生升初中的招生录取政策。并通过设立助学金、减免费用等方式，帮助家庭经济困难的随迁子女就学。

五、借助信息技术，支撑协同均衡

四川成都市出台《成都市教育信息化发展规划（2014—2020 年）》，

提出到 2017 年，所有教师均应通过信息技术应用能力培训和测评。到 2020 年，大多数教师能够创造性地对数字化工具及资源进行整合，支持学生多元化的学习活动和成长需要；各级各类学校均完成数字校园建设，实现有线和无线双网覆盖，率先在中西部全面实现教育现代化目标。陕西加快推进义务教育信息化建设，到 2015 年，农村学校接入宽带互联网比例应达到 90%；到 2020 年，中小学校接入宽带互联网比例达到 100%，农村学校班均出口宽带不小于 5M，城镇学校班均出口带宽不小于 10M，全面完成"三通两平台"建设任务。宁夏教学点数字教育资源实现全覆盖，全区 283 个教学点卫星接收播放设备全部安装到位并投入使用，基本能够做到每日按时接收卫星数字教育资源，所有教师均能够使用卫星数字教育设备下载、整理和应用教学资源，开展课堂教学活动。山东省着眼于全面改善贫困地区义务教育薄弱学校基本办学条件工作涉及领域广、跨度时间长、标准要求高的实际情况，创造性地发挥"互联网＋"的助力作用，研发项目信息管理平台，实现了对建设项目的实时、动态监管，有效推动了各项工作的落实。

第二节　义务教育均衡发展的实践创新

公平与发展是义务教育最根本的目标与原则，也是全社会对义务教育发展的共同期待。从义务教育制度诞生之日起，乃至更早的义务教育公平与发展的理论与实践，都是我国义务教育均衡发展的不懈探索。尤其是新世纪以来，全国各地结合实际开展了义务教育均衡发展的实践探索，诞生了许多成功的实践模式。然而，推进义务教育均衡发展，是一个动态的过程，是一项系统工程，更是一项长期的任务。义务教育均衡发展在不同的时间阶段其核心任务各有不同，所以，中国义务教育均衡发展的实践模式都处于不停的变革状态，在总体目标上共同致力于义务教育的公平与发展，在方法、操作上却各有特色。因此，中国义务教育均衡发展的典型经验可以称之为"和而不同"的实践。

一、探索区域内义务教育均衡发展体制机制改革

区域内义务教育体制机制创新的实践模式主要有四类。一是改革办学模式，如杭州市西湖区"集团化办学"模式、上海市奉贤区建立"紧密型办学资源联盟"、山东省广饶县创新"园区模式"等，这些体制机制的创新有效整合了区域内义务教育均衡发展资源。二是改革招生体制，遏制择校，如浙江省温岭市"阳光招生"制度、辽宁省盘锦市"零择校"制度、河北省唐山市丰南区"三种模式①消除择校"等等，从制度上保证了教育机会均衡。三是建立联动机制，如四川省成都市"六个一体化"改革模式、湖北省丹江口市"教育发展协作区"模式、河北省邯郸市"跨区统筹"模式等，通过城乡联动、多方互动推动义务教育均衡发展。四是出台监督评估与问责机制，如四川省绵阳市"强化督导评估、深化义务教育均衡发展问责"；青海省海南州贵德县"全面自查整改、确保指标达标"；内蒙古东胜区建立了"依法尽责、统筹整合"，切实推进义务教育均衡发展、优质发展。②

最典型的区域内义务教育体制机制改革模式是江苏省无锡市的区域内义务教育综合性体制机制改革。一是改革招生制度。无锡市把热点高中招生指标定额分配，定额分配率达 60% 以上，录取时根据各初中分配指标数和考生志愿，逐步缓解乃至消除初高中择校现象。二是"关注课堂、聚焦课堂"。各学校致力于建设"有效课堂"，老师精讲、学生精练，培养学生的积极情感，有效提升课堂教学效率与质量。三是建立科学的评价机制。以合格率、完成率和学生综合素质为主要指标的教育

---

① 三种模式分别是：建设教育小区模式、建分校模式、新建学校模式。参见：教育部：《唐山市丰南区：创三种模式消除择校》，http://www. Moe. gov. cn/publicfiles/business/htmlfiles/moe/s5203/201103/116080. Html.

② 朱德全、李鹏、宋乃庆：《中国义务教育均衡发展报告——基于〈教育规划纲要〉第三方评估的证据》，《华东师范大学学报（教育科学版）》2017 年第 1 期。

教学评价体系，引导学校从升学率竞争向办学质量、育人水平提升转变，建立了素质教育评价新体系。

二、试点率先在县（区）域内实现城乡均衡发展

义务教育均衡发展是一场系统性的教育与社会变革，需要有规划、分步骤的渐进式变革。第一类是义务教育基本均衡的实践模式，主要是一部分经济相对落后区县从办好每一所学校、关注学生受教育机会开始，逐步推进县域内义务教育均衡发展。如甘肃省平凉市"办好农民家门口学校"的实践模式，新疆维吾尔自治区克拉玛依市把"办好每一所学校、教好每一名学生"作为最基础的目标，河南郑州市中牟县把"让每个学生享受公平优质的教育"作为底线等模式。这些基础性改革实践，保障了区域内义务教育的"底线均衡"。第二类则是致力于实现优质均衡的实践模式，主要是一部分经济较发达的区县在实现教育资源均衡之后，开始了义务教育优质均衡的实践探索。如上海市普陀区"圈链点"战略优质均衡模式，上海市金山区从"有学上"到"上好学"的"组合推进"模式，北京市丰台区教育集群发展"资源共享、特色衔接、共同发展"模式，广东省惠州市惠阳区整体促进义务教育高位均衡模式等，这些实践为后续全国范围内的义务教育优质均衡发展奠定了基础。

义务教育渐进式变革的最典型经验是江苏省泰州市"基本均衡—优质均衡—全域均衡"三步走战略模式，开创了一条"内涵式"发展的义务教育均衡发展之路。一是"名校＋"模式，推动城乡一体快速融合。在教育相对发达的区域相继实施了"名校＋弱校""名校＋农校""名校＋新校"等策略，实现共同体学校之间管理互通、研训联动、文化共建。二是"互联网＋教育"的泰州微课探索。2014 年 9 月，泰州市上线的"泰微课"，是全国规模最大的中小学生自主学习系统。三是"5＋2"评价模式，核心素养进中考。2014 年，泰州市在市域范围内全面启动实施"5＋2"工程（以主题德育、自主学习、青春活力、实践

体验、未来素养五大行动及区域推进展示、学校微创新激励机制为主要
内容），推进素质教育"泰州特色"在全国的影响。

三、学校标准化建设助推实现义务教育基本均衡

义务教育学校标准化建设是改善学校办学条件、实现义务教育资源
配置均衡的重要措施。自《纲要》提出"推进义务教育学校标准化建
设"以来，全国各地涌现了许多典型实践经验。第一类实践模式把标准
化建设作为促进均衡发展的重要抓手，如天津市静海县"全面推进学校
标准化建设、促进义务教育均衡发展"；北京市密云县"标准建设、校
校精彩"，建设了一大批质量有保障、校园有特色的中小学；福建省福
州市鼓楼区"改善办学条件、实现硬件建设均衡"和辽宁省桓仁县
"改善学校办学条件、提升学校办学内涵"，都借助义务教育学校标准
化建设，狠抓均衡发展。第二类实践模式以学校建设标准化推动学校教
育现代化。如湖南省隆回县 2008 年实现"班班通"，50 多岁的老师都
会做课件；辽宁省本溪市"加快信息化建设、全面提高义务教育现代化
水平"等，逐渐推进义务教育信息化、现代化水平。第三类实践模式则
是以学校建设标准化缩小区域、城乡差距。如黑龙江大兴安岭新林区努
力改善办学条件，坚持"抬高底部、雪中送炭"缩小基本差距；贵州
省遵义市余庆县"城乡同质设备同配、师资同优学生同享"，有效缩小
了城乡义务教育的发展差距。

在推进义务教育学校标准化建设方面最成功的经验是吉林省吉林市
磐石市，磐石市通过系统的规划设计、扎实的扶弱治薄，使义务教育走
上了均衡发展的轨道。磐石市出台了《磐石市全面改善义务教育薄弱学
校基本办学条件项目规划》，一方面科学规划建设教育园区。从 2010 年
开始，投资 3.5 亿元，实施了南、北两个教育园区建设工程。两个教育
园区的建成和使用，从根本上解决了城区义务教育学校办学条件不足和
大班额问题。另一方面，严格落实学校办学条件标准。从 2010 年开始，
累计投入 2 亿多元，为 12 个乡镇学校新建了 15 栋、7 万多平方米楼房

校舍，完成 38 个、13 万平方米中小学校舍安全工程项目，农村学校校舍达到了省级标准；投资 4000 多万元，落实了"四室标准化装备项目"，全市中小学校功能室齐全，各类仪器（器材）全部达标。

四、政策倾斜以提升老少边穷地区义务教育水平

按照木桶原理，针对性补弱、全面提升老少边穷地区义务教育水平，不断缩小区域间义务教育发展差距是实现义务教育均衡发展的必经之路。对少边穷地区义务教育的倾斜，主要分为两类：一类是综合性倾斜，从人财物等各方予以重点帮扶，例如安徽省铜陵模式，"优化教育结构、扶持薄弱学校"，河北省石家庄市井陉县探索山区教育发展，云南省沾益县加强对农村学校的特色化改造等。另一类是重点性倾斜，尤其是对于农村留守儿童、寄宿制学校的重点帮扶。例如湖北省宜昌市夷陵区实施"保育寄宿制度"，推进农村义务教育均衡发展；陕西太白县实施"寄宿制精细化管理"，提高山区义务教育服务水平。此外，民族地区、边境地区的义务教育普及与巩固也是重点关注的内容，例如云南省红河哈尼族彝族自治州元阳县"控辍保学"问责模式、广西壮族自治区凭祥市边境民族教育的"控辍保学"改革等。

贵州省黔东南苗族侗族自治州丹寨县 2010 年起大力推进义务教育均衡发展，其主要经验如下：一是集中办学，提供优质公平教育。全县共完成 22 所农村小学寄宿制学校建设，基本形成初中学生进城入学，小学在中心校办学的合理布局。二是软硬兼顾，逐步优化办学环境。2008—2014 年，丹寨县共投入了 6.3 亿元，基本完成了学校标准化建设，建设了 18 所标准的寄宿制学校。三是全面打造寄宿学校，改善学生吃住环境。大力推广"3 + X"和"4 + X"营养午餐模式，并按照"公益性、零利润"的原则运营，为 21750 名中小学生提供真正营养的"免费营养餐"。投入 1000 多万元，为 12000 多名寄宿生提供了床上用品。2013 年 3 月，国务院副总理刘延东专程到学校看望寄宿的孩子们，对义务教育均衡发展的"丹寨模式"给予充分肯定。2014 年 9 月，全县九年义务教育基本均衡发展通过了国家教育督导委员会评估认定,成为贵州省首批四个达标县之一。

五、大力推行县(区)域内教师、校长交流制度

师资队伍均衡既是教育资源均衡的核心问题,也是教育质量均衡的重要影响因素之一。均衡配置师资队伍,是促进义务教育均衡发展的重要内容之一。师资队伍均衡实践,主要分为两类,第一类是基础性的义务教育师资配备。例如山东省临朐县"校校新进一名小学英语教师"、湖南省泸溪县用特殊关爱让农村教师把心留在农村、福建省福安市出台特岗政策优厚待遇吸引教师到农村校任教等实践模式,这些实践模式对于保障区域内师资队伍的基本稳定与原始分配起到了基础性的作用。第二类是基于公平的师资队伍交流,例如山东省青岛市市南区"名师交流破解择校顽疾"、福建省莆田市荔城区"优质师资引向薄弱校建立教师培养机制"等,从资源流动的方式,调配义务教育师资队伍均衡。

师资队伍均衡的典型案例是河南省新郑市"教师统一编制核算,让城乡队伍一样好"计划。新郑市统筹城乡师资队伍的措施有:一是确保师资力量"够"。在全市财政供养人员"零增长"的情况下,2008—2014年,面向高校优秀毕业生招录教师1268人。二是确保农村教师"稳"。在编制管理上向农村学校倾斜,新进教师"第一年不留城,前三年不进城"。为农村边远学校教师每人每月发放60元或100元的交通补助,为所有农村教师每人每月发放90元的生活补贴。三是确保教师队伍素质"高"。2008—2014年,分别组织校长和教师外出考察培训836人次和3987人次,先后开展了4期198名农村英语教师培训、359名农村体音美教师培训。

第三节 义务教育均衡发展的实践经验

全面推进义务教育均衡发展,必须牢固树立创新、协调、绿色、开

放、共享的发展理念，不断推进义务教育发展方式转型，深化义务教育综合改革，坚持顶层设计，坚持统筹规划，做到兜底线，保基本，抓关键，补短板，促均衡，提质量①，全面推动义务教育优质均衡发展。

一、转变义务教育均衡发展传统方式

义务教育均衡发展是系统化的改革工程，不能局部的、"碎片化"的修补，需要全局性的统筹规划。做好义务教育均衡发展的顶层设计。一是要依据当前义务教育均衡发展的实际情况，尤其是义务教育均衡发展在经费投入、办学条件、师资队伍、质量水平方面的问题；二是要充分考虑国家的教育政策与发展规划。

1. 愿景与路线：树立"一盘棋"意识，科学的规划转型发展

在任何国家，义务教育公平的"比较范围"都应当是"全国"，②只有在全国所有地区实现义务教育均衡发展才是真正的"人民满意的教育"。因此，必须树立"一盘棋"意识，规划全国范围内义务教育均衡发展，努力实现区域间、城乡间、校际间、群体间的义务教育均衡发展，完全实现教育机会均衡，全力推进教育资源均衡并不断实现教育质量均衡。所以，一方面，全国必须要基于均衡发展未来目标，做好义务教育均衡发展的整体规划和顶层设计，通盘考虑，超前部署。③ 尤其是在县域内义务教育均衡发展改革实践进入深水期的时候，特别要及早谋划省域的义务教育均衡发展统筹。④ 另一方面，在逐步实现义务教育资源配置均衡后，要科学地规划转型发展。义务教育均衡发展的重点必须

① 王定华：《我国义务教育均衡发展之进展》，《课程·教材·教法》2015 年第 11 期。
② 吴康宁：《及早谋划省域义务教育基本均衡发展的国家战略》，《教育研究与实验》2015 年第 2 期。
③ 赵永辉：《各级政府在义务教育均衡发展中的责任及履责成效》，《教育学术月刊》2015 年第 7 期。
④ 范先佐、郭清扬、付卫东：《义务教育均衡发展与省级统筹》，《教育研究》2015 年第 2 期。

转向教育质量的提升，追求教育质量的公平①，必须从外延均衡转向内涵均衡、从依附均衡转向自主均衡、从同质均衡转向特色均衡、从基础均衡转向优质均衡。

2. 目标与内容：推进"供给侧"改革，经济的统筹全面发展

从经济学的视角来看，义务教育非均衡发展很大程度上是教育需求与教育供给之间的矛盾，是教育资源供给与教育发展需求之间的矛盾。因此，要全面规划义务教育均衡发展，实现发展方式转型，就必须推进"供给侧"改革，以经济的方式统筹义务教育全面发展。一是做好义务教育供给机制改革。前提是要优化和完善义务教育资源供给机制，认真落实国家有关义务教育投入的法律、政策要求，确保义务教育资源供给的数量得以满足。特别是教育经费、教育用地、基本办学条件等资源的充分保障。重点要调控统筹义务教育供给机制，能够重点安排经费、师资等重要资源，同时，也能够雪中送炭、差异补偿，有效地向农村地区、西部地区、民族地区等地方倾斜。二是要做好供给结构改革。主体上以国家和政府供给为主，坚持公平发展的原则，不断创新公共服务供给方式。同时，也要吸引更多力量参与，为义务教育优质均衡注入活力，鼓励社会资本提供个性化、多样化的教育服务。

3. 战略与方针：实施"一体化"布局，公平的引领协同发展

"一体化"发展战略是基于对"梯度发展""城市优先"战略的反思提出的，主要针对当前经济社会发展的重大战略部署。实施义务教育"一体化"布局，首先要公平对待所有区域、所有学校、所有群体的义务教育，提供"充分"而"公平"的义务教育供给。其次，"一体化"并不是均等化，实施"一体化"的过程，必然有差异化。在"充分"而"公平"的原则下，要实现全国范围内的义务教育均衡发展，还必须对不同区域间、城乡间、校际间、群体间的义务教育提供"适当"

---

① 冯建军：《义务教育均衡发展方式的转变》，《中国教育学刊》2012 年第 3 期。

且"自由"的义务教育供给，满足各种差异化需求。然后，实施"一体化"布局不是无私的公正和盲目的差异，而是要结合人口变化趋势、经济社会发展趋势，做好科学论证，基于科学的预测与预警，合理调整义务教育发展规划。最后，"一体化"不是"孤立化""独立化"，而是还要调动不同区域间、城乡间、校际间、群体间的相互协同、相互联动，共同致力于实现全国义务教育优质均衡发展。

二、实施义务教育均衡发展协同治理

在完成义务教育均衡发展的总体目标规划和发展方式转变之后，就必须落实具体责任，明确由谁落实的问题——也就是"治理主体"的问题。基于责任主体的明确，建构主体间关系就自然形成了义务教育均衡发展协同治理的联动机制。

1. 协同治理的框架：构建联动机制，形成"政策合力"

全面实现义务教育均衡发展，需要建立现代教育治理体系，形成政策合力，切实解决教育管理中社会参与不够、学校办学自主权不够、政府宏观管理能力不足、学校内部治理结构不完善等突出问题。[①] 首先，要在义务教育与经济社会发展的体系内外，建立义务教育均衡发展的"内外联动机制"，推动义务教育与区域经济、社会、文化的有效互动，为义务教育优质均衡发展与特色均衡发展创造条件。其次，要关注义务教育的体系上下，建立义务教育均衡发展的"上下联动机制"，要充分调动政府、学校、社会组织以及教师、学生、家长等各种公民个体和中央政府、多级地方政府、学校、班级等多个管理层次的治理能动性，实现义务教育内部教育资源均衡配置。最后，要着眼于义务教育系统内部的点与面，建立义务教育均衡发展的"点面联动机制"，以点带面，以面带点，相互支撑。要进一步推动各省切实履行备忘录各项承诺，建立各部委之间、部委与省级政府之间的协同、会商和联动机制；建立城乡

---

① 褚宏启：《教育治理：以共治求善治》，《教育研究》2014 年第 10 期。

一体化的均衡发展体制机制，各省（区、市）要立足本地实际，统筹区域、城乡、校际和群体间义务教育均衡发展。

2. 协同治理的关键：强化政府责任，消解"政府悖论"

"政府悖论"是指"国家的存在是经济增长的关键，然而国家又是人为经济衰退的根源"①。在义务教育均衡发展的议题内，"政府悖论"表现为政府的正当行为既促进着义务教育均衡发展，同时政府的不当行为又在某种程度上制约着其目标的实现。② 现代治理是在公共事务中"去国家中心化"，但从来没有也不可能是"去国家化"。正如约翰·皮埃尔和盖伊·彼特研究发现，"国家针对其外部环境进行转换和成功适应，确立了国家在治理中的良好未来"③。因此，全面实现义务教育均衡发展，需要强化政府责任，消解"政府悖论"。中央政府要不断强化各级各部门责任，建立健全推动有力、检查到位、考核严格、奖惩分明、公开问责的义务教育均衡发展推进责任制；省级政府要进一步强化统筹职责，提高省级统筹的力度，构建省域内义务教育共同发展机制；县级政府要突出管理主体作用，完善经费投入与分配体制，抓好师资配置和质量提升。同时，加强政府间合作与部门间联动，构建义务教育均衡发展的协同保障机制。

3. 协同治理的保障：吸引外部力量，实施"多元治理"

义务教育均衡发展是一项超越教育系统本身的综合性社会改革。事实上，中国教育的很多问题，也不单单是教育部门的事，而是属于经济社会问题。因此，义务教育均衡发展的全面实现，不能仅仅依靠教育部门，而应该由单纯政府—公立学校模式，转向政府—非政府组织、"第

---

① D. C. North, *Institutions, Institutional Change and Economic Performances*, Cambrige University Press, 1990, p. 20.

② 司晓宏、杨令平：《务教育均衡发展进程中"政府悖论"现象透视》，《陕西师范大学学报（哲学社会科学版）》2015年第7期。

③ J. Pierre, G. Peter, *What is Governance*, Macmillan Press Ltd, 2000, p. 79.

三部门"——公立学校与私立学校并存的治理格局。① 在这个多元主体、协同治理的治理框架中，我们不仅仅需要建立内外协同、上下协同和点面协同的联动机制，也不仅仅是要单方面强化政府责任，而是要进一步释放政府之外的所有治理主体的能量。在教育机会均衡、教育资源均衡方面，在政府宏观调控之下，通过市场和第三部门可以吸收一大部分优质的教育资源纳入义务教育供给的范畴。在教育质量均衡方面，吸引更多力量参与义务教育的教育规划、经费管理、人员管理、课程管理、教学管理、质量保障、督导评价等管理内容，共同参与教育均衡发展的计划、决策、执行、控制等多个管理流程②，保障义务教育整体质量的提升。

三、攻克义务教育均衡发展主要困厄

尽管义务教育均衡发展过程中的各种问题与困难不尽相同。但是，当前义务教育均衡发展的主要问题，依旧是优质教育机会的获得、教育资源配置不均衡和教育质量提升较为困难。因此，要实现全国范围内义务教育优质均衡发展，深化综合改革，逐步解决这些主要困难尤为关键。

1. 改革义务教育的经费投入制度，保障义务教育经费的充足与公平

教育经费是当前义务教育均衡发展的最大困厄，直接限制了义务教育办学条件、师资队伍等各方面的发展。因此，改革义务教育的经费投入制度，保障义务教育经费的充足与公平是当前义务教育均衡发展必须解决的问题之一。具体来说，一是加大教育投入力度，落实教育经费"三个增长、两个比例"的法定要求，全国教育经费要在保持占GDP4%的基础上有所提高；二是建立健全城市义务教育经费使用机制，调控并监督义务教育经费分配和使用情况，确保资金专款专用，发挥实在的效益；三是在继续支持西部地区义务教育的同时，还要加大对中部

① 李涛：《教育公共治理：什么公共？什么治理？——结构转型与法理维度的探索》，《全球教育展望》2009 年第 7 期。

② 褚宏启：《教育治理：以共治求善治》，《教育研究》2014 年第 10 期。

地区义务教育的投入，逐步尝试在中西部地区分省实施差别化的投入政策；四是实行对农村地区、"老少边穷"地区义务教育的投入适当倾斜政策；五是逐步完善省以下财政支付体系，特别要匹配地方的事权财权，防止支出责任过度下移，减少贫困区县专项转移支付资金的配套压力。①

2. 强力执行学校标准化建设政策，保障义务教育办学条件基本均衡

推进义务教育学校标准化建设是实现义务教育办学条件达标和义务教育基本均衡的重要措施，也是实现义务教育优质均衡的基础性保障。在具体实践中，首先，要进一步修改与调试学校标准化建设的标准体系，在制定办学条件基本标准的同时，还要制定办学条件的限高标准，防止超高标准、豪华学校建设。其次，要全力清除校舍危房。各级学校要建立校舍危房的预警机制，及时报告，及时整改；各级政府要严格执行危房整改政策，坚决在第一时间清理新增危房，杜绝安全隐患。最后，要科学规划学校与班级规模。要提高义务教育统筹协调层次，保证各级政府在实施流动人口子女教育方面责权对称。特别要善于利用小班额预存的人数弹性空间，对城市化进程较快的人口大省和中心城市周边地区的人口流向实施科学监测，并建立有效控制班级和学校规模的预警机制。②

3. 优化义务教育师资队伍质量，力争全国师资队伍均衡配置

教师是教育资源的核心要素，直接关系着义务教育的质量，是实现义务教育均衡发展的重要影响因素之一。因此，要全面实现义务教育优质均衡发展，必须优化义务教育师资队伍的质量，整体提升教师专业化水平，并力争全国范围内师资队伍均衡配置。具体来说，一是国家要加强职业理想信念和师德教育，重点培养能承担多门学科教学任务的小学

---

① 朱德全、李鹏、宋乃庆：《中国义务教育均衡发展报告——基于〈教育规划纲要〉第三方评估的证据》，《华东师范大学学报（教育科学版）》2017 年第 1 期。

② 傅维利、张淼：《论城市化进程对中国义务教育班级、学校规模的影响》，《华东师范大学学报（教育科学版）》2014 年第 1 期。

全科教师和"一专多能"的初中教师；二是全面推行师范生顶岗实习和农村特岗教师政策，推行师范毕业生必须到农村工作两年的政策，缓解农村师资结构性缺编的问题；三是继续实施国培、省培以及区县培训，大力提高农村教师队伍素质；四是大力推进县域内和县际间教师双向流动制度，为在乡村工作的教师提供较高的津贴、补贴，加快边远艰苦地区中小学教师周转宿舍建设，吸引优秀教师自愿到农村任教。

4. 应对城镇化带来的问题与挑战，积极开拓义务教育发展"新局面"

面对义务教育发展农村空心化、城乡教育资源的非均衡等问题，需要优化顶层设计，多措并举，协同治理。在城镇化进程中，要按照"总量够用、增量合理、存量盘活"的原则，规划义务教育发展。① 一是保障城镇义务教育学校建设用地，切实控制城镇义务教育学校的规模和班额。二是充分利用农村教育资源，不让已有学校尤其是新建学校资源闲置和浪费，办好农村学校，增强农村义务教育的吸引力。三是加快探索乡村小规模学校办学机制和管理办法，适应乡村学生流动频繁的新常态。四是发挥互联网＋教学点在促进教学点开齐、开好国家规定课程和实现义务教育高位均衡发展方面的作用。② 五是引导有条件、有想法的进城务工人员返乡创业，将其子女带回农村读书，分解城市义务教育的供求压力。

四、探寻义务教育均衡发展立体路径

要有效落实义务教育均衡发展的规划路线、治理方针和综合改革，还必须有强有力的保障机制。就目前中国义务教育均衡发展的阶段特点与外围环境来看，需要通过立法、评估、问责等保障系统的建构，推动义务教育均衡发展的各项方案有效落实，逐步探寻顶层规划、系统治理

---

① 褚宏启：《城镇化进程中的教育变革：新型城镇化需要什么样的教育改革》，《教育研究》2015 年第 11 期。
② 高庆蓬、孙继红：《义务教育均衡发展备忘录的政策分析》，《中国教育学刊》2015 年第 12 期。

和综合改革齐头并进的义务教育均衡发展立体化路径。

1. 推进义务教育均衡发展立法，以法律制度保障义务教育均衡发展

义务教育均衡发展包括了教育机会均衡、资源均衡、质量均衡三个维度，是教育权利平等的重要体现，也是实现教育公平和社会公正的重要基础。因此，必须从法律的高度，保障我国义务教育均衡发展的全面实现。义务教育工作者应自觉维护宪法和法律的权威与尊严，发挥现代法治精神的指引、推进、规范作用，着力依法行政、依法治教、依法治校，将义务教育改革发展全面纳入法治轨道。① 在把"义务教育均衡发展"写进《义务教育法》之余，还应该进一步关注义务教育机会均衡，对择校、就近入学、招生考试等涉及机会均衡的问题进行法制化的明确，保障最基本的受教育权利与教育机会均衡。考虑出台《学校法》，明确学校标准化建设的法律标准，保证义务教育办学条件达标，实现义务教育基础均衡。同时，也可以对义务教育质量进行底线性或合格性的法律规范，保障义务教育质量的基本均衡。通过机会均衡、资源均衡与质量均衡，推进义务教育优质均衡的全面实现。②

2. 强化义务教育均衡发展评估，以评估督导保障义务教育均衡发展

发挥教育评价与管理"以评促教"的功能，进一步加强全国义务教育均衡发展的评估和监测，及时公开监测数据和结果，利用定期公布的全国义务教育均衡发展的态势图督导义务教育均衡发展。一方面，必须建构现代性的义务教育督导制度框架，规范义务教育督导实施，以此推动义务教育督导独立化、专业化和服务化，最终推动教育事业科学发展。③ 尤其各地应研究均衡评估的规范性标准，出台操作化较强的评估

---

① 王定华：《以现代法治精神统领义务教育治理》，《教育研究》2015 年第 1 期。
② 朱德全、李鹏、宋乃庆：《中国义务教育均衡发展报告——基于〈教育规划纲要〉第三方评估的证据》，《华东师范大学学报（教育科学版）》2017 年第 1 期。
③ 李鹏、朱德全：《公平与发展：中国义务教育督导绩效的实证研究》，《教育学报》2016 年第 2 期。

细则，保证评估工作的信度与效度，发挥评估的指导和督促作用。另一方面，各级政府要根据《教育督导条例》规定，不断加强义务教育督导队伍建设。要在国家教育评估督导委员会之外，建立层次清晰、分工精确、相互协作的教育督导机构，落实教育督导部门的地位、职能和工作要求，健全专职督学队伍，充分发挥教育督导部门在义务教育均衡发展中的督政、督学、评估监测职能。

3. 实施义务教育均衡发展问责，以问责机制保障义务教育均衡发展

问责制是基于评估督导的更进一步制度安排，良好的问责制度能够对问责对象的行为起到良好的导向、监督和矫正作用。完善义务教育均衡发展问责机制，将义务教育均衡发展成效作为考核各级政府、各类学校工作业绩的重要内容，有利于激励相关责任主体更加投入地致力于义务教育均衡发展的具体工作，对于解决义务教育发展过程中的一些突出问题具有一定的促进、引导及规范的作用。在具体的实施中，首先，需要明确地方政府的教育责任，确定问责的基本尺度，根据理性尺度与实际绩效的对比实施考核，而后确定是否问责。其次，要确定实施问责的主体。在义务教育系统内部问责，由上级机构对下级机构进行问责，与此同时，还需要建立健全异体问责或者说是外部问责，这便需要加大立法、司法、其他国家机构以及社会公众对地方政府的问责及监督力度。① 最后，要整合多种问责方式，可以在义务教育均衡发展的总体工作绩效考核中进行问责，也可以就义务教育均衡发展的专项任务完成情况实施专门问责，还可以对义务教育均衡发展的阶段性任务完成情况实施问责等等。

---

① 李军超：《财政分权视阈下城乡义务教育均衡发展的动力缺失问题研究》，《浙江社会科学》2015 年第 5 期。

第四章

中国义务教育均衡发展现状的
第三方评估考察

义务教育均衡发展是社会公平的重要基石，也是中国教育改革的百年理想。通过教育督导评估掌握义务教育均衡发展现状、促进义务教育均衡发展成为中国教育改革的战略目标之一。[1] 2012 年《县域义务教育均衡发展督导评估暂行办法》建立了县域义务教育均衡发展督导评估制度。[2] 自 2013 年开始，国家开始实施义务教育均衡发展督导评估，对义务教育发展水平、校际间均衡状况进行监测和复查。自此，教育评估成为推进义务教育均衡发展的重要抓手。[3] 在此背景之下，义务教育第三方评估课题组受国家教育体制改革领导小组办公室委托，在教育部义务教育一司的大力支持下，围绕《纲要》提出的有关义务教育目标任务和政策措施，对我国 2010—2014 年以来义务教育改革发展情况进行评估。[4] 评估过程与结论如下：

第一节 评估设计与实施

教育评估是一项复杂的实践活动。为有条不紊地推进义务教育第三

---

[1] 朱德全、李鹏、宋乃庆：《中国义务教育均衡发展报告——基于〈教育规划纲要〉第三方评估的证据》，《华东师范大学学报（教育科学版）》2017 年第 1 期。

[2] 中华人民共和国教育部，《县域义务教育均衡发展督导评估暂行办法》，2012 – 01 – 20，http://www.moe.edu.cn/publicfiles/business/htmlfiles/moe/moe_1789/201205/xxgk_136600.html.

[3] 杨银付：《深化教育领域综合改革的若干思考》，《教育研究》2014 年第 1 期。

[4] 范先佐、郭清扬、付卫东：《义务教育均衡发展与省级统筹》，《教育研究》2015 年第 2 期。

方评估的实践，课题组从评估目标与任务、评估内容与指标、评估方法与数据处理方面设计了科学的评估方案。

一、评估目标与主要任务

根据国家教育体制改革领导小组办公室的要求，中国义务教育第三方评估旨在全面反映《纲要》实施以来中国义务教育在"普及与巩固""均衡发展""减负提质"等方面的成就与问题。然而，任何一项评估都不可能面面俱到，关键在于抓住并解决主要的问题。具体到义务教育均衡发展评估，其主要任务在于探明《纲要》实施5年以来我国义务教育机会均衡、资源均衡、质量均衡等三方面的新进展、新成效和新经验，重点分析现阶段《纲要》关于义务教育均衡发展的政策机制、办学条件、教育经费、师资队伍等方面的落实情况，并客观反映近年来出现的新问题，科学把脉义务教育均衡发展，为未来义务教育均衡发展建言献策。

二、评估内容与指标框架

课题组在义务教育均衡发展评估指标设计上，充分借鉴翟博4维度25要素指标体系[1]，中国教育科学研究院3层次8维度指标[2]，姚继军3级5维度26个观测指标[3]等成熟体系，初步建立了义务教育均衡发展的第三方评估内容框架。其次，为保证中国义务教育第三方评估的可操作性，切实坚持"独立、客观、公正、问题导向"的原则，课题组充分研究义务教育均衡发展的政策文本，删去不易获得真实数据和难以把

---

[1] 翟博：《教育均衡发展：理论、指标及测算方法》，《教育研究》2006年第3期；翟博：《教育均衡发展指数构建及其运用——中国基础教育均衡发展实证分析》，《国家教育行政学院学报》2007年第11期。

[2] 中国教科院"义务教育均衡发展标准研究"课题组：《义务教育均衡发展国家标准研究》，《教育研究》2013年第5期。

[3] 姚继军：《教育均衡发展综合测度的原则与方法》，《教育科学》2008年第6期；姚继军、张新平：《新中国教育均衡发展的测度》，《华东师范大学学报（教育科学版）》2010年第6期。

握的评估内容，确定了如表4.1所示的评估内容体系：

表4.1　义务教育均衡发展第三方评估指标体系

评估维度	评估内容	政策依据
政策机制	1. 体制机制建设； 2. 政策法规建设。	《国家中长期教育改革和发展规划纲要》
经费投入	1. 义务教育经费所占比例； 2. 生均预算内教育经费支出； 3. 生均教育事业性经费支出； 4. 生均公用经费支出。	《国家中长期教育改革和发展规划纲要》
办学条件	1. 危房面积； 2. 大班额数、超大班额数； 3. 学生住宿、饮食、取暖、卫生条件； 4. 集中连片特困地区学校营养午餐； 5. 信息技术设备。	《国家中长期教育改革和发展规划纲要》《国务院教育督导委员会办公室关于开展农村义务教育学校基本办学条件专项督导的通知》等
师资队伍	1. 农村教师结构性缺编数； 2. 农村代课教师数； 3. 县域内教师交流率； 4. 教师人均培训时数； 5. 生师比； 6. 教师学历达标率； 7. 集中连片特困地区乡村教师生活补助。	《国家中长期教育改革和发展规划纲要》《国务院关于深入推进义务教育均衡发展的意见》等

三、评估方法与数据来源

由于全面实施中国义务教育第三方评估范围广、内容多、难度大，因此，整个评估运用了定性和定量相结合的研究方法，具体运用了文献法、问卷调查法、访谈法、案例研究法等，此外还用到了政策分析法、文本分析法和大样本数据统计分析方法等。

在数据来源上，宏观评估数据来源主要包括2010—2013年的《中国教育统计年鉴》、2010—2014年的《全国教育事业发展统计公报》和

《全国教育事业发展简明统计分析》、2010—2012年的《中国教育经费统计年鉴》等文献。同时，还包括2012—2014年的《中国义务教育发展报告》的实证调研数据。

微观数据则来自2015年的实地调研。首先，课题组以评估目标与评估内容体系为基础，遵循质化与量化研究相结合的原则，编制了义务教育均衡发展的评估问卷与访谈提纲。其次，课题组综合运用德尔菲法、探索性因素分析、验证性因素分析等方法，测验并修正了评估问卷，获得了克伦巴赫信度系数>0.6，效度良好的评估工具。随后，采用分层随机抽样的办法，收集微观数据。调研省份的抽样原则：一方面兼顾东、中、西三大区域的省份地理分布；另一方面兼顾各省份在该区域的经济发展状况，按照人均收入GDP指标分为上、中、下三个层级。具体抽样区域如图4.1所示：

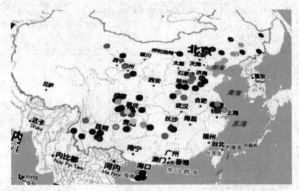

图4.1 义务教育第三方评估抽样分布图

每个省（区、市）随机抽取4—9个县（市、区），尽量涵盖高、中、低经济发展水平的县（市、区）；每个县（市、区）随机抽取4所小学（2所城市小学、2所农村小学）；4所初中（2所城市初中、2所农村初中），尽量涵盖办学条件好、中等、较差的三类学校。其中，问卷调查对象为小学与初中校长和学生10万余名（小学以4年级为例，初中以8年级为例）。访谈对象为各省（区、市）区（县）112名教育行政部门管理人员、596 名校长（小学和初中）。

第二节　评估结果的统计分析

为保证评估结果的科学性与有效性，本次评估分别从教育经费均衡、办学条件均衡、师资队伍均衡三个维度进行统计分析，并分别对不同年份、不同地区、不同学段的情况进行比较，从而得出自《纲要》颁布以来我国义务教育发展均衡的现实状况，为今后义务教育均衡发展政策制定提供客观依据和落脚点。

一、义务教育经费均衡情况

教育经费是教育发展的重要保障。在义务教育均衡发展的过程中，经费与学校办学条件、师资队伍等密切相关。因此，测度并分析义务教育办学经费的均衡是第三方评估的重要任务之一。

（一）义务教育生均财政性经费支出稳步增长，切实落实了《教育法》规定的"三个增长"和《纲要》"按在校学生人数平均的教育费用逐步增长"的要求

《纲要》实施以来，我国义务教育经费占全国教育经费的比例相对平稳。如图 4.2 所示，四年来，义务教育经费支出占全国教育总经费的比例依次为 62.71%、59.70%、58.09% 和 59.61%，总体来说，近四

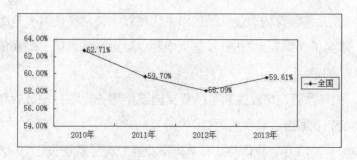

图 4.2　2010—2013 年全国义务教育预算内事业经费
占全国教育经费支出比例

年来，义务教育经费支出占全国教育总经费的比例，始终稳定在
60.00%左右。

如图4.3所示，在三大区域中，义务教育预算内事业经费占全国教
育经费支出比例，中部和西部处于领先水平，而且西部的情况更为乐
观，东部地区则落后于其他两个区域。在各区域方面，西部地区处于领
先水平，但是四年间下降了3.53个百分点；中部地区次之，下降了
5.60个百分点；东部地区低于全国平均水平，下降了1.74个百分点。
在教育总经费不断增长、国家GDP和财政收入增长逐渐放缓的大背景
下，义务教育的财政性经费投入实则相对增长。

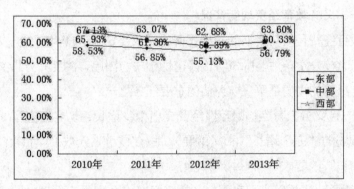

图4.3　2010—2013年全国各区域义务教育预算内
事业经费占全国教育经费支出比例

（二）生均预算内事业性经费和生均预算内公用经费城乡差距逐步
缩小，落实了《纲要》"进一步加大农村、边远贫困地区、民族地区教
育投入"的规定

1. 生均预算内事业性教育经费支出逐年增长，农村地区教育经费
增长速度高于城市，城乡差距缩小

2010—2013年，全国生均预算内事业性教育经费增长了70.00%以
上，如图4.4所示。四年间，全国小学生均预算内事业性教育经费依次
为4036.02元、4989.67元、6157.54元、6955.80元，全国小学生均预

算内事业性教育经费增长了 2919.78 元，同比 2010 年增长了 72.34%；全国初中生均预算内事业性教育经费依次为 5222.11 元、6547.68 元、8163.78 元、9310.23 元，总体增长了 4088.12 元，同比 2010 年增长了 78.28%。

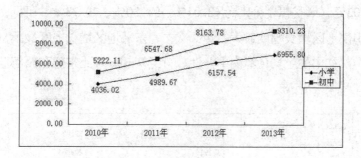

图 4.4 2010—2013 年全国小学和初中生均预算内事业性
教育经费支出发展状况（单位：元）

全国各区域小学生均预算内事业性教育经费支出变化如图 4.5 所示，2013 年，东部、中部、西部分别为 8074.94 元、5614.71 元、7022.83 元，与 2010 年相比，东部、中部、西部分别增长了 2882.56 元、2523.61 元、3229.11 元，同期增幅分别为 55.50%、81.64%、85.12%。区域间比较发现，西部地区增长幅度最大，其次是中部，东部地区生均预算内事业性教育经费增长幅度最小。但四年来，中部小学的生均预算内事业性教

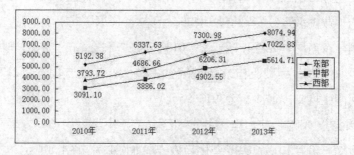

图 4.5 2010—2013 年各区域小学生均预算内事业性
教育经费支出发展状况（单位：元）

育经费却一直比东部和西部低，中部呈"塌陷"趋势。

全国各区域的初中生均预算内事业性教育经费支出也不断增长。如图 4.6 所示，2013 年，东部、中部、西部分别为 11102.94 元、8155.61 元、8409.64 元，相比 2010 年，分别增长了 4495.65 元、3892.46 元、3732.02元，增长幅度分别为 68.04%、91.30%、79.78%。可见，各区域中中部地区增长幅度最大，西部次之，东部地区增长幅度最小，但四年来中部初中的生均预算内事业性教育经费却一直比东部和西部低，中部呈"塌陷"趋势。

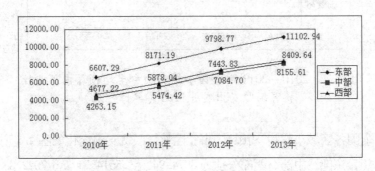

图 4.6　2010—2013 年各区域初中生均预算内事业性
教育经费支出发展状况（单位：元）

各省（区、市）生均预算内事业性教育经费均在增加，但各省增速存在差异。由表 4.2 可知，2010—2013 年各省（区、市）小学生均预算内事业性教育经费都有所增加，但各省（区、市）之间的支出增长比例存有差异。如图4.7所示，2013 年各省（区、市）的小学生均预算内事业性教育经费支出北京继续独占鳌头，生均支出达到21727.88元，河南生均支出最少，为3913.95元。

《纲要》实施以来，全国各省（区、市）小学生均预算内事业性教育经费增长额度和增长幅度变化趋势分别如图4.7与图4.8所示，支出增长数额最大的是北京市，为7245.49元，河北省的增长数额最低，为1153.67元。其中，江西省的增长幅度最高，为135.49%，上海市的增长幅度最低，为20.90％。可见各省（区、市）小学生均预算内事业性教育经费的增长数额与增长比例并不一一对应，虽然东部地区在增长数额上占优势，增长幅度最高的省份却在中部地区。

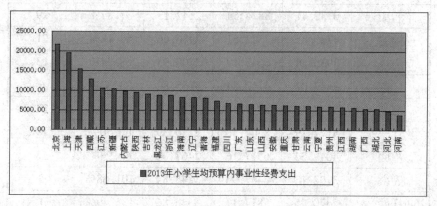

图4.7　2013年小学生均预算内事业性教育经费排序

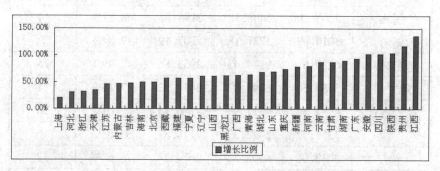

图4.8　2010—2013年间小学生均预算内事业性教育经费增长比例

表4.2　各省（区、市）小学生均预算内事业性教育经费表（单位：元）

省（区、市）	2010年	2013年	增长额度	增长幅度	增幅排名
北京	14482.39	21727.88	7245.49	50.03%	23
天津	11505.42	15447.39	3941.97	34.26%	28
河北	3783.13	4936.80	1153.67	30.50%	30
上海	16143.85	19518.03	3374.18	20.90%	31

省(区、市)	2010 年	2013 年	增长额度	增长幅度	增幅排名
江苏	7252.39	10584.64	3332.25	45.95%	27
浙江	6732.41	8874.54	2142.13	31.82%	29
福建	4785.85	7522.51	2736.66	57.18%	21
山东	3936.26	6642.19	2705.93	68.74%	13
广东	3487.02	6742.84	3255.82	93.37%	6
海南	5578.47	8347.48	2769.01	49.64%	24
辽宁	5174.19	8304.58	3130.39	60.50%	19
山西	4049.34	6517.16	2467.82	60.94%	18
安徽	3192.12	6437.96	3245.84	101.68%	5
江西	2470.25	5817.11	3346.86	135.49%	1
河南	2186.14	3913.95	1727.81	79.03%	10
湖北	3208.29	5408.12	2199.83	68.57%	14
湖南	3013.99	5721.18	2707.19	89.82%	7
吉林	6220.61	9174.47	2953.86	47.49%	25
黑龙江	5484.50	8895.02	3410.52	62.18%	17
内蒙古	6691.86	9837.99	3146.13	47.01%	26
广西	3355.57	5472.39	2116.82	63.08%	16
重庆	3633.96	6308.70	2674.74	73.60%	12
四川	3372.56	6822.64	3450.08	102.30%	4
贵州	2758.61	5975.72	3217.11	116.62%	2
云南	3286.24	6145.38	2859.14	87.00%	9
西藏	8164.32	12820.24	4655.92	57.03%	22
陕西	4723.88	9633.06	4909.18	103.92%	3
甘肃	3306.41	6191.50	2885.09	87.26%	8
青海	5011.76	8200.50	3188.74	63.63%	15
宁夏	3819.14	6011.26	2192.12	57.40%	20
新疆	5868.61	10463.21	4594.60	78.29%	11

　　从表4.3可知，2010—2013年各省（区、市）初中生均预算内事业性教育经费都在增加，但各省（区、市）之间的支出增长比例存有差异。2013年，各省（区、市）的初中生均预算内事业性教育经费支出北京继续独占鳌头，生均支出达到32544.37元，贵州生均支出最少，为6140.45元。

表4.3　各省（区、市）初中生均预算内事业性教育经费表（单位：元）

省（区、市）	2010 年	2013 年	增长额度	增长幅度	增幅排名
北京	20023.04	32544.37	12521.33	62.53%	23
天津	14819.48	22840.57	8021.09	54.13%	25
河北	5227.19	7470.83	2243.64	42.92%	28
上海	19809.98	25445.47	5635.49	28.45%	31
江苏	8385.89	15140.80	6754.91	80.55%	13
浙江	8382.49	12617.07	4234.58	50.52%	26
福建	5715.61	10510.97	4795.36	83.90%	11
山东	6137.13	10171.24	4034.11	65.73%	19
广东	3920.97	7508.99	3588.02	91.51%	6
海南	5801.61	10076.82	4275.21	73.69%	17
辽宁	6978.02	11462.64	4484.62	64.27%	21
山西	4739.37	7765.15	3025.78	63.84%	22
安徽	3963.55	8830.00	4866.45	122.78%	2
江西	3375.17	7882.12	4506.95	133.53%	1
河南	3410.02	6453.79	3043.77	89.26%	7
湖北	4514.41	8543.48	4029.07	89.25%	8
湖南	4932.57	8835.38	3902.81	79.12%	14
吉林	6826.55	11451.44	4624.89	67.75%	18
黑龙江	5594.01	10334.05	4740.04	84.73%	10
内蒙古	7684.29	11414.81	3730.52	48.55%	27

续表

省(区、市)	2010 年	2013 年	增长额度	增长幅度	增幅排名
广西	4299.73	6750.79	2451.06	57.00%	24
重庆	4297.92	7606.65	3308.73	76.98%	15
四川	4076.96	8336.83	4259.87	104.49%	4
贵州	3204.20	6140.45	2936.25	91.64%	5
云南	4349.07	7189.98	2840.91	65.32%	20
西藏	7242.81	12783.54	5540.73	76.50%	16
陕西	5256.90	11358.64	6101.74	116.07%	3
甘肃	4129.87	7494.27	3364.40	81.47%	12
青海	7423.16	10494.92	3071.76	41.38%	29
宁夏	6009.40	8479.07	2469.67	41.10%	30
新疆	7788.66	14549.15	6760.49	86.80%	9

　　各省（区、市）初中生均预算内事业性教育经费增长数额变化趋势如图4.9所示，增长数额最多的是北京市，为12521.33元，河北省的增长数额最少，为2243.64元；各省（区、市）初中生均预算内事业性教育经费增长比例变化趋势如图4.10所示，江西省的增长比例最大，为

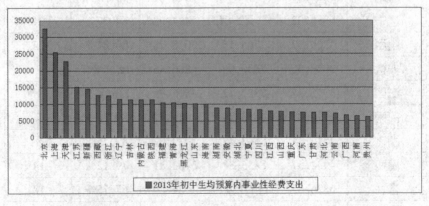

图 4.9　2013 年初中生均预算内事业性教育经费排序

133.53%；上海市的增长比例最低，为28.45%。由此可知，各省（区、市）初中生均预算内教育事业费增长数额与增长幅度并也不一一对应，东部地区增长数额遥遥领先，但中部地区在增长幅度上占优势，这有利于区域间的逐步均衡。

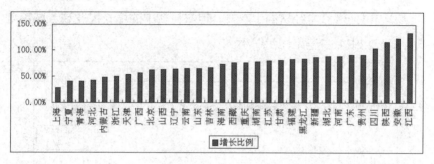

图4.10　2010—2013年间初中生均预算内事业性教育经费增长比例

2010年到2013年，全国城乡生均预算内事业性教育经费支出逐年增加。城乡小学生均预算内事业性教育经费支出变化如图4.11所示，2013年农村、城市的生均预算内事业性教育经费支出分别为6854.96元、7008.60元，相比2010年分别增长了3052.05元、2700.89元，增长幅度分别为80.26%、62.70%。可见，农村小学生均预算内事业性教育经费支出增长幅度高于城市，小学的城乡差距正在逐步缩小。

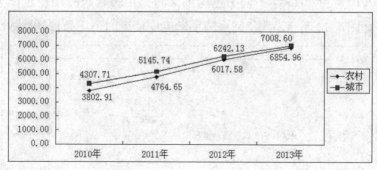

图4.11　2010—2013年城乡小学生均预算内事业性教育经费
支出发展状况（单位：元）

2010 年到 2013 年城乡初中生均预算内事业性教育经费支出变化如图 4.12 所示，2013 年农村、城市初中生均预算内事业性教育经费分别为 9195.77 元、9335.94 元，相比 2010 年分别增长了 4299.39 元、3947.35 元，增长幅度分别为 87.81%、73.25%。可见虽然城市初中生均预算内事业性教育经费高于农村，但农村初中的增长幅度高于城市增长幅度，初中城乡差距逐步缩小。

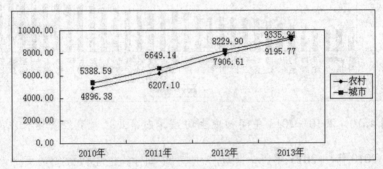

图 4.12 2010—2013 年城乡初中生均预算内事业性教育经费
支出发展状况（单位：元）

2. 全国生均预算内公用经费逐年增长农村地区教育经费增长速度高于城市，城乡差距缩小

2010 年到 2013 年，全国生均预算内公用教育经费增长了一倍以上，如图 4.13 所示，四年间全国小学生均预算内公用教育经费依次为

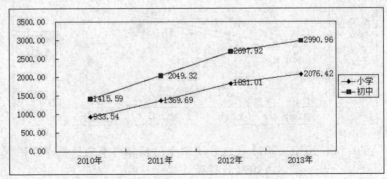

图 4.13 2010—2013 全国预算内公用教育经费支出情况（单位：元）

933.54 元、1369.69 元、1831.01 元、2076.42 元，总体增长了1142.88 元，同比 2010 年增长了 122.42%；全国初中生均预算内公用教育经费支出依次为 1415.59 元、2049.32 元、2697.92 元、2990.96 元，总体增长了 1575.37 元，同比 2010 年增长了 111.29%。

各区域间小学生均预算内公用教育经费支出变化如图 4.14 所示。2013 年，东部、中部、西部分别为 2191.36 元、2079.84 元、1926.74 元，相比 2010 年，东部、中部、西部分别增长了 1118.77 元、1248.85 元、1034.69 元，增长幅度分别为 104.31%、150.28%、115.99%。各区域间中部地区增长幅度最大，西部次之，东部地区生均预算内公用教育经费支出增长幅度最小，生均预算内公用教育经费最少为1926.74元。

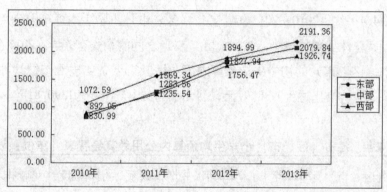

图 4.14　2010—2013 全国小学生均预算内公用教育经费
支出情况（单位：元）

各区域间初中生均预算内公用教育经费支出变化如图 4.15 所示，2013 年，东、中、西部分别为各区域间初中生均预算内公用教育经费支出分别为 3083.99 元、3146.34 元、2729.36 元，相比 2010 年，分别增长了 1513.06 元、1842.26 元、1370.61 元，增长幅度分别为 96.32%、141.27%、100.87%。可见各区域间中部地区增长幅度最大，西部次之，东部地区生均预算内公用教育经费支出增长幅度最小。

各省（区、市）生均预算内公用经费总体呈增长趋势，差异明显。

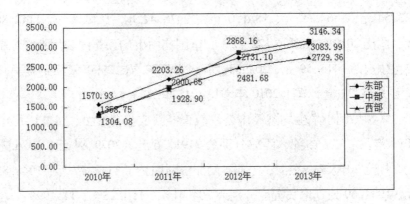

图 4.15 2010—2013 全国初中生均预算内公用教育经费
支出情况（单位：元）

由表4.4可知，2010—2013 年，各省（区、市）小学生均预算内公用教
育经费总体呈增长趋势，各省（区、市）之间的增长有差异。2013 年，
各省（区、市）的初中生均预算内事业性教育经费支出北京继续独占
鳌头，生均支出达到9938.97元，河北生均支出最少，为1390.81元。

表4.4 各省（区、市）小学生均预算内公用教育经费表（单位：元）

省（区、市）	2010 年	2013 年	增长数额	增长幅度	增幅排名
北京	5836.99	9938.97	4101.98	70.28%	24
天津	1691.80	3788.90	2097.10	123.96%	13
河北	892.25	1390.81	498.56	55.88%	28
上海	4264.69	6417.43	2152.74	50.48%	29
江苏	853.55	2664.10	1810.55	212.12%	3
浙江	870.54	1492.81	622.27	71.48%	23
福建	1071.25	1849.43	778.18	72.64%	21
山东	917.66	2019.30	1101.64	120.05%	14
广东	735.85	1481.56	745.71	101.34%	18
海南	1358.73	3233.94	1875.21	138.01%	9

续表

省(区、市)	2010 年	2013 年	增长额度	增长幅度	增幅排名
辽宁	1263.55	2846.53	1582.98	125.28%	12
山西	954.85	1639.27	684.42	71.68%	22
安徽	922.50	2451.32	1528.82	165.73%	5
江西	697.25	2536.23	1838.98	263.75%	1
河南	700.84	1806.61	1105.77	157.78%	6
湖北	701.09	1581.18	880.09	125.53%	11
湖南	928.48	2221.84	1293.36	139.30%	8
吉林	1462.37	2294.01	831.64	56.87%	26
黑龙江	978.30	2650.21	1671.91	170.90%	4
内蒙古	1560.76	2298.51	737.75	47.27%	31
广西	670.36	1439.85	769.49	114.79%	16
重庆	1166.45	2309.65	1143.2	98.01%	19
四川	770.81	1771.71	1000.9	129.85%	10
贵州	579.26	1400.32	821.06	141.74%	7
云南	802.56	1670.26	867.70	108.12%	17
西藏	2077.95	3434.75	1356.80	65.30%	25
陕西	1071.28	3343.90	2272.62	212.14%	2
甘肃	820.64	1585.10	764.46	93.15%	20
青海	1850.49	2741.16	890.67	48.13%	30
宁夏	1304.51	2034.80	730.29	55.98%	27
新疆	1145.49	2475.17	1329.68	116.08%	15

2010—2013 年各省（区、市）的小学生均预算内公用教育经费增长数额变化趋势如图 4.16 所示，北京市的增长数额最大，为4101.98元，河北省的增长数额最小，为498.56元；2010—2013 年，各省（区、市）的小学生均预算内公用教育经费增长比例变化趋势如图4.17所示，江西省的增长幅度最大，为263.75%，内蒙古自治区的增长幅度最小，

为47.27%。可见增长数额与增长比例并不一一对应，虽然东部地区在增长数额上占优势，但中部地区的增长幅度却最大。

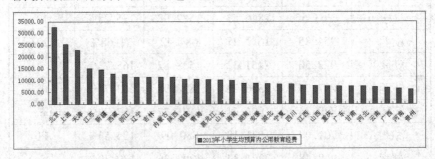

图 4.16　2013 年小学生均预算内公用教育经费支出排名

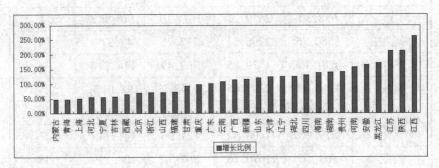

图 4.17　2010—2013 年间小学生均预算内公用教育经费增长比例

从表 4.5 可知，2010—2013 年各省（区、市）初中生均预算内公用教育经费总体呈增长趋势，各省（区、市）之间的增长有差异。2013 年，各省（区、市）的初中生均预算内事业性教育经费支出北京继续独占鳌头，生均支出达到13747.01元，广东生均支出最少，为1866.58元。

初中生均预算内公用教育经费增长数额变化趋势如表 4.5 和图 4.18所示，北京市的增长数额最多，为 5499.35 元，宁夏回族自治区的增长数额最少，为 403.91 元。各省（区、市）初中生均预算内公用教育经费增长数额变化趋势如图 4.19 所示，江西省增长比例最大，为250.85%；青海市的增长比例最小为13.55%。由此可知，各省（区、

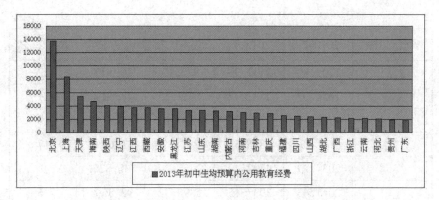

图4.18　2013年初中生均预算内公用教育经费排序

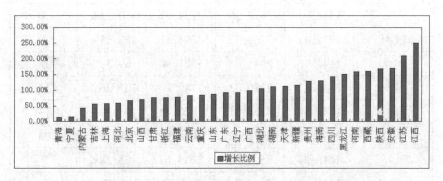

图4.19　2010—2013年初中生均预算内公用教育经费增长比例

市）增长数额与增长幅度并不一一对应，东部地区增长数额领先，但中部地区在增长幅度上占优势，这有利于区域间的逐渐均衡。

表4.5　各省（区、市）初中生均预算内公用教育经费表（单位：元）

省（区、市）	2010 年	2013 年	增长数额	增长幅度	增幅排名
北京	8247.66	13747.01	5499.35	66.68%	25
天津	2521.05	5379.93	2858.88	113.40%	12
河北	1305.69	2083.65	777.96	59.58%	26
上海	5298.45	8333.24	3034.79	57.28%	27
江苏	1088.54	3367.92	2279.38	209.40%	2

续表

省(区、市)	2010 年	2013 年	增长数额	增长幅度	增幅排名
浙江	1209.80	2132.93	923.13	76.30%	22
福建	1454.07	2581.42	1127.35	77.53%	21
山东	1782.46	3332.70	1550.24	86.97%	18
广东	974.19	1866.58	892.39	91.60%	17
海南	2037.29	4702.49	2665.20	130.82%	9
辽宁	2041.43	3937.15	1895.72	92.86%	16
山西	1415.17	2402.84	987.67	69.79%	24
安徽	1338.99	3618.20	2279.21	170.22%	3
江西	1074.41	3769.52	2695.11	250.85%	1
河南	1174.95	3046.85	1871.90	159.32%	6
湖北	1130.42	2320.33	1189.91	105.26%	14
湖南	1544.50	3264.91	1720.41	111.39%	13
吉林	1906.29	2974.98	1068.69	56.06%	28
黑龙江	1418.34	3564.01	2145.67	151.28%	7
内蒙古	2209.10	3168.45	959.35	43.43%	29
广西	1127.29	2238.77	1111.48	98.60%	15
重庆	1566.86	2887.39	1320.53	84.28%	19
四川	1033.77	2508.43	1474.66	142.65%	8
贵州	827.24	1887.40	1060.16	128.16%	10
云南	1162.33	2119.78	957.45	82.37%	20
西藏	1431.91	3727.30	2295.39	160.30%	5
陕西	1516.97	4081.73	2564.76	169.07%	4
甘肃	1292.78	2271.73	978.95	75.72%	23
青海	3447.57	3914.69	467.12	13.55%	31
宁夏	2777.83	3181.74	403.91	14.54%	30
新疆	2447.24	5293.35	2846.11	116.30%	11

2010—2013 年，全国城乡小学生均公用教育经费支出逐年增加。城乡小学生均预算内公用教育经费支出变化如图 4.20 所示。2013 年农村、城市的生均预算内公用教育经费支出分别为 1973.53 元、2130.30元，相较于 2010 年增长了 1111.45 元、1113.47 元，增长幅度分别为 128.93％、109.50％。可见，农村小学生均预算内公用教育经费支出增长幅度要高于城市，小学城乡差距在逐渐缩小。

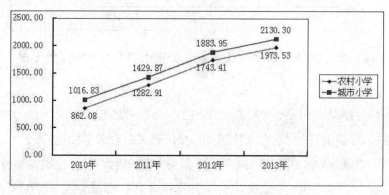

图 4.20　2010—2013 年全国城乡小学生均预算内公用教育经费支出情况（单位：元）

2010—2013 年，城乡初中生均预算内公用教育经费逐年增加。城乡初中生均预算内公用教育经费支出变化如图 4.21 所示，2013 年农村、城市初中生均预算内公用教育经费支出分别为 2968.37 元、2996.03 元，相比 2010 年分别增长了 1619.94 元、1546.11 元，增长幅度分别为 120.14％、106.63％。可见虽城市初中生均预算内公用教育经费高于农村，但农村初中的增长幅度高于城市初中，初中城乡差距在逐渐缩小。

二、义务教育办学条件均衡情况

办学条件主要是指义务教育学校建筑面积、教学与教辅用房面积、学生生活用房面积以及相关配套设施的基本情况。

（一）义务教育校舍建筑面积生均水平不断提高，农村地区学校硬件建设成就超过城市

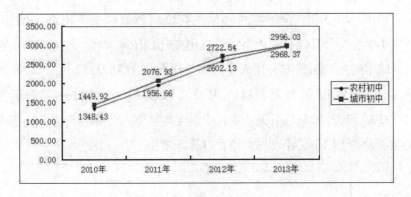

图 4.21 2010—2013 年全国城乡初中生均公用教育经费支出
情况（单位：元）

校舍建筑面积在一定程度上反映了义务教育的校园规模，也间接地反映出该校可容纳的学生、教职工数量，是义务教育学校建设必须关注的重要方面。《纲要》实施以来，全国义务教育生均校舍面积大幅度提升，其中，小学生均校舍面积由 5.90㎡ 提升到 6.85㎡，提升了 0.95㎡；初中从 8.21㎡ 提升到 11.99㎡，提升了 3.78㎡。

就各区域来说，各地区小学校舍建筑面积平稳上升，西部生均水平上升最明显，东部生均水平最高。从全国小学校舍建筑面积的生均水平来看，三个地区波动幅度都不大，仅呈现出缓慢增长的趋势，如图4.22所示，2010—2014 年这五年间波动较小，各地区年平均增幅不超过 2.00㎡，2014 年，东部小学生均校舍建设面积为6.51㎡，居全国首位。各区域间，东部小学生均校舍建筑面积一直处于全国最高水平，由 2010 年的6.22㎡ 缓慢增长至 2014 年的6.51㎡，增长 0.29㎡，增幅为 4.66%；中部地区小学生均校舍建筑面积从 2010 年5.40㎡ 增长到 2014 年5.73㎡，增长0.33㎡，增幅为6.11%；西部小学生均校舍建筑面积的变化较为明显，由 2010 年的4.26㎡ 快速增长至 2014 年的6.11㎡，增长 1.85㎡，增幅为43.43%。从增幅来说，西部地区增长最快，中部次之，东中西部的差距在逐渐缩小。

如图 4.23 所示，中部、西部生均校舍建筑面积水平平稳上升，东

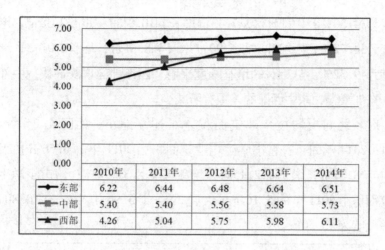

图 4.22 2010—2014 年各区域小学生均校舍
建筑面积发展状况（单位：㎡）

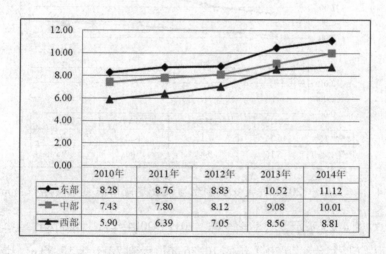

图 4.23 2010—2014 年各区域初中生均校舍
建筑面积发展状况（单位：㎡）

部生均水平上升最快。在 2010—2014 年间全国初中生均校舍建筑面积
增加了 2.77㎡，截至 2014 年，东中西部初中生均建筑面积分别为 11.12
㎡、10.01㎡、8.81㎡，东部最优，西部最差。在增长幅度方面，2010
年到 2014 年间，东部地区从 8.28㎡ 增长到 11.12㎡，增长 2.84㎡，增长

幅度为34.30%；中部地区从7.43㎡增长到10.01㎡，增长2.58㎡，增长幅度为34.72%；西部地区从5.90㎡增长到8.81㎡，增长2.91㎡，增长幅度为49.32%。从相对的增长幅度来看，西部地区增长最快，中部次之，东部最慢，东中西部的差距有所减少。

城乡之间生均校舍建筑面积差距逐渐缩小。如图4.24所示，2011—2014年间，农村小学生均建筑面积由2011年的6.56㎡扩大到2014年8.71㎡，增长了2.15㎡，增涨幅度为32.77%；城市小学生均建筑面积由2011年的5.16㎡扩大到2014年5.96㎡，增长了0.80㎡，增涨幅度为15.50%。

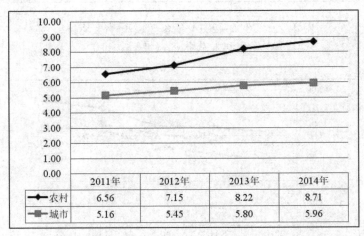

	2011年	2012年	2013年	2014年
农村	6.56	7.15	8.22	8.71
城市	5.16	5.45	5.80	5.96

图4.24　2010—2014年城乡小学生均校舍建筑面积变化（单位：㎡）

如图4.25所示，与小学一样，2011—2014年间，农村初中生均建筑面积不断扩大，由2011年的10.36㎡扩大到2014年15.23㎡，增长了4.87㎡，增涨幅度为47.01%；城市初中生均建筑面积由2011年的8.58㎡扩大到2014年11.32㎡，增长了2.74㎡，增涨幅度为31.93%。

与此同时，全国超过50%的校舍危房已经消除；东部地区危房面积基本消除；农村小学危房面积减少面积大于城市小学。全国范围内，小学、初中学校危房面积不断缩小。2011—2014年间，全国生均危房面积消除一半以上。如图4.26所示，从2010年到2014年，全国小学

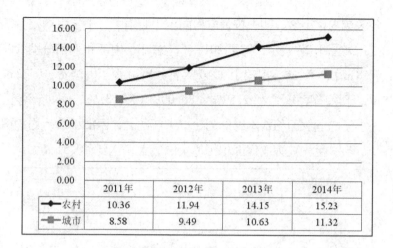

图 4.25　2011—2014 年城乡初中生均校舍建筑面积变化（单位：㎡）

校舍生均危房面积依次为 0.83 ㎡、0.58 ㎡、0.42 ㎡、0.32 ㎡、0.22 ㎡，四年间，全国小学危房面积下降了 0.61 ㎡，同比 2010 年下降了 73.49%；全国初中生均校舍危房面积分别为 0.85 ㎡、0.64 ㎡、0.48 ㎡、0.38 ㎡、0.26 ㎡，四年间全国初中生均危房面积减少了 0.59 ㎡，同比 2010 年下降了 69.41%。

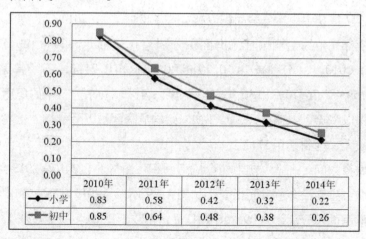

图 4.26　2010—2014 年全国生均校舍危房面积发展趋势图（单位：㎡）

各区域内，小学、初中校舍危房面积不断缩小。小学生均校舍危房面积变化如图 4.27 所示，截至 2014 年，东部、中部和西部分别为0.02㎡、0.18㎡和0.51㎡，相较于 2010 年，分别减少了0.25㎡、0.72㎡和0.88㎡，下降幅度分别为92.59%、80.00%和63.31%，可见，各区域间东部小学的危房面积基本得以消除，中部次之，西部小学生均危房面积下降最小，生均校舍危房面积仍为全国最大，达到了0.51㎡。

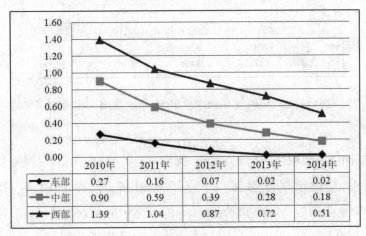

	2010年	2011年	2012年	2013年	2014年
东部	0.27	0.16	0.07	0.02	0.02
中部	0.90	0.59	0.39	0.28	0.18
西部	1.39	1.04	0.87	0.72	0.51

图 4.27　2010—2014 年小学生均校舍危房面积区域发展变化图（单位：㎡）

各区域初中生均危房面积变化如图 4.28 所示，2014 年，东部、中部和西部初中的生均校舍危房面积分别为 0.02㎡、0.24㎡和0.57㎡，相较于 2010 年，分别减少了0.25㎡、0.79㎡和 0.74㎡，下降幅度分别为92.59%、76.70%和56.49%。可见，各区域间东部初中的危房面积基本得以消除，中部次之，西部初中生均危房面积下降最小，生均危房面积最大，达到了 0.57㎡。

城乡之间，小学、初中校舍危房面积不断缩小。2010—2013 年间，小学城乡生均校舍危房面积变化如图 4.29 所示。2013 年城市和农村的生均危房面积分别为 0.09㎡和0.41㎡，相较于 2010 年减少了 0.13㎡和0.56㎡，农村小学生均校舍危房面积要高于城市，而下降幅度城市（59.09%）大于农村（57.73%）。

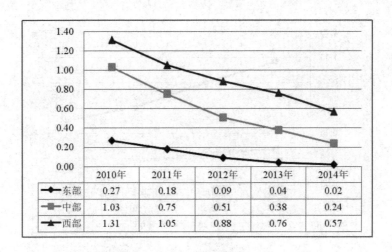

图 4.28　2010—2014 年初中生均校舍危房面积区域发展变化图（单位：㎡）

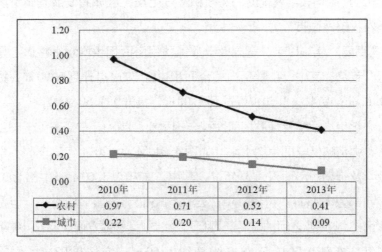

图 4.29　2010—2013 年小学生均校舍危房面积城乡发展趋势图（单位：㎡）

　　城乡初中生均校舍危房面积变化如图 4.30 所示。2013 年城市和农村的生均危房面积分别为 0.12㎡和 0.50㎡，相较于 2010 年减少了 0.15㎡和 0.47㎡，农村初中生均校舍危房面积要高于城市；下降幅度分别为城市（55.56%）大于农村（48.45%）。

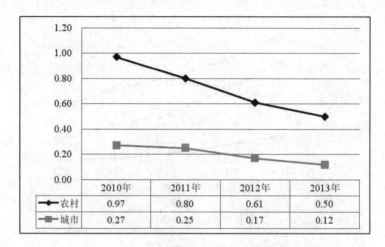

图 4.30 2010—2013 年初中生均校舍危房面积城乡发展趋势图（单位：㎡）

（二）生均教学及辅助用房面积幅度上涨，区域间发展差距有所缩小，农村超过城市

《纲要》实施以来，全国教学及辅助用房面积生均水平整体上呈平稳上升趋势，其中，小学生均校舍面积由 3.79㎡ 提升到 5.90㎡，提升了 2.11㎡；初中从 3.50㎡ 提升到 5.00㎡，提升了 1.50㎡。

小学生均教学及辅助用房面积全国呈上升趋势，东部高于全国生均水平，中部略低全国生均水平。如图 4.31 所示，2014 年，全国小学生均教学及辅助用房面积为 3.45㎡，其中，东部为 3.60㎡，中部为 3.33㎡，西部为 3.43㎡。可见，中部西部均略低于全国平均水平，但是中部、西部与东部之间的差距不明显。在具体变化方面，从 2010 年到 2014 年，东部地区从 3.58㎡ 增长到 3.60㎡，增长 0.02㎡，增幅为 0.56%；中部地区从 2.95㎡ 增长到 3.33㎡，增长 0.38㎡，增长幅度为 12.88%；西部地区从 3.05 增长到 3.43，增长 0.38㎡，增长幅度为 12.46%，区域之间的差距逐渐缩小。

初中生均教学及辅助用房面积各区域平稳上升，东部高于全国平均值，西部和中部低于全国平均值，但是差距逐渐缩小。在 2010—2014 年间，从整体来看，全国生均教学及辅助用房生均面积由 3.11㎡ 增加

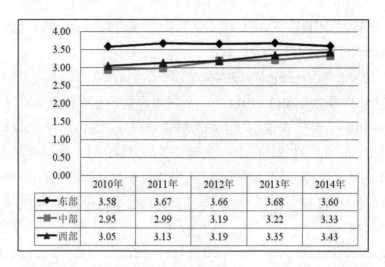

图 4.31　2010—2014 年各区域小学生均教学及辅助用房面积
发展状况（单位：㎡）

至 4.20㎡。各个区域初中生均教学及辅助用房面积呈现增长趋势，如
图 4.32 所示，东部地区从 3.68㎡增长到 4.84㎡，增长 1.16㎡，增幅为
31.52%；中部地区从 3.03㎡增长到 3.96㎡，增长 0.93㎡，增长幅度为

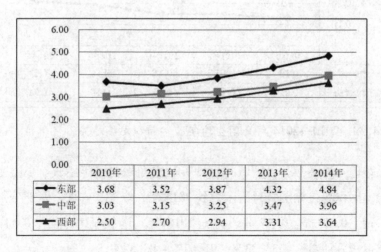

图 4.32　2010—2014 年各区域初中生均教学及辅助用房面积
发展状况（单位：㎡）

30.69%；西部地区从 2.50 增长到 3.64，增长 1.14㎡，增长幅度为
45.60%。

具体来说，一是全国生均实验室面积逐年增长，且农村高于城市。
如图 4.33 所示，2010—2014 年，全国生均实验室面积在不断增长。
2010—2014 年间，全国小学生均实验室面积分别是0.13㎡、0.15㎡、
0.15㎡、0.19㎡、0.21㎡，四年间增长了 0.08㎡，同比 2010 年增长率
是61.54%；全国初中生均实验室面积分别是 0.41㎡、0.53㎡、0.57㎡、
0.65㎡、0.71㎡，四年间增长了 0.30㎡，同比 2010 年增长率
是73.17%。

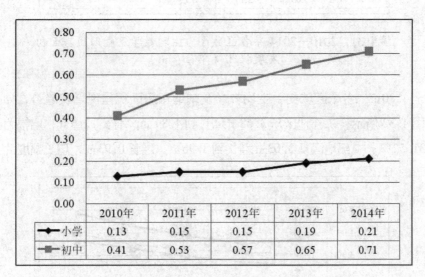

图4.33　2010—2014 年全国生均实验室面积发展趋势图（单位：㎡）

2010—2014 年，各区域间生均实验室面积也逐年增长。小学生均
实验室面积变化如图4.34所示，到 2014 年，东部、中部、西部分别是
0.24㎡、0.23㎡、0.17㎡，同比 2010 年，增长了0.06㎡、0.11㎡、
0.08㎡，分别增长了33.33%、91.67%、88.89%。

2010—2014 年，各区域初中生均实验室面积逐年提高。如图4.35
所示，到2014 年，东部、中部、西部分别是 0.92㎡、0.62㎡、0.58㎡，

同比 2010 年增长了 0.34 ㎡、0.25 ㎡、0.29 ㎡，上升了 58.62%、67.57%、100.00%。可见，中西部增长快于东部，区域间差距逐渐缩小。

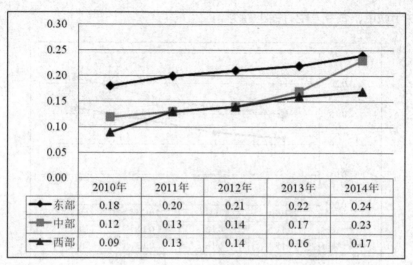

	2010年	2011年	2012年	2013年	2014年
东部	0.18	0.20	0.21	0.22	0.24
中部	0.12	0.13	0.14	0.17	0.23
西部	0.09	0.13	0.14	0.16	0.17

图 4.34　2010—2014 年小学生均实验室面积区域发展趋势图（单位：㎡）

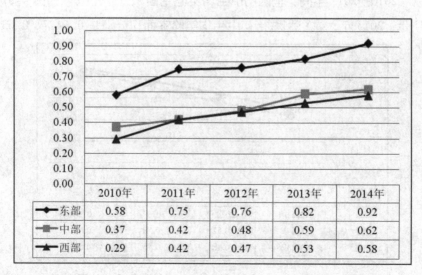

	2010年	2011年	2012年	2013年	2014年
东部	0.58	0.75	0.76	0.82	0.92
中部	0.37	0.42	0.48	0.59	0.62
西部	0.29	0.42	0.47	0.53	0.58

图 4.35　2010—2014 年初中生均实验室面积区域发展趋势图（单位：㎡）

全国城乡生均实验室面积逐年增长。如图4.36所示，2013年，农村和城市小学生均实验室面积分别是0.16㎡、0.21㎡，同比2010年，增长了0.05㎡、0.06㎡，增长率是45.45%、40.00%。可见，农村增长快于城市，城乡差距有缩小趋势。

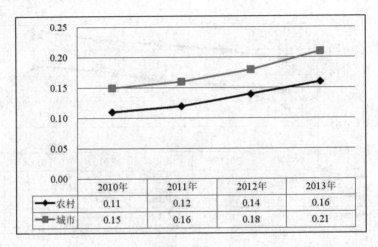

	2010年	2011年	2012年	2013年
农村	0.11	0.12	0.14	0.16
城市	0.15	0.16	0.18	0.21

图4.36 2010—2013年小学生均实验室面积城乡发展趋势图（单位：㎡）

2010—2013年间，全国初中生均实验室面积逐年上升。如图4.37所示，2013年，农村和城市初中生均实验室面积分别是0.64㎡、0.63

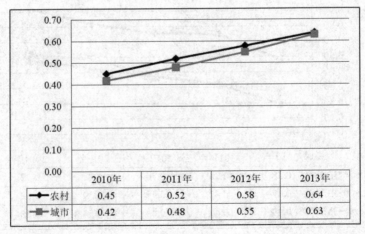

	2010年	2011年	2012年	2013年
农村	0.45	0.52	0.58	0.64
城市	0.42	0.48	0.55	0.63

图4.37 2010—2013年初中生均实验室面积城乡发展趋势图（单位：㎡）

㎡，同比 2010 年，增长了 0.19㎡、0.21㎡，上升了42.22%、50.00%。可见，城市增长稍快于农村，但是城乡差距有缩小趋势。

二是全国生均图书室面积逐年增长，且农村高于城市。2010—2014年，全国生均图书室面积不断增长。如图4.38所示，2010—2014年全国小学生均图书室面积分别是 0.13㎡、0.14㎡、0.16㎡、0.17㎡、0.18㎡，同比 2010 年，增长了 0.05㎡，增长率为 38.46%；2010—2014年全国初中生均图书室面积分别是 0.14㎡、0.18㎡、0.21㎡、0.23㎡、0.27㎡，同比 2010 年，增长了 0.13㎡，增长率为 92.86%。

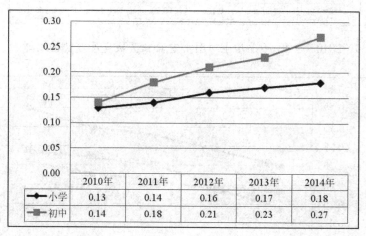

	2010年	2011年	2012年	2013年	2014年
小学	0.13	0.14	0.16	0.17	0.18
初中	0.14	0.18	0.21	0.23	0.27

图4.38　2010—2014年全国生均图书室面积发展趋势图（单位：㎡）

各区域生均图书室面积均是逐年增长的。小学生均图书室面积变化如图4.39所示，2014年，东部、中部、西部小学生均图书室面积分别是 0.23㎡、0.16㎡、0.15㎡，同比 2010 年增长了 0.08㎡、0.04㎡、0.04㎡，增长率分别为 53.33%、33.33%、36.36%。可见，东部增长快于中西部。

各区域初中生均实验室面积逐年提高。初中生均图书室面积区域发展趋势如图4.40所示，到2014年，东部、中部、西部分别是 0.35㎡、0.24㎡、0.21㎡，同比 2010 年分别增长了 0.15㎡、0.11㎡、0.12㎡，增长率分别为75.00%、84.62%、133.33%。可见，中西部增长幅度较大。

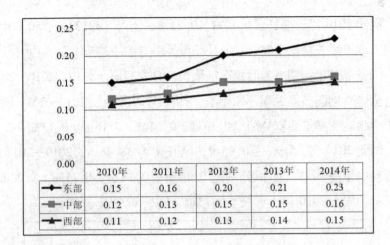

	2010年	2011年	2012年	2013年	2014年
东部	0.15	0.16	0.20	0.21	0.23
中部	0.12	0.13	0.15	0.15	0.16
西部	0.11	0.12	0.13	0.14	0.15

图4.39 2010—2014年小学生均图书室面积区域发展趋势图（单位：㎡）

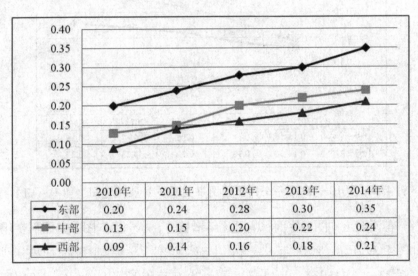

	2010年	2011年	2012年	2013年	2014年
东部	0.20	0.24	0.28	0.30	0.35
中部	0.13	0.15	0.20	0.22	0.24
西部	0.09	0.14	0.16	0.18	0.21

图4.40 2010—2014年初中生均图书室面积区域发展趋势图（单位：㎡）

2010—2013年，全国城乡生均图书室面积不断增加。小学城乡生均图书室面积变化趋势如图4.41所示，2013年，城市、农村小学生均图书室面积分别是0.13㎡、0.17㎡，同比2010年分别增长了0.03、0.04㎡，增长率分别30.00%、30.77%。可见，农村增长稍高于城市，城乡差距逐渐缩小。

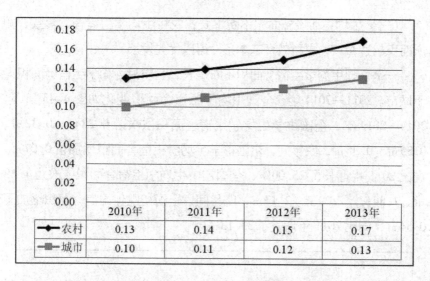

图 4.41 2010—2013 年小学城乡生均图书室面积发展趋势图（单位：㎡）

2010—2013 年，全国初中城乡生均图书室面积逐年增长。初中城乡生均图书室面积发展趋势如图 4.42 所示，到 2013 年城乡生均图书室面积分别是 0.24 ㎡、0.25 ㎡，同比 2010 年分别增长了 0.08 ㎡、0.11 ㎡，增长率分别为 50.00%、78.57%。

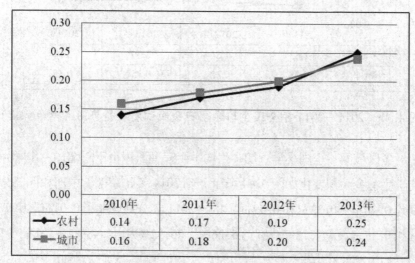

图 4.42 2010—2013 年初中城乡生均图书室面积发展趋势图（单位：㎡）

（三）生均生活设施面积不断增长，农村生均学生宿舍、食堂、厕所面积超过城市；农村教育基本条件得以优先发展

一是全国生均学生宿舍面积不断增长，且农村生均学生宿舍面积大于城市。2011—2014 年，全国生均学生宿舍面积变化如图 4.43 所示，2011—2014 年，全国小学生均学生宿舍面积依次为 0.28 ㎡、0.32 ㎡、0.35 ㎡、0.35 ㎡，四年间，全国小学生均学生宿舍面积增加了 0.07 ㎡，同比 2011 年增长了 25.00%；全国初中生均学生宿舍面积依次为 1.63 ㎡、1.84 ㎡、2.09 ㎡、2.17 ㎡，四年间，全国初中生均宿舍面积增加了 0.54 ㎡，同比 2011 年增长了 33.13%。

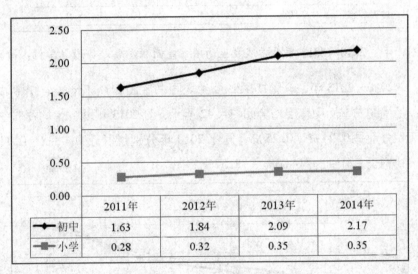

	2011年	2012年	2013年	2014年
初中	1.63	1.84	2.09	2.17
小学	0.28	0.32	0.35	0.35

图 4.43　2011—2014 年全国生均学生宿舍面积发展趋势图（单位：㎡）

各区域间，全国小学、初中生均学生宿舍面积也不断增加。小学生均学生宿舍面积变化如图 4.44 所示。到 2014 年，东部、中部和西部分别为 0.20 ㎡、0.33 ㎡和 0.59 ㎡，相比 2011 年分别增加了 0.01 ㎡、0.07 ㎡和 0.17 ㎡，增长幅度分别为 5.26%、26.92%和 40.48%。

东中西部初中生均学生宿舍面积变化如图 4.45 所示，2014 年，东部、中部和西部初中的生均学生宿舍面积分别为 1.86 ㎡、2.24 ㎡和

2.45㎡，相比2011年分别增加了0.35㎡、0.64㎡和0.64㎡，增长幅度
分别为23.18%、40.00%、35.36%。可见，各区域间西部初中的生均
学生宿舍面积最大，中部次之，东部初中生均学生宿舍面积最小。

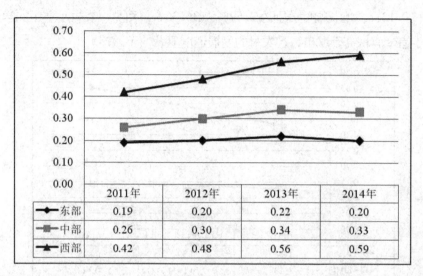

	2011年	2012年	2013年	2014年
东部	0.19	0.20	0.22	0.20
中部	0.26	0.30	0.34	0.33
西部	0.42	0.48	0.56	0.59

图4.44　2011—2014年小学生均学生宿舍面积区域发展变化图（单位：㎡）

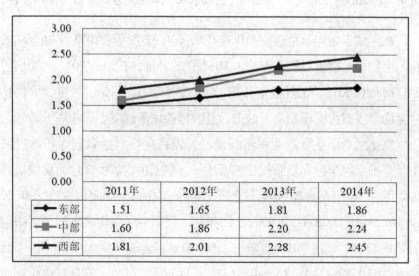

	2011年	2012年	2013年	2014年
东部	1.51	1.65	1.81	1.86
中部	1.60	1.86	2.20	2.24
西部	1.81	2.01	2.28	2.45

图4.45　2011—2014年初中生均学生宿舍面积区域发展变化图（单位：㎡）

城乡小学、初中生均学生宿舍面积逐渐上升。2011—2013 年，小学城乡生均学生宿舍面积变化如图 4.46 所示。2013 年城市和农村的生均学生宿舍面积分别为 0.14㎡ 和 0.45㎡，相较于 2011 年增加了 0.01㎡ 和 0.12㎡，增长幅度分别为 7.69% 和 36.36%。可见，农村小学生均学生宿舍面积高于城市，且农村的发展速度显著快于城市。

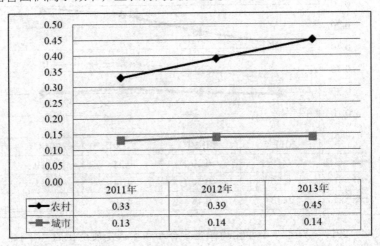

	2011年	2012年	2013年
农村	0.33	0.39	0.45
城市	0.13	0.14	0.14

图 4.46　2011—2013 年小学生均学生宿舍面积城乡发展趋势图（单位：㎡）

初中城乡生均学生宿舍面积变化如图 4.47 所示。2013 年城市和农村的生均学生宿舍面积分别为 1.10㎡ 和 2.50㎡，相较于 2011 年增加了 0.14㎡ 和 0.60㎡，上升幅度分别为 14.58% 和 31.58%。可见，农村初中生均学生宿舍面积要高于城市，且农村的发展速度显著的快于城市。

二是生均学生食堂面积不断增长，农村生均学生食堂面积超过城市。全国生均学生食堂面积在不断增长，全国生均学生食堂面积发展趋势如图 4.48 所示。2014 年，全国小学学生食堂生均面积依次为 0.20㎡、0.23㎡、0.28㎡、0.33㎡，四年间，全国小学生均学生宿舍面积增加了 0.13㎡，同比 2011 年增长了 65.00%；全国初中生均学生宿舍面积依次为 0.59㎡、0.69㎡、0.81㎡、0.90㎡，四年间，全国初中生均宿舍面积增加了 0.31㎡，同比 2011 年增长了 52.54%。

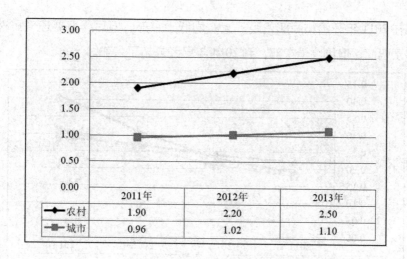

图 4.47　2011—2013 年初中生均学生宿舍面积城乡发展趋势图（单位：㎡）

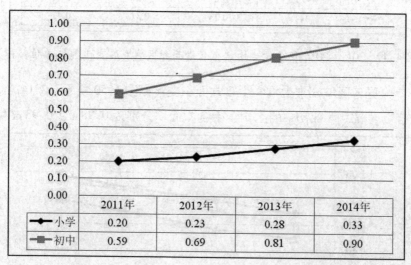

图 4.48　2011—2014 年全国生均学生食堂面积发展趋势图（单位：㎡）

　　各区域间全国生均学生食堂面积也不断增加。小学生均学生食堂面积变化如图 4.49 所示，截至 2014 年，东部、中部和西部分别为 0.29 ㎡、0.31 ㎡和 0.41 ㎡，相比 2011 年分别增加了 0.07 ㎡、0.13 ㎡和 0.22 ㎡，上升幅度分别为 31.82%、72.22%、115.79%，可见，各区域间西部小学的生均学生食堂面积从最小发展到最大，且发展速度最快；而中部在 2011 年开始和西部差距不大，均低于东部，但后续发展速度虽然慢于西部，但仍快于东部，到 2014 年已经赶超了东部。

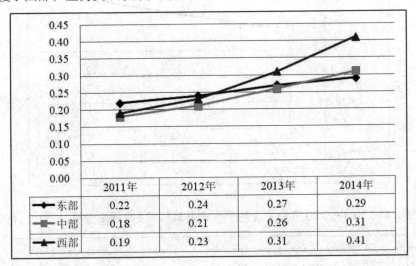

	2011年	2012年	2013年	2014年
东部	0.22	0.24	0.27	0.29
中部	0.18	0.21	0.26	0.31
西部	0.19	0.23	0.31	0.41

图 4.49　2011 - 2014 年小学生均学生食堂面积区域发展变化图（单位：㎡）

全国各区域初中生均学生食堂面积变化如图 4.50 所示，2014 年，东部、中部和西部初中的生均学生食堂面积分别为 0.98 ㎡、0.93 ㎡ 和

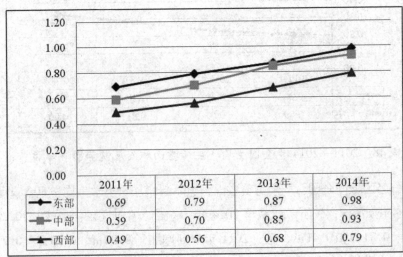

	2011年	2012年	2013年	2014年
东部	0.69	0.79	0.87	0.98
中部	0.59	0.70	0.85	0.93
西部	0.49	0.56	0.68	0.79

图 4.50　2011—2014 年初中生均学生食堂面积区域发展变化图（单位：㎡）

0.79㎡，相较于 2011 年，分别增加了 0.29㎡、0.34㎡ 和 0.30㎡，上升幅度分别为 42.03%、57.63%、61.22%。可见，各区域间东部初中的生均学生食堂面积最大，中部次之，西部初中生均学生食堂面积最小。

　　全国城乡生均学生食堂面积逐渐增加。2011—2013 年以来，小学城乡生均学生食堂面积变化如图 4.51 所示。2013 年城市和农村的生均学生食堂面积分别为 0.20㎡ 和 0.31㎡，相较于 2011 年增加了 0.02㎡ 和 0.11㎡，增长幅度分别为 11.11% 和 55.00%。可见，农村小学生均学生食堂面积要高于城市，且农村的发展速度显著快于城市。

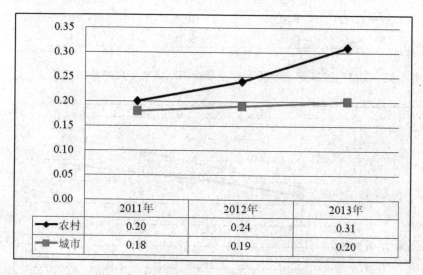

图 4.51　2011—2014 年小学生均学生食堂面积城乡发展趋势图（单位：㎡）

　　初中城乡生均学生食堂面积变化如图 4.52 所示。2013 年城市和农村的生均学生食堂面积分别为 0.59㎡ 和 0.91㎡，相较于 2011 年增加了 0.11㎡ 和 0.27㎡，增长幅度分别为 22.92% 和 42.19%。可见，农村初中生均学生食堂面积要高于城市，且农村的发展速度要快于城市。

　　三是生均厕所面积不断增长，农村生均厕所面积超过城市学校。全国生均厕所面积在不断增长，如图 4.53 示。2011—2014 年，全国小学生均厕所面积依次为 0.22㎡、0.25㎡、0.27㎡、0.29㎡，四年间，全国

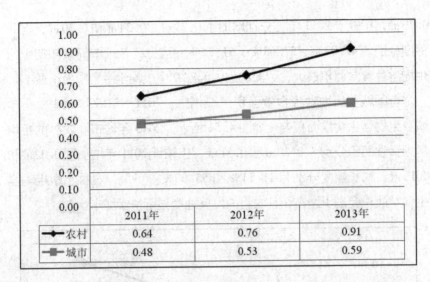

图 4.52　2011—2014 年初中生均学生食堂面积城乡发展趋势图（单位：㎡）

	2011年	2012年	2013年
农村	0.64	0.76	0.91
城市	0.48	0.53	0.59

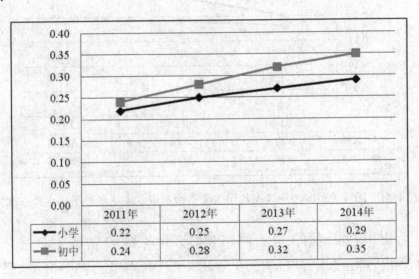

图 4.53　2011－2014 年全国生均厕所面积发展趋势图（单位：㎡）

	2011年	2012年	2013年	2014年
小学	0.22	0.25	0.27	0.29
初中	0.24	0.28	0.32	0.35

小学生均厕所面积增加了0.07㎡，同比 2011 年增长了31.82%；全国初中生均厕所面积依次为0.24㎡、0.28㎡、0.32㎡、0.35㎡，四年间，全国初中生均厕所增加了0.11㎡，同比 2011 年增长了45.83%。

各区域间全国生均厕所面积也不断增加。小学生均厕所面积变化如

图 4.54。到 2014 年，东部、中部和西部均为 0.29 ㎡，相比 2011 年分别增加了 0.07 ㎡、0.07 ㎡ 和 0.06 ㎡，增长幅度分别为 31.82%、31.82%、26.09%，可见，各区域间生均厕所面积总体相差不大，且发展速度也差不多。

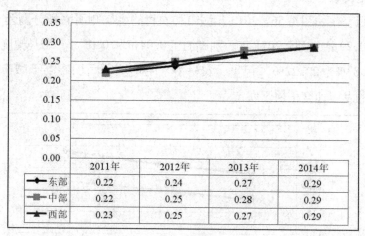

	2011年	2012年	2013年	2014年
东部	0.22	0.24	0.27	0.29
中部	0.22	0.25	0.28	0.29
西部	0.23	0.25	0.27	0.29

图 4.54　2011—2014 年小学生均厕所面积区域发展趋势图（单位：㎡）

全国各区域初中生均厕所面积变化如图 4.55，2014 年，东部、中部和西部初中的生均厕所面积分别为 0.40 ㎡、0.34 ㎡ 和 0.30 ㎡，相比

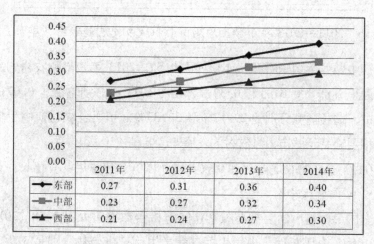

	2011年	2012年	2013年	2014年
东部	0.27	0.31	0.36	0.40
中部	0.23	0.27	0.32	0.34
西部	0.21	0.24	0.27	0.30

图 4.55　2011—2014 年初中生均厕所面积区域发展变化图（单位：㎡）

2011 年分别增加了 0.13 ㎡、0.11 ㎡ 和 0.09 ㎡，增长幅度分别为 48.15%、47.83%、42.86%。可见，各区域间东部初中的生均厕所面积最大，中部次之，西部初中生均厕所面积最小。

全国城乡生均厕所面积逐渐增加。2011—2013 年小学城乡生均厕所面积变化如图 4.56。2013 年城市和农村的生均厕所面积分别为 0.22 ㎡ 和 0.29 ㎡，相比 2011 年分别增加了 0.04 ㎡ 和 0.05 ㎡，增长幅度分别为 20.83%、22.22%。可见，农村小学生均厕所面积要高于城市，且农村的发展速度稍快于城市。

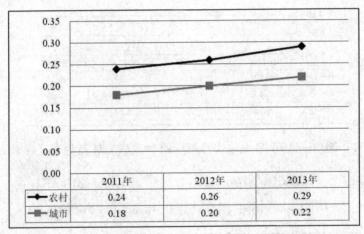

	2011年	2012年	2013年
农村	0.24	0.26	0.29
城市	0.18	0.20	0.22

图 4.56　2011—2013 年小学生均厕所面积城乡发展趋势图（单位：㎡）

初中城乡生均厕所面积变化如图 4.57。2013 年城市和农村的生均厕所面积分别为 0.31 ㎡ 和 0.32 ㎡，相比 2011 年分别增加了 0.07 ㎡ 和 0.08 ㎡，增长幅度分别为 29.17% 和 33.33%。可见，农村初中生均厕所面积要略高于城市，且农村的发展速度要稍快于城市。

（四）全国每百名学生拥有教学用计算机台数每年均有增长，且农村增长水平高于城市

全国每百名小学生拥有教学用计算机台数变化如图 4.58。2011—2014 年间，全国每百名小学生拥有教学用计算机台数分别是 3.94 台、4.70 台、4.85 台、6.39 台、7.13 台，五年间增长了 3.19 台，同比

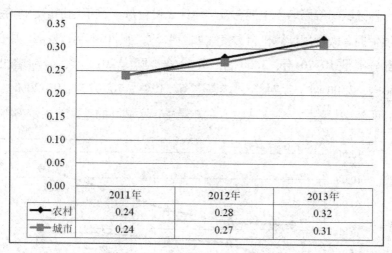

图 4.57 2011—2013 年初中生均厕所面积城乡发展趋势图（单位：㎡）

2011 年增长了 80.96%；全国每百名初中生拥有教学用计算机台数分别是 5.99 台、6.71 台、7.94 台、9.53 台、10.90 台，五年间增加了 4.91 台，增长了 81.97%。

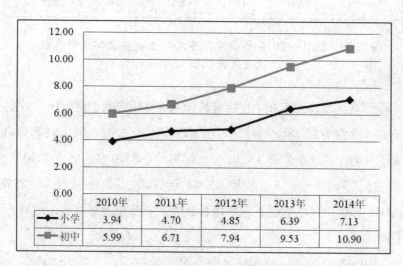

图 4.58 2010—2014 年全国每百名学生拥有教学用计算机
台数发展趋势图（单位：台）

　　各区域间每百名学生拥有教学用计算机台数在逐年增加。小学每百名学生拥有教学用计算机台数变化如图4.59，到2014年，东部、中部、西部分别是10.70台、5.00台、5.68台，同比2010年，分别增加了4.30台、2.06台、2.74台，增长了67.19%、70.07%、93.20%。可见，西部增长最快，中部次之，东部最慢，区域间的差距在逐步缩小。

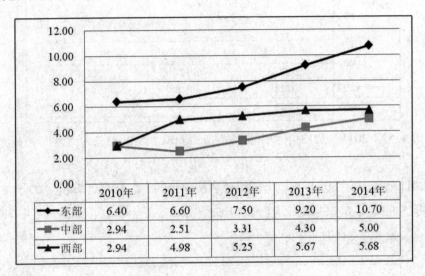

	2010年	2011年	2012年	2013年	2014年
东部	6.40	6.60	7.50	9.20	10.70
中部	2.94	2.51	3.31	4.30	5.00
西部	2.94	4.98	5.25	5.67	5.68

图4.59　2010—2014年小学每百名学生拥有教学用计算机台数区域发展变化图（单位：台）

　　全国各区域每百名初中生拥有教学用计算机台数也逐年增加。初中每百名学生拥有教学用计算机台数区域发展变化如图4.60，到2014年，东部、中部、西部分别是15.30台、8.70台、8.70台，同比2010年分别增加了7.20台、3.70台、3.84台，增长率分别为88.89%、74.00%、79.01%。可见，东部增长最快，中部和西部稍慢，区域间的差距尚未缩小。

　　2010—2013年间，全国城乡每百名小学生拥有教学用计算机台数逐年增长。每百名小学生教学用计算机台数变化如图4.61所示，2013年，城市和农村小学每百名小学生教学用计算机台数分别是9.90台、

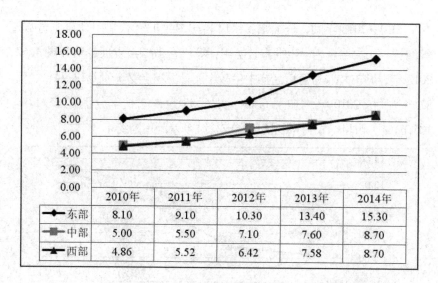

图 4.60 2010—2014 年初中每百名学生拥有教学用计算机
台数区域发展变化图（单位：台）

	2010年	2011年	2012年	2013年	2014年
东部	8.10	9.10	10.30	13.40	15.30
中部	5.00	5.50	7.10	7.60	8.70
西部	4.86	5.52	6.42	7.58	8.70

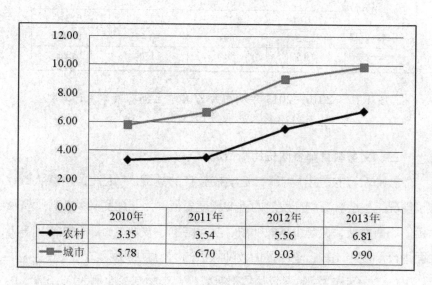

	2010年	2011年	2012年	2013年
农村	3.35	3.54	5.56	6.81
城市	5.78	6.70	9.03	9.90

图 4.61 2010—2013 年小学每百名学生拥有教学用计算机
台数城乡发展趋势图（单位：台）

6.81 台，同比 2010 年增加了 4.12 台、3.46 台，增长率分别为
71.28%、103.28%。可见，农村增长快于城市，城乡差距在逐渐缩小。

2010—2013 年间，全国城乡每百名初中生拥有教学用计算机台数逐年增长。初中每百名学生拥有教学用计算机台数城乡发展趋势如图4.62，2013 年，城市和农村每百名初中生教学用计算机台数分别是13.24台、12.87 台，同比 2010 年增加了 6.09 台、6.55 台，增长率分别是 85.17%、103.64%。可见，农村增长快于城市，城乡差距逐渐缩小。

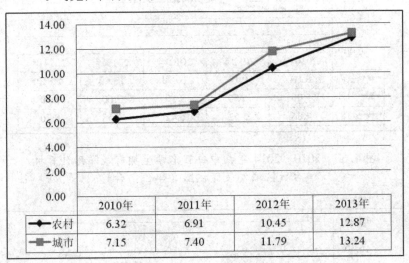

	2010年	2011年	2012年	2013年
农村	6.32	6.91	10.45	12.87
城市	7.15	7.40	11.79	13.24

图 4.62　2010—2013 年初中每百名学生拥有教学用计算机
台数城乡发展趋势图（单位：台）

三、义务教育师资队伍均衡情况

教师教育的"当局者"，是学校教育的关键。[1] 因此，师资队伍建设情况是义务教育均衡发展的重要测度表征。为了测度义务教育师资队伍的均衡发展，课题组从教师数、学科结构、教师学历、教师培训等方面进行测度与比较，全面评估教师队伍的均衡发展现状。

（一）全国农村代课教师数不断减少，小学减少比例为 23.3%，中学减少比例为 21.3%

---

① 顾明远：《高等学校的教学改革及教育观念的转变》，《北京师范大学学报（社会科学版）》2000 年第 2 期。

2010—2013 年，全国农村代课教师数逐年减少，全国农村代课教师数变化趋势如图 4.63 所示。全国小学农村代课教师数依次为 175289 人、153737 人、145273 人、134465 人，四年间，全国小学农村代课教师数下降了 40824 人，同比 2010 年下降了 23.29%；全国初中代课教师数分别为 61759 人、61174 人、54438 人、48599 人，四年间，全国初中农村代课教师数减少了 13160 人，同比 2010 年下降了 21.31%。

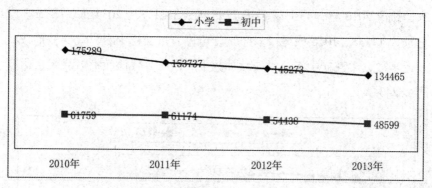

图 4.63　2010—2013 年全国农村代课教师数变化趋势图

各区域间，小学农村代课教师数变化如图 4.64 所示，截至 2013

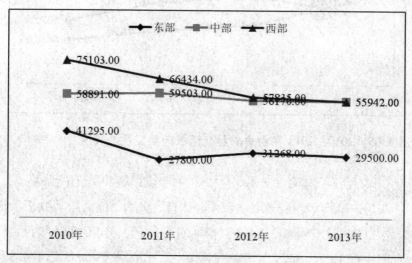

图 4.64　2010—2013 年小学农村代课教师数发展变化图（单位：人）

年，东部、中部和西部分别为 29500 人、55942 人和 55942 人，相比 2010 年分别减少了 11795 人、2949 人和 19161 人，下降幅度分别为 28.56%、5.01% 和 25.51%。可见，西部农村代课教师数下降最多，东部次之，中部最少。

全国各区域初中农村代课教师数变化如图 4.65 所示，2013 年，东部、中部和西部初中农村代课教师数分别为 8656 人、27243 人、12700 人，相比 2010 年，分别减少了 7795 人、3331 人、2034 人，下降幅度分别为 47.38、10.89% 和 13.80%。可见，东部初中农村代课教师数减少近半数，中部初中农村代课教师数下降最小，代课教师数最大，达到了 27243 人。

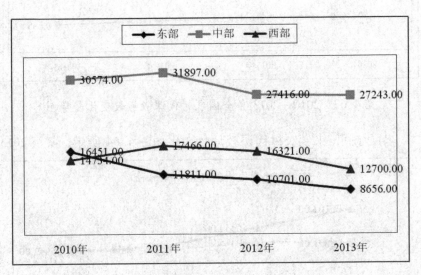

图 4.65　2010—2013 年初中农村代课教师数发展趋势图（单位：人）

（二）音乐、体育、美术、外语学科结构性缺编情况有所改善

2010—2013 年，全国小学音乐、体育、美术、外语教师数逐年增加，学科生师比有所减小，全国小学音乐、体育、美术、外语学科生师比如图 4.66 所示。全国小学音乐学科生师比依次为 180.32、186.37、173.35、174.86，体育学科生师比依次为 182.10、184.12、178.47、

175.40，美术学科生师比依次为 221.11、228.57、221.09、210.66，外语学科生师比依次为 162.66、161.02、153.29、151.57。四年间，全国小学音乐学科生师比下降了 5.46，同比 2010 年下降了 3.03%；体育学科生师比下降了 6.70，同比 2010 年下降了 3.68%；美术学科生师比下降了 11.45，同比 2010 年下降了 5.16%；外语学科生师比下降了 11.09，同比 2010 年下降了 6.82%。

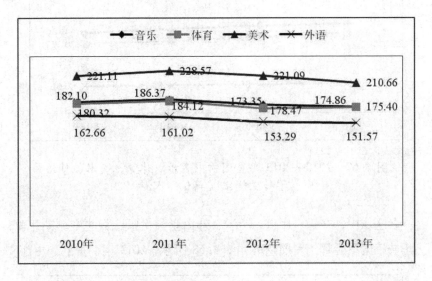

图 4.66　2010—2013 年全国小学音乐、体育、美术、外语
学科生师比（单位：人）

2010—2013 年，全国初中音乐、体育、美术、外语教师数逐年增加，学科生师比有所减小，全国初中音乐、体育、美术、外语学科生师比如图 4.67 所示，全国初中音乐学科生师比依次为 266.96、261.68、250.14、239.49，体育学科生师比依次为 238.42、226.19、215.87、207.22，美术学科生师比依次为 428.91、426.93、406.15、376.45，外语学科生师比依次为 89.18、85.97、83.11、80.61。四年间，全国初中音乐学科生师比下降了 27.47，同比 2010 年下降了 10.29%；体育学科生师比下降了 31.20，同比 2010 年下降了 13.09%；美术学科生师比下

降了52.46，同比2010年下降了12.23%；外语学科生师比下降了8.57，同比2010年下降了9.61%。

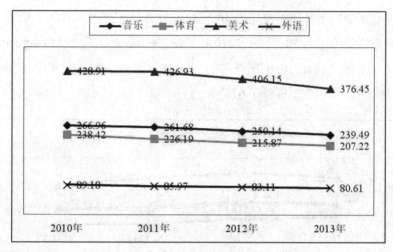

图4.67　2010—2013年全国初中音乐、体育、美术、外语
学科生师比（单位：人）

各区域内，音乐、体育、美术、外语学科生师比数也在不断下降。小学音乐学科生师比发展趋势如图4.68所示，2013年，东部、中部和

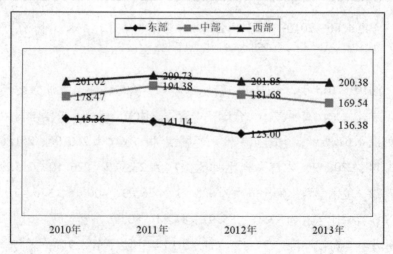

图4.68　2010—2013年小学音乐学科生师比发展趋势图（单位：人）

西部分别为 136. 38、169. 54、200. 38，相较于 2010 年分别减少了8. 98、8. 93、0. 64，下降幅度分别为 6. 18%、5. 00%、0. 3%。可见，各区域间东部音乐学科生师比下降最多，中部次之，西部基本不变，始终在 200 以上。

各区域小学体育学科生师比变化如图 4. 69 所示，2013 年，东部、中部和西部分别为 189. 64、175. 39、170. 26，相较于 2010 年分别减少了 11. 55、−5. 66、10. 49，下降幅度分别为 5. 74%、−3. 33%、5. 80%。可见，各区域间东部部体育学科生师比下降最多，中部略有上升。

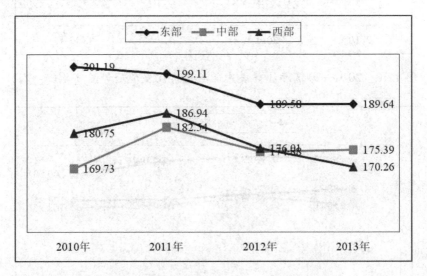

图 4. 69　2010—2013 年小学体育学科生师比发展趋势图（单位：人）

各区域小学美术学科生师比变化如图 4. 70 所示，到 2013 年，东部、中部和西部分别为 221. 03、203. 49、209. 90，相较于 2010 年分别减少了−8. 58、6. 72、20. 18，中西部下降幅度分别为 3. 20%、8. 77%；而东部地区则上涨了 4. 04%。

各区域小学外语学科生师比变化如图 4. 71 所示，到 2013 年，东部、中部和西部分别为 172. 85、162. 98、209. 90，相较于 2010 年，分别减少了 15. 90、3. 22、20. 18 下降幅度分别为 8. 42%、1. 94%、

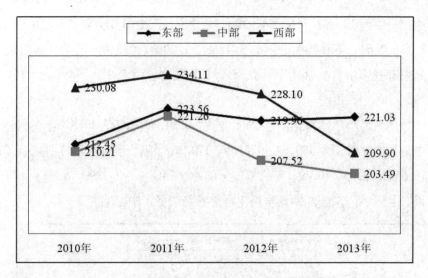

图 4.70　2010—2013 年小学美术学科生师比发展趋势图（单位：人）

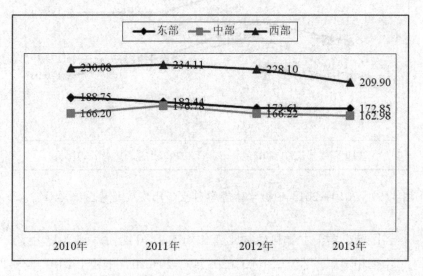

图 4.71　2010—2013 年小学外语学科生师比发展趋势图（单位：人）

8.77%。可见，各区域间西部外语学科生师比下降最多，东部次之，中部略微下降。

　　各区域初中音乐学科生师比变化如图 4.72 所示，到 2013 年，东部、中部和西部分别为 131.86、309.64、275.55，相较于 2010 年，分别减少了 19.93、34.12、36.14，下降幅度分别为 13.13%、9.93%、11.59%。可见，各区域间东部音乐学科生师比下降最多，西部次之。区域生师比中部最高，最高生师比数为 309.64。

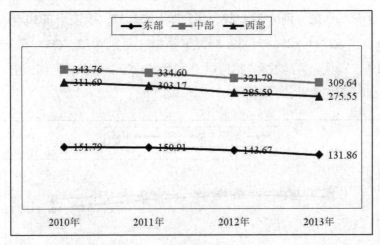

图 4.72　2010—2013 年初中音乐学科生师比发展趋势图（单位：人）

各区域初中体育学科生师比变化如图 4.73 所示，截至 2013 年，东部、中部和西部分别为 141.77、329.25、201.00，相较于 2010 年，分别减少了 23.62、39.97、34.72，下降幅度分别为14.28%、10.83%、

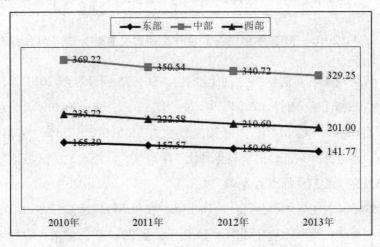

图 4.73　2010—2013 年初中体育学科生师比发展趋势图（单位：人）

14.73%。可见，各区域间西部体育学科生师比下降最多，西部次之。区域生师比中部最高，最高生师比数为329.25。

各区域初中美术学科生师比变化如图4.74所示，截至2013年，东部、中部和西部分别为214.27、465.70、432.37，相较于2010年，分别减少了82.34、28.63、39.86，下降幅度分别为27.76%、5.79%、8.44%。可见，各区域间东部美术学科生师比下降最多，西部次之。区域生师比中部最高，最高生师比数为465.70。

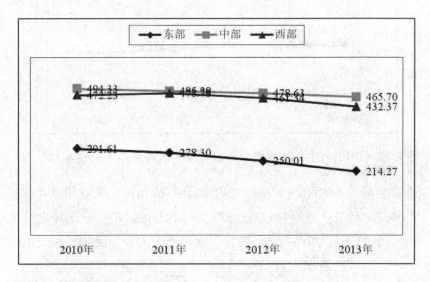

图4.74　2010—2013年初中美术学科生师比发展趋势图（单位：人）

各区域初中外语学科生师比变化如图4.75所示，到2013年，东部、中部和西部分别为62.03、91.24、83.42，相较于2010年，分别减少了9.69、8.78、8.56，下降幅度分别为13.51%、8.78%、9.31%。可见，各区域间东部外语学科生师比下降最多，西部次之。区域生师比中部最高，最高生师比数为91.24。

城市和农村各学科生师比有所下降，农村下降幅度高于城市。城乡小学音乐学科生师比变化如图4.76所示，到2013年，城市和农村生师比分别为156.15、248.55，相较于2010年，分别减少了4.77、3.03，下降幅度分别为 3.05%、1.22%。可见，城市和农村生师比均有下降，降幅不大，且城市降幅高于农村。

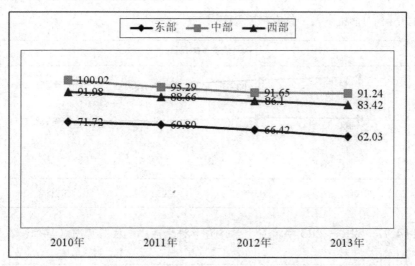

图 4.75　2010—2013 年初中外语学科生师比发展趋势图（单位：人）

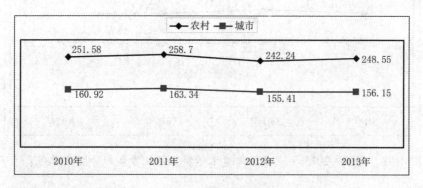

图 4.76　2010—2013 年城乡小学音乐学科生师比发展趋势图（单位：人）

城乡小学体育学科生师比变化如图 4.77 所示，到 2013 年，城市和农村生师比分别为 153.17、251.16，相较于 2010 年，分别减少了 7.08、20.49，下降幅度分别为 4.42%、7.54%。城市和农村生师比均有下降，且农村降幅高于城市。

城乡小学美术学科生师比变化如图 4.78 所示，到 2013 年，城市和农村生师比分别为 199.29、286.19，相较于 2010 年，分别减少了2.86、5.00，下降幅度分别为 1.41%、1.72%。可见，城市和农村生师比均有下降，降幅不大，且农村降幅高于城市。

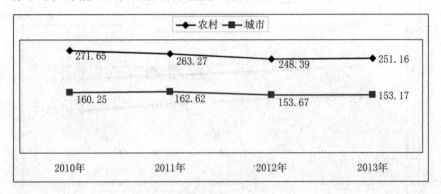

图 4.77　2010—2013 年城乡小学体育学科生师比发展趋势图（单位：人）

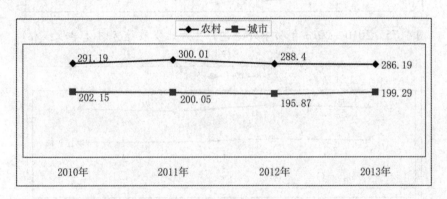

图 4.78　2010—2013 年城乡小学美术学科生师比发展趋势图（单位：人）

城乡小学外语学科生师比变化如图 4.79 所示，到 2013 年，城市和农村生师比分别为 140.52、214.92，相较于 2010 年，分别减少了1.96、18.56，下降幅度分别为 1.41%、7.95%。可见，城市和农村生师比均有下降，降幅不大，且农村降幅高于城市。

城乡初中音乐学科生师比变化如图 4.80 所示，到 2013 年，城市和农村生师比分别为 219.10、349.82，相较于 2010 年，分别减少 43.21、16.45，下降幅度分别为 16.47%、4.49。可见，城市和农村生师比均有下降，且城市降幅高于农村。

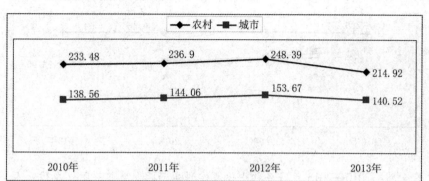

图 4.79　2010—2013 年城乡小学外语学科生师比发展趋势图（单位：人）

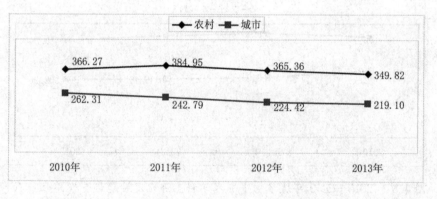

图 4.80　2010—2013 年城乡初中音乐学科生师比发展趋势图（单位：人）

城乡初中体育学科生师比变化如图 4.81 所示，到 2013 年，城市和农村生师比分别为 193.80、289.73，相较于 2010 年，城市生师比减少 42.64，下降幅度为 18.03；农村反倒增加 0.96，增幅为 0.33%。可见，城市生师比下降，农村略有增加。

城乡初中美术学科生师比变化如图 4.82 所示，到 2013 年，城市和农村生师比分别为 302.96、510.51，相较于 2010 年，分别减少 49.61、22.55，下降幅度分别为 14.07%、4.23%。可见，城市和农村生师比均有下降，且城市降幅高于农村。

城乡初中外语学科生师比变化如图 4.83 所示，到 2013 年，城市和

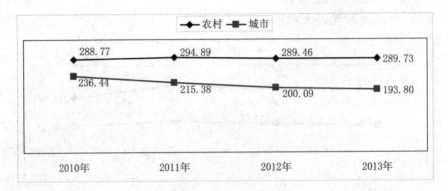

图 4.81　2010—2013 年城乡初中体育学科生师比发展趋势图（单位：人）

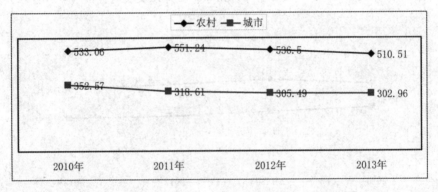

图 4.82　2010—2013 年城乡初中美术学科生师比发展趋势图（单位：人）

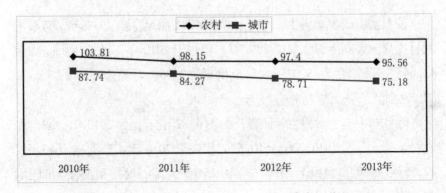

图 4.83　2010—2013 年城乡初中外语学科生师比发展趋势图（单位：人）

农村生师比分别为 75.18、95.56，相较于 2010 年，分别减少 12.56、8.25，下降幅度分别为 14.32%、7.95%。可见，城市和农村生师比均有下降，且城市降幅高于农村。

（三）学校教师培训时数不断增加，教师职后专业发展不断增强

《纲要》实施以来，全国中小学教师培训次数不断增多，小学比初中增速略快，但是全国义务教育学校教师每年人平均培训次数趋于均衡，相差不大。2011—2013 年全国义务教育学校教师每年人平均培训次数稳步增长。如图 4.84 所示，全国小学培训次数依次是 2.70 次、3.30 次、3.80 次，初中是 2.80 次、3.20 次、3.70 次。《纲要》实施以来三年间，小学增长次数为 1.1，初中增长次数为 0.9，增长幅度分别为 40.74% 和 32.14%。可见，小学比初中增速快。

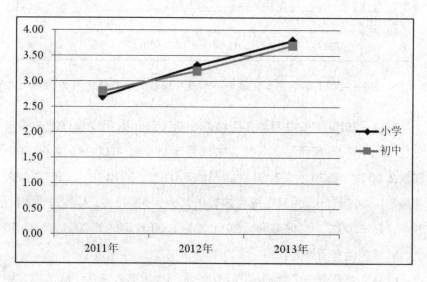

图 4.84 2011—2013 年全国中小学教师培训的次数情况（单位：次/人）

各区域间，东中西中小学教师培训次数均不断增多，东部培训次数比中部多，而且增幅大。如图 4.85 所示，2011—2013 年东中西部各区域小学校教师每年人平均培训次数逐年增长，东部分别是 3.00 次、4.20 次、4.80 次，中部分别是 2.00 次、2.20 次、2.40 次，西部分别是

3.00 次、3.40 次、4.10 次。东部最高，中部最低，并且东部涨幅大，达到 60.00%，中部增幅相对较小，仅是 20.00%。区域差异由 2011 年的 1 次上升为 2014 年的 2.40 次，区域差距有所增大。

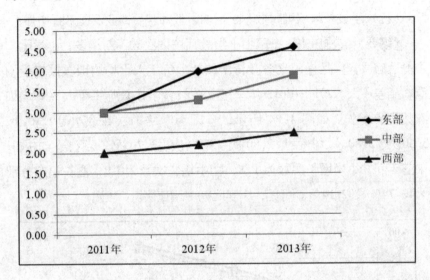

图 4.85 2011—2013 年全国各区域中小学教师培训的次数情况（单位：次/人）

2011－2013 年东中西部各区域初中教师每年人平均培训次数逐年增长，如图 4.86 所示。三年间，东部是 3.00 次、4.00 次、4.60 次中部是 2.00 次、2.20 次、2.50 次西部是 3.00 次、3.30 次、3.90 次。东部最高，中部最低，并且东部涨幅较大，达到 53.33%；中部增幅相对较小，是 25.00%。区域差异由 2011 年的 1.00 次增加为 2014 年的 2.10 次，区域差距有所增大。

城乡义务教育学校教师每年人平均培训次数逐年增多，城市较农村培训次数多。2011—2013 年城乡小学校教师每年人平均培训次数逐年增长，如图 4.87 所示。城市小学培训次数依次是 4.30 次、5.20 次、6.00 次，农村是 2.20 次、2.60 次、3.00 次。三年间，城市同比增长为 39.53%，农村同比增长为 36.36%，城市比农村增速稍微快。

2011—2013 年城乡初中教师每年人平均培训次数稳步增长，如图

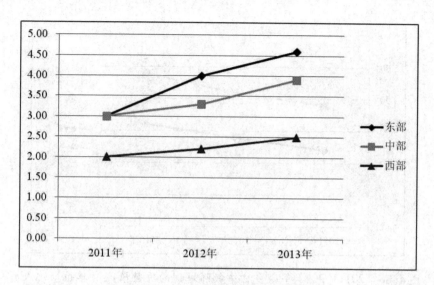

图4.86 2011—2013年全国各区域中初中教师培训的次数情况（单位：次人）

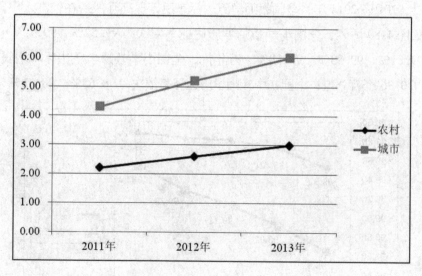

图4.87 2011—2013年城乡小学教师培训的次数情况（单位：次人）

4.88所示。城市初中教师培训次数依次是3.80次、4.20次、4.80次，农村是2.40次、2.80次、3.20次。三年间，城市增长为26.32%，农村增长为33.33%，农村比城市增速稍微快。

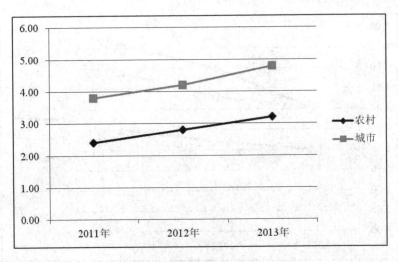

图 4.88 2011—2013 年城乡初中教师培训的次数情况（单位：次人）

（四）教师学历达标水平不断提高，城乡教师学历水平显著上升

2010—2014 年，全国教师学历达标率逐年提高且保持在较高水平。如图 4.89 所示，全国小学教师学历达标率依次为 99.52%、99.72%、99.81%、99.83%、99.88%，五年间，全国小学教师学历达标率增长了 0.36 个百分点；全国初中教师学历达标率依次为 98.65%、98.91%、

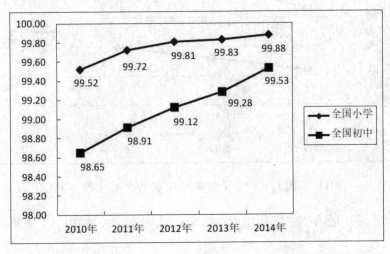

图 4.89 2010—2014 年全国教师学历达标率（单位:%）

99.12%、99.28%、99.53%。五年间，全国初中教师学历达标率增长了0.89个百分点。

各区域间，全国教师学历达标率也不断增长。全国小学教师学历达标率变化如图4.90所示。2014年，东部、中部、西部分别为99.95%、99.90%、99.77%，相比2010年，东部、中部、西部分别增长了0.19个百分点、0.31个百分点、0.61个百分点，可见各区域间西部地区增长幅度最大，中部次之，东部地区教师学历达标率增长幅度最小。

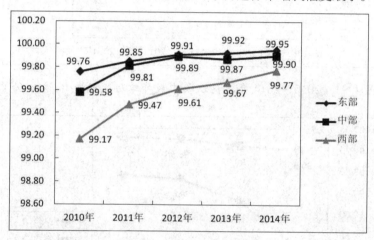

图4.90　2010—2014年各区域小学教师学历达标率（单位:%）

各区域间初中教师学历达标率也不断增长。初中教师学历达标率变化如图4.91所示。2014年，东部、中部、西部分别为99.76%、99.27%、99.53%，相比2010年，东部、中部、西部分别增长了0.88个百分点、0.91个百分点、1.01个百分点，可见各区域间西部地区增长幅度最大，中部次之，东部地区教师学历达标率增长幅度最小。

2010—2013年，全国城乡教师学历达标率逐年提高。城乡小学教师学历达标率变化如图4.92所示。2013年农村、城市的教师学历达标率分别为99.78%、99.96%，相较于2010年增长了0.34个百分点、0.06个百分点，可见，农村小学教师学历达标率增长幅度要高于城市，有助于城乡教师均衡。

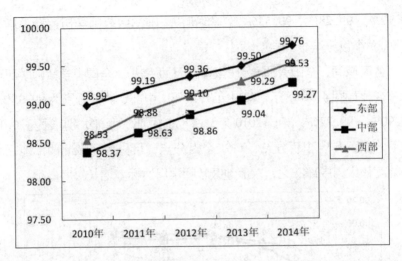

图 4.91 2010—2014 年各区域初中教师学历达标率（单位:%）

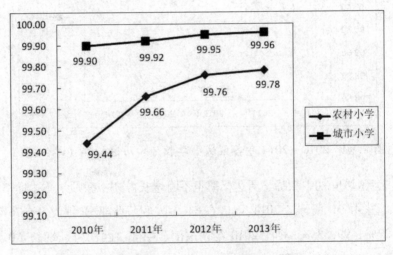

图 4.92 2010—2013 年城乡小学教师学历达标率（单位:%）

2010—2013 年城乡初中教师学历达标率变化如图 4.93 所示，2013 年农村初中、城市初中的教师学历达标率分别为 99.09%、99.73%，相较于 2010 年增长了 0.66 个百分点、0.19 个百分点。可见，农村初中教师学历达标率增长幅度要高于城市。

2010 年到 2014 年，全国高一级学历教师比例逐年提高，如图 4.94

所示。全国小学高一级学历教师比例依次为 78.29%、82.05%、84.91%、87.33%、89.84%。五年间，全国小学高一级学历教师比例增长了 11.55 个百分点；全国初中高一级学历教师比例依次为64.04%、68.22%、71.63%、74.87%、77.89%，五年间，全国初中高一级学历教师比例增长了 13.85 个百分点。

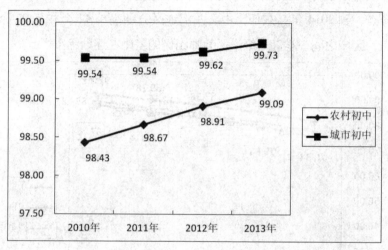

图 4.93　2010—2013 年城乡初中教师学历达标率（单位:%）

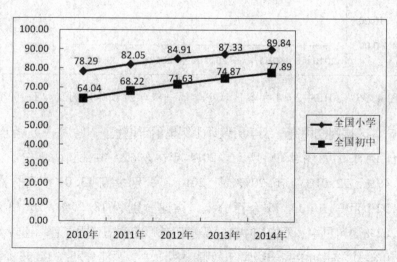

图 4.94　2010—2014 年全国高一级学历教师比例（单位:%）

　　各区域间，高一级学历教师比例也不断增长。小学高一级学历教师比例变化如图4.95所示。2014年，东部、中部、西部分别为92.20%、87.78%、89.18%，比2010年分别提高10.55个百分点、12.44个百分点、11.72个百分点，增速分别为12.92%、16.51%、15.13%。2010年，东部小学高一级学历教师比例比中、西部分别高6.31个、4.19个百分点，到2014年，东部比中、西部地区分别高4.42个和3.02个百分点，区域之间小学高一级学历教师比例的差距在逐渐缩小。

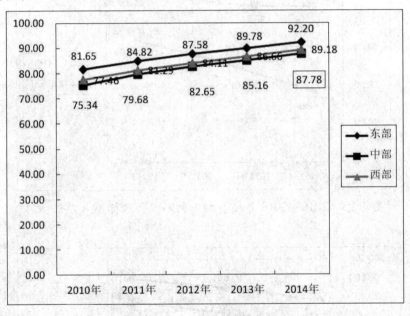

图4.95　2010—2014年各区域小学高一级学历教师比例（单位:%）

　　各区域间初中高一级学历教师比例也不断增长。初中高一级学历教师比例变化如图4.96所示。2014年，东部、中部、西部分别为84.49%、72.01%、76.20%，比2010年分别提高13.04个百分点、14.92个百分点、13.75个百分点，增速分别为18.25%、26.13%、22.02%，可见中、西部初中高一级学历教师比例增长明显且增速较大。2010年，东部初中高一级学历教师比例比中、西部分别高14.36个百分点、9个百分点，到2014年，东部比中、西部地区分别高12.48个和

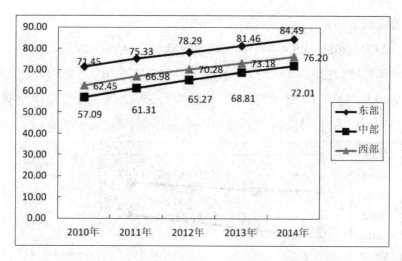

图 4.96　2010—2014 年各区域初中高一级学历教师比例（单位:%）

8.29 个百分点，区域之间初中高一级学历教师比例的差距在逐渐缩小。

2010—2013 年，全国城乡高一级学历教师比例逐渐增加。城乡小学高一级学历教师比例变化如图 4.97 所示。2013 年农村、城市的高一级学历教师比例分别为 84.44%、95.44%，相较于 2010 年增长了 9.03个百分点、3 个百分点，增速分别为 11.97%、3.25%，可见，农村小

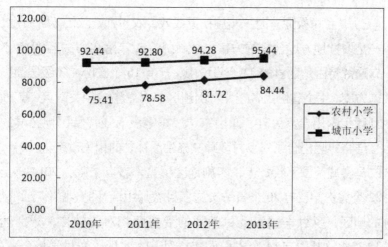

图 4.97　2010—2013 年城乡小学高一级学历教师比例（单位:%）

学高一级学历教师比例的增速高于城市。

2010—2013 年城乡初中高一级学历教师比例变化如图 4.98 所示。2013 年农村、城市的高一级学历教师比例分别为 70.01%、86.18%，相较于 2010 年增长了 10.63 个百分点、3.51 个百分点，增速分别为 17.90%、4.25%。可见，农村初中高一级学历教师比例的增速高于城市。

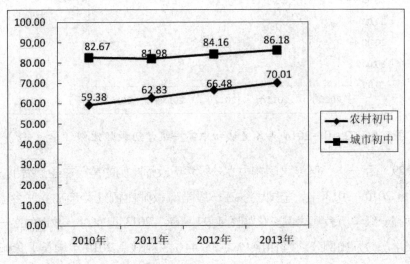

图 4.98　2010—2013 年城乡初中高一级学历教师比例（单位:%）

（五）"乡村教师补助"实施初见成效，农村师资队伍不断加强

一是多数地方出台实施方案，认真抓好政策落实。截至 2015 年年底，有连片特困地区县的 22 个省份中，已有 16 个省份在省级层面出台了实施方案，4 个省份由各连片特困地区县自主出台相关政策，其他省份也预计年内出台。另外，像山东、广东等没有连片特困地区县的省份，也结合实际出台了对乡村教师实施生活补贴的相关政策。

二是实施范围不断扩大，实施地区覆盖率较高。截至 2014 年上半年，22 个省份中已有 20 个省份实施乡村教师生活补助。总体上，已经实施的地区，乡村学校和乡村教师的受益面相对比较广，分别达到 90% 和 78%，其中有 14 个省份的实施县基本实现了乡村学校全覆盖。从各地出台的政策来看，许多省份的补助政策不只针对连片特困地区县，而是进一步扩大了覆盖面，使更多的乡村教师从中受益。广西补助范围除了连片特困地区乡村学校外，还包括其他地区的教学点；青海、西藏、新疆、宁夏等省（区）补助对象为全省所有乡镇及以下学校。

三是奖补资金及时拨付到位，补助标准逐步提高。生活补助政策实施以来，中央财政根据各地实施情况，共下达综合奖补资金 21.14 亿元。各地及时下拨中央综合资金，保障资金投入，结合实际确定补助标准。如吉林按照自然村屯、乡镇政府所在地两类情况，分别给予每人每月 500 元、300 元的补助；湖南按学校在自然村寨、村委会所在地、乡镇政府所在地三类情况，分别给予每人每月不低于 700 元、500 元、300 元的补助；青海从 200 元到 600 元分为 5 个档次，新疆从 200 元到 800 元分为 7 个档次。

第三节　评估结果的讨论与结论

中国义务教育均衡发展已在健全保障机制、改善办学条件、均衡师资配置等方面取得成效。但仍在资金投入，不同地区发展差距等方面还存在一定的问题。本节对我国近年来义务教育均衡发展所取得的成效和缺陷进行比较分析，并提出进一步完善的建议，对我国未来义务教育均衡发展有重要意义。

一、中国义务教育均衡发展的主要成效

截至 2015 年底，1302 个县（市、区）通过督导评估认定，完成2015 年目标的 68.00%，完成 2020 年目标的 47.00%。[①] 其中京、津、沪、苏、浙 5 省（市）已整体通过国家教育督导委员会的均衡评估。主要成效如下：

①　中华人民共和国教育部：《2015 年全国义务教育均衡发展督导评估工作报告》，2016 - 02 - 23，http：//www. moe. edu. cn/jyb_ xwfb/xw_ fbh/moe_ 2069/xwfbh_ 2016n/xwfb_ 160223/160223_ sfcl/201602/t20160223_ 230102. html.

（一）从战略任务的高度"建立健全义务教育均衡发展保障机制"

一是逐步形成中央和地方协同推进义务教育均衡发展机制。2011年和2012年教育部先后与31个省（市、区）及新疆生产建设兵团签署了义务教育均衡发展备忘录，构建了中央和地方共同推进义务教育均衡发展的长效机制。2012年，国务院专门印发《关于深入推进义务教育均衡发展的意见》，提出全国实现义务教育基本均衡的目标和任务。

二是加强省级统筹，确立辖区内义务教育均衡发展机制。各省与辖区内县（市、区）级政府签署义务教育均衡发展责任书，将本省义务教育均衡发展的目标、任务和责任层层分解、逐级落实，明确县域义务教育基本均衡发展的时间表、路线图和任务书。

三是定期公布国家验收结果，建立了义务教育均衡发展评估机制与复查监测机制。从2013年起，由国家教育督导委员会负责实施义务教育均衡发展督导评估，有力推动了义务教育均衡发展。同时，还建立了义务教育均衡发展的复查监测机制，对已通过国家教育督导委员会认定地区的义务教育发展水平进行监测和复查。

（二）"完善投入机制""加大教育投入""缩小城乡差距"显见成效

一是完善了义务教育投入体制。构建了由国务院和地方各级政府依法保障义务教育的财政支持体系，将义务教育全面纳入公共财政保障范围，全面免除城乡义务教育学生学杂费、教科书费。5年来，义务教育学校生均公用经费基本定额不断提高，农村中小学校舍维修改造单位面积中央补助标准稳步提升，化解了农村义务教育债务900多亿元。2010年还特别出台了农村义务教育经费保障机制，更加强调把农村义务教育纳入公共财政保障范围。同时，建立了中央和地方分项目、按比例分担的经费投入机制，[①] 在中西部地区资金的总体安排上体现了"中央拿大

---

① 实行农村义务教育经费保障机制改革以来，公用经费补助资金由中央和地方按比例分担，分担比例为西部地区8∶2，中部地区6∶4。

头"的原则，实行由省级政府负责统筹落实省以下各级政府应承担的经费，以保证中央和地方各级农村义务教育经费落实到位。2012—2014年，国家下拨农村义务教育经费保障资金分别为808.85亿元、825.70亿元和878.97亿元，增幅分别为2.08%、6.45%。中央和地方分项目、按比例分担的义务教育经费保障机制进一步完善。

二是义务教育经费投入明显增加，"办学经费得到保障"。2012年国家财政性教育经费支出占国内生产总值比例达到4%，实现了教育经费投入里程碑式的突破。如图4.99所示，2014年全国小学生均预算内事业性教育经费支出比2010年增加3668.51元，增长91.43%；初中增加5145.42元，增长98.69%。同期，全国小学生均预算内公用经费增加1311.94元，比2010年增长141.09%；初中增加1706.48元，比2010年增长120.66%。可见，义务教育已经成为公共财政首要保障的领域，其在公共财政支出中的重要地位进一步得到巩固。

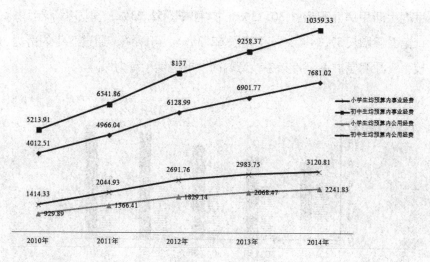

图4.99 2010—2014年生均预算内事业经费与生均预算内公用经费增长情况

三是教育经费支出城乡差距不断缩小。2010—2013年，农村小学生均预算内事业性经费分别比城市同期增幅高出5.84%、4.99%、1.64%，城乡差距从504.80元下降到153.64元；农村初中生均预算内事业性经费分别比城市同期增幅高出 7.78%、3.61%、2.86%，城乡初中生均预算内事业性经费支出差距由 492.21 元下降到 140.17 元。2013 年农村、城市小学生均预算内公用教育经费支出分别为 1913.53 元、2130.30 元，分别比 2010 年增长 128.93%、109.50%，农村小学增幅超过城市 19.43%，城乡差距缩小；2013 年农村、城市初中生均预算内公用教育经费支出分别为 2968.37 元、2996.03 元，分别比 2010 年增长 120.14%、106.63%，农村增长幅度高出城市 13.51%，城乡差距从 101.49 元下降到 27.66 元。

（三）"推进学校标准化建设"成效显著，学校办学条件大幅改善

一是全国生均校舍面积大幅增加。如图 4.100 所示，2014 年全国小学生均建筑面积为 6.85 平方米，比 2010 年增长 19.38%；全国初中生均建筑面积为 11.99 平方米，比 2010 年增长 33.36%。其中全国小学生均教学与辅助用房面积增长 11.12%，初中增长 42.74%；全国小学生均生活用房面积增长 30.73%，初中增长 52.23%；全国小学生均体育馆面积增长 57.14%，初中增长 62.36%。可以说，通过 5 年的努力，校舍资源明显扩大，为义务教育均衡发展提供了有力保障。

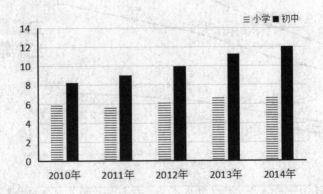

图 4.100 2010—2014 年义务教育生均校舍面积变化情况（单位：㎡）

二是农村生均面积超过城市。2014 年农村小学生均教学与辅助用房面积比 2010 年增加 1.06 ㎡，增长 27.80%；农村初中生均教学与辅

助用房面积增加 2.12㎡，增长 54.63%。农村小学生均生活用房面积增加 0.94㎡，增长 62.37%；农村初中生均生活用房面积增加 3.16㎡，增长 78.57%。2014 年全国小学生均建筑面积农村 8.71㎡＞城市 5.96㎡，初中农村 15.23㎡＞城市 11.32㎡；全国小学生均教学及辅助用房面积农村 4.88㎡＞城市 3.28㎡，初中农村 6.01㎡＞城市 4.79㎡；全国小学生均生活用房面积农村 2.45㎡＞城市 1.38㎡，初中农村 7.18㎡＞城市 4.53㎡。

三是学校布局逐步趋于合理。2012 年国务院办公厅下发《关于规范农村义务教育学校布局调整的意见》。2013 年教育部又印发了《关于做好农村义务教育学校布局专项规划制定工作的通知》，要求县级人民政府科学制定农村义务教育学校布局专项规划。2014 年各地以县为单位制定了规范农村义务教育学校布局调整的专项规划，并报送国家教育体制改革领导小组备案。

四是教育信息化不断推进。2014 年全国小学、初中接入互联网的学校比例达 80.11% 和 95.53%，建立校园网的学校比例达 41.63% 和 67.86%。随着 2014 年西藏教学点设备安装调试完成，全国 6.36 万个教学点实现数字教育资源全覆盖，设备配备、资源配送和教学应用"三到位"，帮助农村边远地区开齐开好国家规定课程，400 多万边远农村孩子享受到优质教育资源。教育信息化促进义务教育均衡发展的作用充分显现出来。

五是教学仪器设备更加齐全。2010—2014 年，全国小学生均固定资产增长 47.17%；初中生均固定资产增长 96.63%。2014 年，小学音乐器械配备达标学校比例、体育器械配备达标学校比例、美术器械配备达标学校比例和实验室达标率分别为 60.71%、62.05%、60.55% 和 63.17%，分别比 2010 年增长 12.16%、9.86%、12.91% 和 8.55%；初中音乐器械配备达标学校比例、体育器械配备达标学校比例、美术器械配备达标学校比例和实验室达标率分别为 76.09%、77.75%、

75.90%和81.37%，分别比2010年增长13.69%、9.75%、14.23%和6.82%。

（四）"加强师资队伍建设"有所进步，"均衡配置师资"逐步推进

一是统一了城乡教师编制，稳定了农村教师队伍。2012年《国务院关于深入推进义务教育均衡发展的意见》提出：在逐步实行城乡统一的中小学编制标准的基础上，对农村小学和教学点予以倾斜。2014年中央编办、教育部、财政部共同印发《关于统一城乡中小学教职工编制标准的通知》，将农村中小学教职工编制标准与城市标准统一，长期以来城乡教师编制倒挂这一"老大难"问题从制度上得以破解。

二是加大了教师补充，教师队伍结构得以优化。2010—2014年，中央财政累计投入资金166亿元，招聘农村特岗教师24.37万人，覆盖中西部地区22个省（区、市）的1000多个县、30000多所农村学校（村小、教学点）。2013年小学专任教师生师比下降到16.76∶1；初中专任教师生师比下降到12.76∶1。小学代课人员下降为16.73万人，代课人员比例下降到2.91%，下降10.01个百分点。

三是加大教师培训力度，提高了教师队伍质量。2010年以来全面实施"中小学教师国家级培训计划"。2010—2014年，中央财政共安排62.5亿元专项资金，支持中西部地区开展集中培训和网络培训，培训教师达700多万人次。各地还安排了配套经费，开展各种形式的教师培训。2014年，全国小学、初中教师学历达标率分别比2010年增长0.36%、0.88%。其中学历提升一级的小学教师增加11.55%，初中教师增加13.85%。小学学历提升一级的教师比例增幅农村（11.97%）＞城市（3.14%），初中增幅农村（17.9%）＞城市（4.24%），城乡教师学历差距逐步缩小。

四是教师待遇不断提高。2009年国家率先对义务教育学校实施绩效工资政策，2010年教育部出台《义务教育学校奖励性绩效工资分配宣传参考提纲》，强化"管理以县为主、经费省级统筹、中央适当支

持"的保障机制，大幅度改善了义务教育阶段教师待遇。教育部、财政部《关于落实 2013 年中央 1 号文件要求对在连片特困地区工作的乡村教师给予生活补助的通知》对连片特困地区义务教育乡、村学校和教学点工作的教师给予生活补助。2014 年，中央财政下达综合奖励补助资金 21.14 亿元，惠及 623 个县 103.1 万名乡村教师。教育部、国家发改委编制实施《边远艰苦地区农村学校教师周转宿舍建设规划（2011 – 2015 年)》，2014 年年底，建成 25.3 万套农村教师周转宿舍，建设面积近 900 万平方米，重点改善特岗教师、支教教师、交流教师和离家较远的寄宿制学校管理教师的生活条件。

二、中国义务教育均衡发展的主要问题

尽管全国已通过义务教育发展基本均衡县（市、区）评估的达到 800 多个，但特别需要注意的是，随着均衡评估的推进，没有实现均衡的落后地区，尤其是广大中西部地区的贫困县要达到评估标准难度越来越大，义务教育均衡发展任重而道远[1]。

（一）经费总体投入仍不足且呈现"中部塌陷"

近 5 年，义务教育经费总投入不断增长，但是经费总投入仍显不足，而且区域间经费投入比例结构不合理。如图 4.101 所示，2010—2014 年，我国义务教育生均预算内教育事业经费一直呈"中部塌陷"的情况。过去五年，中部地区小学生均预算内教育事业经费始终低于东部地区和西部地区，依次低于东部地区 2446.81 元、2784.68 元、2847.55 元、2888.46 元和 2918.24 元，依次低于西部地区 994.27 元、1101.28 元、1672.37 元、1763.85 元和 1701.88 元。中部地区初中生均预算内教育事业经费也低于东部地区和西东部地区，依次低于东部地区 2535.35 元、2844.68 元、2982.80 元、3251.70 元和 3445.95 元，依次低于西部地区 659.66 元、640.71 元、672.27 元、586.13 元、和 270.48 元。

---

[1]　宋乃庆：《我国义务教育均衡发展任重道远》，《中国教育学刊》2015 年第 9 期。

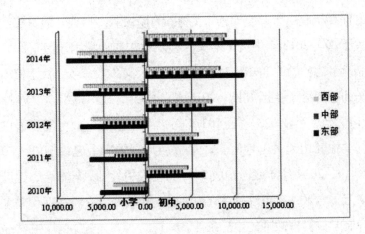

图 4.101　2010—2014 年义务教育生均预算内教育事业经费（单位：元）

（二）小学校舍危房比例已超过 3% 且中西部地区农村校舍危房问题突出

受自然折旧、自然灾害的影响及危房鉴定标准放宽等因素影响，义务教育校舍危房问题依旧突出，"全面清除危房"的目标没有完全实现。据《中国教育统计年鉴 2014》宽口径数据显示，2014 年全国小学危房占校舍面积的比例为 3.13%，超过了 3%。其中西部地区小学危房面积占校舍总面积的 7.30%，初中为 5.34%。农村校舍危房问题尤为突出，2014 年农村小学、初中校舍危房面积比例分别为 5.04% 和 11.74%。

（三）高速城镇化带来新挑战，教育资源配置尚不能适应人口流动需要

随着我国城镇化进程加剧，大量农村劳动力向城市流动，随之带来教育人口的流动。由于城镇化进程与义务教育规划布局等一时难以有效衔接，加之一些地方城镇化进程中存在突击、冒进、无序等现象，导致城镇教育资源紧张和农村教育资源闲置。目前，我国义务教育人口城镇化率已经显著高于城镇化水平，增速也明显快于人口城镇化率。大量农村人口涌入城市，城市学校面临受教育人口迅速增加的压力，受土地等

资源的制约以及经费和教师编制困难的影响，城市学校教育资源逐渐紧缺。同时伴随着大量人口迁往城市，农村逐步空心化，加之农村地区撤点并校过快，部分农村校舍被闲置，农村教育资源无形中被浪费。

（四）部分地区教学设备和生活条件存在较大缺口，城乡差距仍然过大

义务教育"内涵式"均衡发展任重道远，"每一所学校符合国家办学标准"的目标没有实现。尽管农村学校生均校舍面积等超过城市，但城乡学校质量均衡依旧没有实现，特别是教学设备、生活条件、课程教学等差距依旧明显。2014年城市小学生均教学仪器设备值为1333.04元，农村为708.15元，城乡差距为624.89元；城市初中生均教学仪器设备值为1937.32元，农村为1458.76元，城乡差距为478.56元。抽样调查显示，农村寄宿制学校"两人一床""大通铺"现象仍存在，"一人一套课桌椅"、安全饮水等仍无法满足寄宿生的生活需要。

（五）中西部地区大班额问题依然存在

"学校班额符合国家规定标准，消除'大班额'现象"的目标没有实现。调查发现，最大班额达108人。2013年全国普通小学56人及以上的大班额比例为13.30%，普通初中66人及以上的大班额比例为24.60%。中西部地区情况更为严重，2013年中、西部地区小学大班额分别高达16.80%和13.07%；初中达12.48%和11.60%。大班额形成除布局失衡外，还有城镇化导致学生总数增加使办学条件不足、个别择校择班造成的学生集聚、教师数量不足难以分班等原因。

（六）西部地区教师队伍结构性缺编问题明显

调查显示，西部地区部分小学科学、外语、音乐、体育、美术生师比依次为457∶1，51∶1，200∶1，170∶1，209∶1；初中音、体、美生师比依次为275∶1，201∶1，83∶1。很多农村中小学缺少体、音、美、外语及信息技术教师，教师老龄化问题严重。主要原因是，农村教师待遇总体偏低，工作、生活条件普遍较差，培训机会少，缺乏发展后劲，不

仅新的优秀教师"下不去、留不住",就连现有的农村教师也不断流失,加剧了西部地区农村教师的结构性缺编问题。

三、中国义务教育均衡发展的政策建议

实现"十三五"时期发展目标,必须牢固树立创新、协调、绿色、开放、共享的发展理念。教育领域,要用创新发展理念引领教育创新、用绿色发展理念引领生命教育与生态教育、用协调发展理念引领教育均衡协调发展、用开放发展理念引领教育开放与教育国际化、用共享发展理念引领教育公平与教育扶贫。[①] 具体到义务教育均衡发展,要及早谋划省域义务教育基本均衡发展的国家战略[②],转变发展模式,必须转变为质量公平阶段的内涵发展、自主发展和特色发展模式。[③]

（一）强化政府责任,进一步完善义务教育均衡发展体制机制

一是国家要进一步推动各省切实履行备忘录各项承诺,建立各部委之间、部委与省级政府之间的协同、会商和联动机制,特别强化省级层面的统筹责任,形成推进义务教育发展的政策合力;二是完善义务教育均衡发展问责机制,将县域义务教育均衡发展和义务教育标准化学校建设工作作为考核各市、县（市、区）人民政府及其主要负责人的重要内容;[④] 三是建立城乡一体化的均衡发展体制机制,大力推广江苏省无锡市"高位均衡"经验、四川省成都市"市域统筹、圈层融合"经验、江苏省泰州市"内涵式均衡"经验和山东省"1751 模式"[⑤] 经验,各

---

① 朱永新:《用"五大理念"引领"十三五"教育改革发展》,《中国教育报》2015 年 11 月 16 日。

② 冯建军:《义务教育均衡发展方式的转变》,《中国教育学刊》2012 年第 3 期。

③ 吴康宁:《及早谋划省域义务教育基本均衡发展的国家战略》,《教育研究与实验》2015 年第 2 期。

④ 高庆蓬、孙继红:《义务教育均衡发展备忘的政策分析》,《中国教育学刊》2015 年第 12 期。

⑤ 山东省普通中小学"1751"改革创新工程的内容和目标是在全省选择 17 个县（含县级市、区,下同）的 51 所普通中小学,经过 3 至 5 年的重点培育,形成一批县域层面的普通中小学改革创新样板学校。

省（区、市）要立足本地实际，统筹校际、城乡、区域义务教育均衡发展；四是进一步加强全国义务教育均衡发展的评估和监测，及时公开监测数据和结果，利用定期公布的全国义务教育均衡发展的态势图督导义务教育均衡发展。

（二）持续加大财政投入，进一步巩固义务教育经费保障机制

一是加大教育投入力度，落实教育经费"三个增长、两个比例"法定要求，全国教育经费要在保持占国内生产总值4%的基础上有所提高；二是健全城市义务教育经费保障机制，深化农村义务教育经费保障机制改革；三是在继续支持西部地区义务教育的同时，还要加大对中部地区义务教育的投入，逐步尝试在中西部地区分省实施差别化的投入政策；四是实行对老少边穷地区义务教育的投入适当倾斜政策；五是逐步完善省以下财政支付体系，特别要匹配地方的事权财权，防止支出责任过度下移，减少贫困区县专项转移支付资金的配套压力。

（三）优化顶层设计，多措并举，协同治理义务教育发展"新问题"

面对义务教育发展农村空心化、城乡教育资源型的非均衡等问题，需要优化顶层设计，多措并举，协同治理。一是保障城镇义务教育学校建设用地，切实控制城镇义务教育学校规模和班额。二是充分利用农村教育资源，不让已有学校尤其是新建学校资源闲置和浪费，办好农村学校，增强农村义务教育的吸引力。三是加快探索乡村小规模学校办学机制和管理办法，适应乡村学生流动频繁的新常态。四是发挥互联网＋教学点在促进教学点开齐、开好国家规定课和实现区域义务教育高位均衡发展方面上的作用。[1] 五是引导有条件、有想法的进城务工人员返乡创业，将其子女带回农村读书，分解城市义务教育的供求压力。

（四）严格执行学校标准化建设政策，坚决消除大班额和校舍危房

---

[1] 王继新、施枫、吴秀圆：《"互联网＋"教学点：新城镇化进程中的义务教育均衡发展实践》，《中国电化教育》2016年第1期。

首先要进一步修改与调试学校标准化建设的标准体系，在制定办学条件基本标准的同时，还要制定办学条件的限高标准，防止超高标准、豪华学校建设；其次，大力推广吉林省磐石市标准化学校建设的模式，推动区域、城乡、校际间教育质量的均衡发展，合力解决大班额问题；再次，学校与相关教育行政部门要严格执行班额规定；四是鼓励在有条件的学校实行小班教学。在校舍危房方面，一是国家要规范危房鉴定，科学鉴定危房等级。建议加强部门协同，由住建部、教育部等部门共同鉴定中小学危房；二是各级学校要建立校舍危房的预警机制，及时报告，及时整改；三是各级政府要严格执行危房整改政策，坚决在第一时间清理新增危房，杜绝安全隐患。

（五）加强师资队伍建设，均衡配置城乡师资

一是国家要加强职业理想信念和师德教育，重点培养能承担多门学科教学任务的小学全科教师和"一专多能"的初中教师；二是全面推行师范生顶岗实习和农村特岗教师政策，试行浙江省嘉兴市教师下乡模式，推行师范毕业生必须到农村工作两年政策，缓解农村师资结构性缺编的问题；三是继续实施国培、省培以及区县培训，大力提高农村教师队伍素质；四是大力推进县域内和县际间教师双向流动制度，为在乡村工作的教师提供较高的津贴、补贴，通过多种措施吸引优秀教师自愿到农村任教。

第五章

中国义务教育均衡发展现状的
区域测度与比较

　　我国义务教育发展相对不均衡，这不仅仅体现在城乡、校际之间，还体现在区域之间，尤其是东中西部和八大经济区区域发展不均衡，这种不均衡由历史因素、地理位置偏差、政策扶持等多种原因造成。区域的不均衡发展不仅对区域社会文明与进步有一定阻碍作用，更不利于义务教育的长远发展，故对我国义务教育的区域发展现状进行测度与比较就显得尤为重要。

第一节　中国义务教育均衡发展的东中西部测度与比较

　　我国疆土辽阔，区域发展不均衡的问题由来已久。1986 年，"七五"规划按照区域经济社会发展水平把我国分为东、中、西部 3 个经济地带①，宏观上定格了我国经济社会发展"东部 > 中部 > 西部"的常态。但是，伴随着西部大开发战略和振兴东北老工业基地战略的实施，不仅东、中、西部区域划分被改变，而且东部、中部、西部三级常态逐

① 赵紫阳：《关于第七个五年计划的报告》，《人民日报》1986 年 4 月 14 日。"七五"规划中，中部地区包括山西、内蒙古、吉林、黑龙江、安徽、江西、河南、湖北、湖南 9 省区。2000 年 12 月 28 日，国务院发出《关于实施西部大开发若干政策措施的通知》（国发 200033 号），文件把内蒙古自治区纳入西部大开发的政策范畴，并特别加大了对西部的支持。2003 年振兴东北老工业基地政策的出台，把黑龙江、吉林划归东北综合经济区。事实上，吉林、黑龙江两省不论是从地理环境看还是从社会经济发展特征看，都属于边疆近海省份，已经形成了一个相对独立的区域。因此，现代意义的中部地区是指湖北、湖南、安徽、山西、河南、江西 6 省。

渐被打破，区域经济社会开始呈现出"中部塌陷"的现象。经济社会"中部塌陷"的问题比较复杂，集中表现为中部地区经济总量增长速度、人均 GDP 增长速度、固定资产投资增长速度、公共服务等不仅落后于东部，还落后于西部。[①] 统计数据显示，中部地区国土面积合计102.81 万平方公里，占全国总面积的 10.71%，但是人口相对密集，第六次人口普查显示，中部 6 省人口数为 3.57 亿，占了全国总人口26.77%。2014 年，中部地区国民生产总值为 138671.66 亿元，占全国GDP 的 20.26%，人均 GDP 为 38870.95 元，比东部人均 GDP 少27317.04元，增速比西部慢 1.5%。工资收入方面，2014 年，东中西地区劳动者的工资平均数分别为 33624 元、26960 元和 28246 元，与 2012年相比，年均增长速度分别为 10.5%、7.7% 和 8.4%，[②] 中部地区增长最慢。

"中部塌陷"的经济社会问题逐渐影响到中部教育发展，中部地区教育发展水平不但远远落后于东部沿海省份，而且还落后于西部地区众多省份。[③] 过去几年，中部地区高等教育生均预算内事业费在东、中、西三地区中最低，[④] 义务教育发展也面临着严重的"中部塌陷"问题。义务教育是国民教育的基础，区域义务教育均衡发展直接与国民教育公

---

① 周绍森、王志国等：《"中部塌陷"与中部崛起》，《南昌大学学报（人社版）》2003 年第 6 期；刘乃全、陶云等：《中国区域经济增长协整分析与区域政策选择——兼论"中部塌陷"现象》，《财经研究》2006 年第 4 期；安虎森、殷广卫：《中部塌陷：现象及其内在机制推测》，《中南财经政法大学学报》2009 年第 1 期；潘文轩：《公共服务"中部塌陷"现象研究：表现、成因与对策》，《湖北社会科学》2012 年第 4 期。

② 中国国情搜索网：《中国劳动力动态调查：2015 年报告》，2015 年 12 月 10 日，见 http://nation.chinaso.com/detail/20151207/1000200032758161449449183893 083358_1.Html.

③ 王远伟：《我国"教育中部塌陷"现象解读——基于省际教育数据的实证分析》，《教育发展研究》2010 年第 3 期。

④ 张炜：《我国高校教育财政经费"中部塌陷"现象研究》，《高教探索》2009 年第 2 期。

平紧密相关。2014年,中部6省有普通初中16842所,占全国初中的32.01%,有初中生12469059人,占全国初中生的28.44%;有小学66847所,占全国小学的33.19%,有小学生27762238人,占全国小学生29.37%。因此,系统论证义务教育"中部塌陷"问题,分析其深层原因,对于实现义务教育"中部崛起"、实现义务教育均衡发展和国民教育公平尤为必要。

一、研究设计

（一）研究假设与主张

本书旨在测度我国区域义务教育的发展状况,重点探究义务教育"中部塌陷"的问题表征以及原因,提出应对义务教育"中部塌陷"的具体措施,进而助推区域义务教育均衡发展。因此,本书的核心主张为:

第一,区域义务教育发展直接关乎教育均衡与教育公平,因此,理想的义务教育发展水平是东、中、西部地区义务教育的均衡发展,而不应当出现"中部塌陷"的情况;

第二,义务教育发展是一个复杂的体系,因此,义务教育"中部塌陷"只是部分指标的局部塌陷,并非中部地区义务教育发展水平的"全盘塌陷";

第三,义务教育经费是教育发展的核心保障,因此,义务教育经费的"中部塌陷"会导致其他发展指标的"双重塌陷";

第四,义务教育发展水平与区域经济社会发展水平呈正相关,因此,义务教育发展"中部塌陷"除了受教育系统内的因素影响之外,还受到教育系统外的经济、人口等因素的影响。

（二）测度指标及说明

义务教育发展水平的测度需要通过对具体的发展指标量化来实现。

本书参照义务教育均衡发展的国家标准[1]，以及翟博[2]、褚宏启[3]、薛二勇[4]、姚继军[5]等人的研究，拟定了区域义务教育发展水平的测度指标：一是区域义务教育的经费指标，主要分析生均预算内教育事业经费和生均预算内教育公用经费。其中，生均预算内教育事业经费能够反映义务教育发展的总体保障水平，生均预算内教育公用经费反映义务教育发展的基本保障水平。二是区域义务教育的师资配置，主要分析生师比、超出规定学历的教师比例[6]和中高级职称教师比例。其中，生师比反映教师资源的数量水平，超出规定学历的教师比例和中高级职称教师比例则用来测度教师的质量水平。三是区域义务教育的办学条件，主要分析生均校舍建筑面积、每百名学生拥有的计算机台数和生均教育固定资产值。其中，生均校舍建筑面积用于测度学校办学条件基本水平；每百名学生拥有的计算机台数反映义务教育信息化水平；生均固定资产值用于测度义务教育办学的综合水平。

（三）数据来源与分析理路

本书所分析的义务教育经费、师资配置和办学条件的数据都来自国

---

[1] 中国教科院"义务教育均衡发展标准研究"课题组：《义务教育均衡发展国家标准研究》，《教育研究》2013 年第 5 期。

[2] 翟博、孙百才：《中国基础教育均衡发展实证研究报告》，《教育研究》2012 年第 5 期；翟博：《均衡发展：我国义务教育发展的战略选择》，《教育研究》2010 年第 1 期；翟博：《教育均衡发展：理论、指标及测算方法》，《教育研究》2006 年第 3 期。

[3] 褚宏启、高莉：《义务教育均衡发展评估指标与标准的制订》，《教育发展研究》2010 年第 6 期。

[4] 薛二勇：《区域内义务教育均衡发展指标体系的构建——当前我国深入推进义务教育均衡发展的政策评估指标》，《北京师范大学学报（社会科学版）》2013 年第 4 期。

[5] 姚继军、张新平：《新中国教育均衡发展的测度》，《华东师范大学学报（教育科学版）》2010 年第 6 期；姚继军：《省域义务教育优质均衡发展量化测度指标体系的构建——以江苏省为例》，《教育发展研究》2012 年第 22 期。

[6] 中学为本科及其以上的学历，小学为专科及其以上的学历。

家公开的报告和统计年鉴。其中，教育经费数据来自教育部、国家统计局和财政部发布的 2010—2014 年《全国教育经费执行情况统计公告》；师资配置、办学条件的原始数据均来自教育部发展规划司公开的 2010—2014 年教育统计数据和 2010—2013 年《中国教育统计年鉴》。在数据分析上，纵向上分析过去五年全国以及东中西三区义务教育综合发展水平的发展情况；在横向上，系统比较东中西部区域义务教育发展人、财、物相关指标的绝对水平与相对水平，绝对值主要考虑生均水平比较，相对值主要考察年度增长幅度，因为"中部塌陷"不是指中部绝对水平的下降，还包括中部增长速度的相对落后。[①] 数据分析工具主要采用 SPSS 20.0 和 Excel 2007。

二、测度比较

（一）义务教育经费的区域测度与比较

教育经费是区域义务教育发展水平的重要测度指标与影响因素。如图5.1 所示，2010—2014 年，我国义务教育生均预算内教育事业经费一直呈"中部塌陷"的情况。过去五年，中部地区小学生均预算内教育事业经费始终低于东部地区和西部地区，依次低于东部地区 2446.81元、2784.68 元、2847.55 元、2888.46 元和 2918.24 元，依次低于西部地区 994.27 元、1101.28 元、1672.37 元、1763.85 元和 1701.88 元。中部地区初中生均预算内教育事业经费也低于东部地区和西部地区，依次低于东部地区 2535.35 元、2844.68 元、2982.80 元、3251.70 元和3445.95 元，依次低于西部地区 659.66 元、640.71 元、672.27 元、586.13 元、和 270.48 元。

尽管小学、初中生均预算内教育事业经费一直处于"中部塌陷"的状况，但是数据分析也显示，义务教育经费"中部塌陷"的情况有好转的势头。2013—2014 年，中部小学生均预算内教育事业经费和西

---

① 魏风劲：《试论中部地区人力资本投资与崛起》，《西北人口》2008 年第 2 期。

部的差距由 1763.85 元下降到 1701.88 元；而初中方面，中部地区初中生均预算内教育事业经费和全国平均水平的差距由 1486.73 元下降到 1469.18元，和西部地区的差距更是从 659.66 元下降到了 270.48 元。[①]所以说，义务教育"中部塌陷"的情况有所好转。

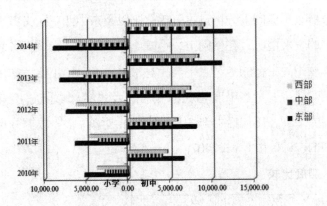

图 5.1　2010—2014 年义务教育生均预算内教育事业经费（单位：元）

义务教育生均预算内教育公用经费分析结果进一步表明，义务教育经费"中部塌陷"有所好转。如表 5.1 所示，小学生均预算内教育公用经费只在 2010 年出现过"中部塌陷"的情况，分别低于东部地区和西部地区 290.27 元和 99.50 元；初中亦然，只有 2010 年比东部地区少 311.76 元，比西部地区少 95.87 元。但是，从 2011 年开始，义务教育生均预算内教育公用经费"中部塌陷"开始有所好转，不仅逐渐恢复到"东部 > 中部 > 西部"的常态，而且东、中、西部地区的区域差距也不断缩小。2011—2014 年，中部地区小学生均预算内教育公用经费超出西部地区 18.38 元、9.53 元、111.06 和 68.51 元，和全国的差距从 115.77 元缩小到 84.71 元，与东部地区的差距从 314.80 元缩小到 252.85元。2011—2014 年，中部地区初中生均预算内教育公用经费依次超出西部 61.41 元、325.50 元、394.69 元和 531.48 元，与全国平均水平逐渐靠近，与东部地区的差距从 200.57 元下降到 141.19 元。所以说，2011 年开始，东、中、西部地区生均预算内教育公用经费始终为"东部>中部>西部"的常态，"中部塌陷"基本上得以消弭，而且东、中、西部地区的生均预算内公用教育经费差距逐渐缩小。

表 5.1　2010—2014 年生均预算内教育公用经费（单位：元）

经费指标	地区	2010 年	2011 年	2012 年	2013 年	2014 年
小学生均公用经费	全国	933.54	1369.69	1831.01	2076.42	2246.86
	东部	1082.82	1568.72	1937.33	2213.60	2415.00
	中部	792.55	1253.92	1766.00	2037.80	2162.15
	西部	892.05	1235.54	1756.47	1926.74	2093.64
初中生均公用经费	全国	1415.59	2049.32	2697.92	2990.96	3125.18
	东部	1574.64	2190.88	2789.56	3105.25	3376.49
	中部	1262.88	1990.31	2807.18	3124.05	3235.30
	西部	1358.75	1928.90	2481.68	2729.36	2703.82

（二）义务教育师资配置的区域测度与比较

数据分析表明，2010—2014 年，我国总体生师比在不断下降，只有小学生师比始终处于"中部塌陷"的情况，初中生师比基本上处于东部好于中部，中部好于西部的常态。如图 5.2 所示，中部地区小学生师比依次高出全国平均水平 1.93、1.79、1.15、1.04、0.95，依次比东部地区高出 3.37、3.03、1.20、1.45、1.27，依次比西部地区高出 1.76、1.80、2.13、1.45、1.37。不难发现，中部地区小学生师比始终处于"中部塌陷"的情况，但是"中部塌陷"的总体局势有所缓和，中部地区小学与全国平均水平的差距从 1.93 缩小到 0.95，与东部地区的差距从 3.37 缩小到 1.27，与西部地区的差距从 1.76 下降到 1.37。

初中生师比没有出现"中部塌陷"。如图 5.2 所示，2010—2014年，西部初中生师比依次为 16.14、15.56、14.13、13.85 和 13.49，东部初中生师比依次为 13.90、13.26、12.69、12.00 和 10.84。而中部初中生师比与全国平均水平则相对更为均衡，中部初中生师比依次为15.39、14.83、13.42、12.75 和 12.73，全国依次为14.98、14.38、13.03、12.76 和 12.15。可见，过去五年，东、中、西部地区初中生师比一直保持着"东部好于中部，中部好于西部"的常态，并未"塌陷"。所以，义务教育"中部塌陷"只是"局部塌陷"，并非"全盘塌陷"。

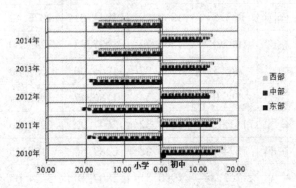

图 5.2　2010—2014 年义务教育生师比

与小学生师比情况类似，义务教育超出规定学历的教师比例一直处于"中部塌陷"。如图 5.3 所示，2010—2014 年，中部地区小学超出规定学历教师比例比全国平均水平依次少 4.33%、3.47%、3.16%、2.94%和 2.61%，比东部地区依次少 7.88%、6.39%、5.88%、5.40%和4.79%，比西部地区依次少3.50%、2.71%、2.36%、2.26%和1.95%。初中情况亦然，2010—2014 年，中部地区初中超出规定学历教师比例比全国平均水平依次少9.23%、8.96%、8.09%、7.61%和7.41%，比东部地区依次少 16.54%、15.89%、14.44%、13.83%和13.45%，比西部地区依次少 7.64%、7.72%、6.74%、5.92%和5.73%。

但总体来说，中部地区超出规定学历教师比例"中部塌陷"有所好转，中部地区教师学历情况与全国平均水平的差距正在逐渐缩小。小学超出规定学历教师比例与全国平均水平的差距从 4.33% 下降到 2.61%，初中超出规定学历教师比例与全国平均水平的差距从 9.23% 下降到7.41%。

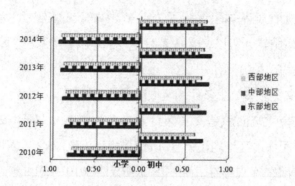

图 5.3　2010—2014 年义务教育超出规定学历教师比例（单位:%）

数据分析发现，义务教育中高级职称教师比例并未出现"中部塌陷"。如图 5.4 所示，2010—2014 年，东部地区小学中高级职称教师比例依次为90.54%、90.26%、89.69%、89.06% 和 87.78%；中部地区小学中高级职称教师比例依次为90.05%、89.53%、87.73%、87.17%和86.26%；西部地区小学中高级职称教师比例依次为86.72%、87.43%、84.23%、85.02%和86.74%。初中方面，东部地区中高级职

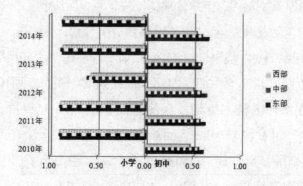

图 5.4　2010—2014 年义务教育中高级职称教师比例（单位:%）

称教师比例依次为60.29%、62.13%、63.49%、57.44%和65.55%；
中部地区中高级职称教师比例依次为55.21%、56.71%、57.54%、
58.41%和58.85%；西部地区中高级职称教师比例依次为46.33%、
48.31%、49.96%、51.68%和53.20%。可见，过去五年，义务教育中
高级职称教师比例基本上保持了"东部＞中部＞西部"的常态，并未
出现"中部塌陷"，所以，义务教育"中部塌陷"只是"局部塌陷"，
并非"全盘塌陷"。

（三）义务教育办学条件的区域测度与比较

生均校舍建筑面积是义务教育办学条件的基本指标。2010—2014
年东、中、西部地区生均校舍建筑面积数据表明，小学生均校舍建筑面
积"中部塌陷"客观存在。如图5.5所示，2010—2014年，中部地区
小学生均校舍建筑面积比全国平均水平依次少0.41㎡、0.45㎡、0.35
㎡、0.29㎡和0.31㎡，比东部地区小学依次少0.87㎡、0.84㎡、0.61
㎡、0.48㎡和0.42㎡，比西部地区小学依次少0.26㎡、0.42㎡、0.37
㎡、0.34㎡和0.46㎡，一直处于"塌陷"的状态。但是，中部地区小
学生均校舍建筑面积与全国平均水平的差距从0.41㎡下降到0.31㎡，
与东部地区小学的差距从0.87㎡下降到0.42㎡。可能由于人口向外流
动，西部地区小学生均校舍建筑面积增加，中、西部地区小学生均校舍
建筑面积差距有所增大，但总体来说，东、中、西部地区小学生均校舍
建筑面积的差距逐渐缩小，"中部塌陷"有所缓和。

与此相反，初中生均校舍建筑面积则没有呈现"中部塌陷"，反倒
是一直保持着"东部＞中部＞西部"的常态。如图5.5所示，2010—
2014年，东部地区初中生均校舍建筑面积依次为9.19㎡、9.93㎡、
10.90㎡、12.24㎡和13.01㎡，西部地区初中生均校舍建筑面积依次为
7.05㎡、8.00㎡、8.81㎡、9.86㎡和10.65㎡，中部地区初中生均校舍
建筑面积依次为8.13㎡、8.80㎡、10.02㎡、11.52㎡和12.02㎡，这与
全国平均水平极为接近，过去五年，全国初中生均校舍建筑面积依次为

8.21 ㎡、8.99 ㎡、9.99 ㎡、11.28 ㎡和 11.99 ㎡。可见，初中生均校舍建筑面积一直保持着"东部＞中部＞西部"的常态，初中生均校舍建筑面积并非"全盘塌陷"。

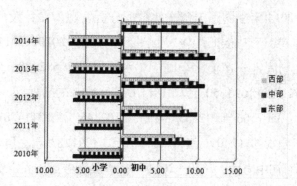

图 5.5　2010—2014 年生均校舍建筑面积（单位：㎡）

每百名学生拥有计算机数表明义务教育"中部塌陷"客观存在。如图 5.6 所示，2010—2014 年，中部地区小学每百名学生拥有计算机数比全国平均水平依次少 1.90 台、2.67 台、3.82 台、2.90 台和 3.29 台，比东部地区小学依次少 3.60 台、4.55 台、4.21 台、5.17 台和 5.44 台，比西部地区小学依次少 0.64 台、1.15 台、1.69 台、0.93 台和 1.23 台。初中方面，中部地区初中每百名学生拥有计算机数比全国平均水平依次少 1.48 台、2.71 台、2.78 台、3.03 台和 3.72 台，比东部地区初中依次

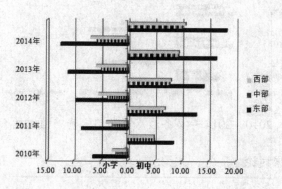

图 5.6　2010—2014 年义务教育每百名学生拥有计算机数（单位：台参看%）

少 3.55 台、6.27 台、6.35 台、7.01 台和 8.23 台，2010 年中西部地区初中每百名学生拥有计算机台数基本持平，但是 2011 年开始，中部地区初中开始比西部地区初中少，依次少 0.48 台、0.31 台、0.11 台和 0.66 台。

2010—2014 年生均固定资产值数据分析发现，义务教育"中部塌陷"客观存在，形势依旧严峻。如图 5.7 所示，2010—2014 年，中部地区小学生均固定资产值比全国平均水平依次少 682.28 元、1869.24元、1535.72 元、1693.50 元和 1814.93 元，比东部地区小学依次少1782.63 元、3507.06 元、2835.84 元、3102.48 元和 3114.87 元，比西部地区小学依次少 17.09 元、1721.59 元、1391.83 元、1458.58 元和1796.96 元。初中方面，2010—2014 年，中部初中生均固定资产值比全国平均水平依次少 1393.16 元、1903.57 元、1928.44 元、1973.80 元和2461.29 元，比东部地区初中依次少 3482.19 元、4455.12 元、4491.57元、4796.41 和 5651.72 元，比西部地区初中依次少 68.06 元、528.85元、477.69 元、175.60 元和 608.28。可见，在生均固定资产值方面存在着严重的"中部塌陷"。

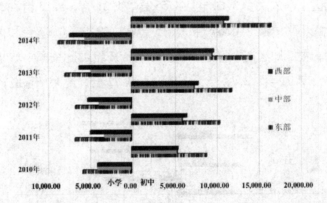

图 5.7　2010—2014 年义务教育生均固定资产值（单位：元）

三、结果讨论

（一）义务教育"中部塌陷"的三重表征

1."动态性"表征：总体情况有所好转，但形势依旧严峻

　　"中部塌陷"首先是一个社会经济问题，其次才是一个教育问题。义务教育"中部塌陷"是区域经济社会多因素作用的结果，因此，在义务教育领域内的塌陷外显得相对较为迟缓。不仅如此，义务教育"中部塌陷"还是一个变化发展着的社会现象和教育现象。首先，义务教育"中部塌陷"是一个客观的事实。2010年到2014年，我国小学、初中生均预算内教育事业经费都呈现出"中部塌陷"的情况。师资配置方面，小学生师比始终全国最高，超出规定学历教师比例也一直处于"中部塌陷"的境况，中部小学、初中超出规定学历教师比例均为全国最低。办学条件方面，小学生均校舍建筑面积，小学、初中每百名学生拥有计算机数，小学、初中生均固定资产值都出现了严重的"中部塌陷"。

　　不过，数据分析结果也非常可喜地表明，义务教育"中部塌陷"的总体情况有所好转。2013年和2014年义务教育生均预算内教育事业经费与东部地区、西部地区的差距逐渐缩小。从2011年开始，义务教育生均预算内教育公用经费"中部塌陷"开始有所好转，不仅逐渐恢复到"东部＞中部＞西部"的常态，而且东、中、西部的区域差距不断缩小。小学超出规定学历教师比例与全国平均水平的差距从4.33%下降到2.61%，初中超出规定学历教师比例与全国平均水平的差距从9.23%下降到7.41%。小学生均校舍建筑面积与全国平均水平的差距从0.41㎡下降到0.31㎡，与东部地区小学的差距从0.87㎡下降到0.42㎡。

　　尽管数据分析结果比较乐观，但是生均预算内教育公用经费、中高级职称教师比例等接近一半的义务教育发展指标都存在着"中部塌陷"的问题。而且，每百名学生拥有计算机数、生均固定资产值两个指标的区域差距并没有缩小，所以说，义务教育"中部塌陷"形势依然严峻，区域义务教育均衡发展任重而道远。[1]

---

① 宋乃庆：《我国义务教育均衡发展任重道远》，《中国教育学刊》2015年第9期。

2．"局域性"表征：只是局部指标塌陷，并不是全盘塌陷

首先，义务教育发展部分指标存在着从未"中部塌陷"的情况。2010—2014 年，义务教育中高级职称教师比例，无论是小学还是初中，都一直保持了"东部＞中部＞西部"的常态。过去五年，东、中、西部地区小学中高级职称教师比例平均为 89.47%、88.15%、86.03%，全国平均比例为 87.92%；东、中、西部地区初中的中高级职称教师比例平均为 61.78%、57.34%、49.90%，全国平均比例为 57.06%。可见，中部地区与全国平均水平基本相当，未曾出现"中部塌陷"的情况。

二是同一测量指标也只有小学或者初中出现"中部塌陷"。八个测算指标中，生师比只有小学出现"中部塌陷"，初中一直保持着"东部＞中部＞西部"的常态。2010—2014 年，中部地区初中生师比与全国平均水平则基本持衡，中部地区初中生师比依次为 15.39、14.83、13.42、12.75 和 12.73，全国依次为 14.98、14.38、13.03、12.76 和 12.15。在办学条件方面，生均校舍建筑面积只有小学存在"中部塌陷"的情况，过去五年中部地区初中生均校舍建筑面积与全国平均水平保持接近，中部地区初中生均校舍建筑面积依次为 8.13 ㎡、8.80 ㎡、10.02 ㎡、11.52 ㎡ 和 12.02 ㎡，全国初中生均校舍建筑面积依次为 8.21 ㎡、8.99 ㎡、9.99 ㎡、11.28 ㎡ 和 11.99 ㎡，没有呈现"中部塌陷"状况。

三是同一指标也只有阶段性时间出现"中部塌陷"。小学生均预算内教育公用经费、初中生均预算内教育公用经费只有 2010 年有"中部塌陷"的情况，分别低于东部 241.60 元和 266.84 元，分别低于西部 61.06 元和 54.66 元。2012 年开始，东中西部生均预算内教育公用经费恢复到"东部＞中部＞西部"的常态。而初中每百名学生拥有的计算机台数情况，则在 2010 年呈现出"东部中部西部"的常态，2010 年，东中西部地区初中每百名学生拥有的计算机台数依次分别为 8.45 台、4.90 台和 4.86 台。

3．"关联性"表征：教育经费"中部塌陷"导致其他"塌陷"

教育经费是义务教育事业发展的关键，由于教育经费的"中部塌陷"，义务教育发展的其他指标也出现了"中部塌陷"的情况。数据分析结果显示，我国小学阶段生均预算内教育事业经费、初中阶段生均预算内教育事业经费都呈现出"中部塌陷"的情况，另外，小学生师比、小学、初中超出规定学历教师比例，小学生均校舍建筑面积，小学、初中每百名学生拥有计算机数，小学、初中生均固定资产值都出现了严重的"中部塌陷"。基于2010—2014年教育经费与师资配置、办学条件的相关性分析结果如表5.2所示：

表5.2　2010–2014生均预算内教育事业经费与其他教育指标的相关性分析

测算指标	相关系数计算方法	生均教育事业经费	生均校舍面积	每百名学生计算机台数	生均固定资产值	生师比数值	超出规定学历教师比	中高级职称教师比
生均教育事业经费	Pearson 相关性	1	.786**	.955**	.937**	.736**	.231	.362*
	显著性(双侧)		.000	.000	.000	.000	.151	.022
生均校舍面积	Pearson 相关性	.786**	1	.784**	.914**	.610**	-.369*	-.259
	显著性(双侧)	.000		.000	.000	.019	.000	
每百名学生计算机台数	Pearson 相关性	.955**	.784**	1	.942**	.706**	.161	-.178
	显著性(双侧)	.000	.000		.000	.000	.322	.016
生均固定资产值	Pearson 相关性	.937**	.914**	.942**	1	.834**	-.020	-.141
	显著性(双侧)	.000	.000	.000		.000	.904	.000
生师比数值	Pearson 相关性	.736**	.610**	.706**	.834**	1	-.370*	-.805**
	显著性(双侧)	.000	.000	.000	.000		.019	.000
超出规定学历教师比	Pearson 相关性	.231	-.369*	.161	-.020	-.370*	1	.777**
	显著性(双侧)	.151	.019	.322	.904	.019		.000
中高级职称教师比	Pearson 相关性	.362*	-.259	-.178	-.141	-.805**	.777**	1
	显著性(双侧)	.022	.000	.016	.000	.000	.000	

** 在 0.01 水平（双侧）上显著相关；* 在 0.05 水平（双侧）上显著相关。

如表5.2所示，义务教育的办学条件、师资配置抽样指标中，生均校舍建筑面积、每百名学生拥有计算机台数、生均固定资产、生师比、超出规定学历教师比、中高级职称教师比与生均预算内教育事业经费的相关分别为 0.786**、0.955**、0.937**、0.736**、0.231 和 0.362*，其中，超出规定学历教师比没有出现"中部塌陷"，与生均预算内教育事业经费不相关。但是，生均校舍建筑面积、每百名学生拥有计算机台数、生均固定资产、生师比与生均预算内教育事业经费显著相关；中高级职称教师比与生均预算内教育事业经费比较相关。可见，经费"中部塌陷"导致义务教育发展"双重塌陷"的假设是正确的判断。

（二）义务教育"中部塌陷"的原因分析

义务教育"中部塌陷"不是一个孤立的现象。首先，"中部塌陷"是一个社会经济问题，义务教育"中部塌陷"是整个中部塌陷的"冰山一角"；其次，义务教育"中部塌陷"是相对于东部与西部义务教育发展水平而言的。所以，分析义务教育"中部塌陷"需要综合考虑中部地区和东西部地区的经济社会发展水平、国家的宏观政策以及义务教育内部的相关因素。

1. 中部地区地方经济和地方财政水平扼制了义务教育发展

中部地区主要是农业大省，产业结构存在"先天不足"，整体性的社会经济发展水平不及东部地区，发展速度不及西部地区的问题。2014年，中部地区国民生产总值为 138671.66 亿元，人均 GDP 为 38870.95元，比东部人均 GDP 少 27317.04 元，增速比西部慢了 1.5%。经济发展整体水平落后直接导致地区地方财政实力不足，进而影响了中部地区地方财政对义务教育发展的贡献。一方面导致中部地区支持义务教育发展的财力有限，另一方面也限制了义务教育从社会其他部门获得教育资金的能力，进一步扩大了中部地区与其他地区教育资源总量的差距。2010 年，河南、安徽、江西生均财政外教育资金分别是 268 元、332 元和 391 元，而东部 11 个省份生均财政外教育资金达到了 787 元，西部12 个省份生均财政外教育资金也达到了 344 元。[①] 这是义务教育"中部

---

① 王远伟：《我国"教育中部塌陷"现象解读——基于省际教育数据的实证分析》，《教育发展研究》2010 年第 3 期。

塌陷"的最主要原因。

2. 中央财政转移支付和部分政策对中部地区的支持力度偏低

我国的政府间财政转移支付制度主要以中央对地方的纵向转移为主,[1] 因此,中央财政对地方财政的转移支付力度可以间接影响到地区义务教育发展水平。农村义务教育经费保障机制从改革以来,国家对免学杂费资金、公用经费补助资金的经费安排都是由中央和地方按照比例分担,分担的比例为西部地区 8∶2,中部地区 6∶4。这种分配比例导致了中部地区义务教育发展经费投入少于西部。另外,在实施西部大开发战略的同时,国家和教育行政主管部门对西部教育实施了多种支持政策,面向西部地区实施了"国家贫困地区义务教育工程""西部教育信息化工程"等多项教育援助和支持项目。与此对照,中部地区能够获得的专项支持和优惠政策非常缺乏。所以,国家教育政策的边缘化使中部地区的教育逐渐处于更加不利的地位,义务教育"中部塌陷"进一步加剧。

3. 中部地区庞大的人口数量加剧了区域内义务教育的供需矛盾

中部地区人口众多,其中河南、湖南、安徽三省皆为人口超过6000 万的大省,第六次人口普查显示,中部 6 省人口数为 3.57 亿,占了全国 26.77%。强大的人口压力是义务教育"中部塌陷"的 重要原因。一方面,因为人口众多,资源稀缺的问题相对突出,在与其他地区有相同教育投入的前提下,每个学生享有的平均教育资源也要比其他地区学生少。人口众多导致义务教育投入被"摊薄",人均能够享受到的义务教育资源较少。以 2010—2014 年初中生均教育事业经费为例,中部地区平均只有 6845.22 元,分别仅达到东部地区和西部地区的71.27% 和 96.62%。另一方面,人口众多也改变了义务教育的供需关系,中部地区为了普及教育或者尽量使更多学生入学,往往采取扩大学

---

[1]　陈颂东:《中国的转移支付制度与地区公共服务均等化》,《经济经纬》2008 年第 1 期。

校、班级规模的方式，导致中部地区义务教育的生师比过大，对教育质量有很大的负面影响，间接促成了义务教育"中部塌陷"的局面形成。

（三）义务教育"中部塌陷"的治理策略

1. 助推中部地区经济发展，加快完善中部义务教育发展的"造血"机制

当前我国中部地区的义务教育水平低，重要原因之一是中部地区经济发展水平较低导致的地方财政能力不足。因此，要助推中部地区的经济发展，壮大中部地区的财政能力，加快完善中部地区义务教育发展的"造血"机制。一是特别要转变中部地区经济发展模式，激发中部地区的经济发展活力，要继续保持农业优势的基础上，大力发展现代工业和新型服务业。二是重点要坚持改革创新，大胆引进国际、国内发达地区的企业或技术进入中部地区，开拓新的经济增长点。三是必须要发挥人力资源优势，释放人口红利，大力发展第三产业，提升产业结构层次，提高经济增长对税收的贡献度。通过经济发展和地方财政实力的壮大，为区域义务教育发展提供坚强的内生保障。

2. 强化中部地区政策支持，优化调整中部义务教育发展的"输血"机制

在我国现行的财政转移支付框架下，东部地区在税收返还上有固有体制的优势，而西部地区有西部大开发的倾斜性的政策优惠，相比而言，中部地区从财政转移支付中所得到的利益较低。[1] 因此，要保障中部地区义务教育均衡发展，就必须在继续支持西部地区义务教育的同时，加强对中部地区的支持。一是在教育经费的投入上，要适当加大对中部地区义务教育的投入；二是要在专项转移支付的项目设置和资金分配上向中部地区倾斜，重点应当落在义务教育师资配置、义务教育学校建设、义务教育教学设施、学生生活条件等方面，给予中部地区更多的

---

[1] 范子英：《中国的财政转移支付制度：目标、效果及遗留问题》，《南方经济》2011 年第 6 期。

支持；三是逐步完善省级以下财政支付体系，特别要匹配地方的事权财权，防止支出责任过度下移，减少中部地区贫困区县专项转移支付资金的配套压力。

3. 落实地方政府公共服务职能，因地制宜缓解中部义务教育的供需压力

新时期，要消除义务教育"中部塌陷"现象，强化地方政府的义务教育职责是有力抓手，化解人口负担是重中之重。一方面，要转变中部地区各级地方政府的职能、提升当地地方政府对义务教育的重视程度。另一方面，要强化地方政府的义务教育职责，做好基本工作，特别要健全义务教育管理的体制机制、优化师资配置、改善农村学校办学状况、提高义务教育教学质量，为社会公众提供满意的、优质的义务教育，促进中部义务教育内涵发展，从而实现国家义务教育大格局的和谐共赢。另外，人口问题是新型城镇化过程中中部地区的地方政府必须着力解决的关键问题。[1] 中部地区地方政府要通过科学规划推进中部地区的城市化效率与进程，科学合理地引导农村人口向城市转移，走集群式城市化和特色式城镇化的道路，提高经济活动和人口的聚集程度，增强义务教育的规模效应，推进城乡义务教育均衡发展、特色发展。

第二节　中国义务教育办学条件的八大经济区测度比较

学校标准化建设是提高教育质量、缩小义务教育发展差距和实现教育公平的综合性教育改革。早在 1996 年，国家就启动了义务教育学校标准化建设工程，由建设部、计划委员会和教育委员会三部委制定了《农村普通中小学建设标准（试行）》。2010 年，《纲要》进一步指出，"推进义务教育学校标准化建设，加快缩小城乡差距，建立城乡一体化

---

① 刘涛、齐元静、曹广忠：《中国流动人口空间格局演变机制及城镇化效应——基于 2000 和 2010 年人口普查分县数据的分析》，《地理学报》2015 年第 4 期。

义务教育发展机制，率先在县（区）域内实现城乡均衡发展"。① 近年来，国家先后实施了贫困地区义务教育工程、全国中小学危房改造工程、农村义务教育薄弱学校改造计划等一系列重大工程项目，极大地改善了义务教育阶段学校的办学条件，学校标准化建设成效显著。但是有研究发现，我国义务教育学校标准化建设工作实施在一定程度上偏离了"标准"：建设理念重"均衡"轻"发展"、实施过程重"外延"轻"内涵"、资源使用重"投入"轻"效益"、建设成果重"统一"轻"特色"等问题。② 伴随着新型城镇化的推进和新常态经济社会的变革，义务教育发展也将面临新的形势。因此，理性总结与反思义务教育学校标准化建设尤为必要。

一、研究设计

（一）研究思路

义务教育学校标准化建设是一项全国性的综合改革，各种相关的经济、政治、文化等因素，往往以随机变量、外因变量和约束变量等形式影响学校标准化建设进度和质量。因此，分析义务教育学校标准化建设的进程与问题中应始终坚持辩证的方法论原则：一是抓主要矛盾，以2010—2014 年全国办学条件为分析对象，基于数据分析探讨我国义务教育学校标准化建设的进程与问题；二是辩证分析，在对我国义务教育学校标准化建设办学条件数据分析之后，跳出办学条件，用文献研究方法综合辩证地分析与办学条件相关的各种因素，着重分析新型城镇化对义务教育学校标准化建设的影响。

（二）测算指标与说明

---

① 中华人民共和教育部：《国家中长期教育改革和发展规划纲要（2010 – 2020 年）》，2015 年 8 月 18 日，见 http：//www. gov. cn/jrzg/2010 – 07/29/content _ 1667143. Html.

② 王天平、李鹏、王建平：《城乡中小学标准化建设的问题审视与优化之道——基于 N 市中小学标准化建设的调研》，《西南大学学报（社会科学版）》2014 年第 3 期。

基于以上研究思路与方法，本书主要分析以下四个办学条件指标：第一，生均教学与辅助用房面积，主要测算义务教育学校标准化建设的"底线达标"情况；第二，生均生活用房面积，主要测算城乡义务教育学校标准化建设的"基本达标"；第三，学校的信息化设备，把每百名学生拥有的计算机台数作为信息化主要指标，测算"信息化达标"情况；第四，生均固定资产值，作为综合性指标，测算办学条件的"内涵达标"。然后，依照"全国——区域——城乡"的分析框架，全面分析我国义务教育学校标准化建设的进展与问题。本书的区域测度比较采用"十一五"规划的八大经济综合区。

（三）数据来源与分析技术

本书以 2010—2014 年全国办学条件数据为主要分析对象，数据来自 2010—2014 年教育部发展规划司相关统计数据和《中国教育统计年鉴》（2010—2013）。按照教育部发展规划司的统计口径，义务教育办学条件分了两个部分，[①] 条件（一）主要是校舍建筑及其面积指标，条件（二）则主要是教学设备和学校资产等。在数据分析过程中，一方面关注纵向的五年办学条件变化，分析义务教育标准化学校建设的整体进程；另一方面关注横向的测算指标的绝对增长和相对增长，分析义务教育学校标准化建设的具体成效与问题；同时，运用卡方分析，探讨区域间义务教育学校标准化建设的均衡情况。数据分析主要运用 Excel2007 和 SPSS20.0。

---

① 中华人民共和国教育部发展规划司：《初中办学条件（一）》，2014 年 12 月 18 日，见 http://old. moe. gov. cn/publicfiles/business/htmlfiles/moe/s8493/201412/181867. html；中华人民共和国教育部发展规划司：《初中办学条件（二）》，2014 年 12 月 18 日，见 http://old. moe. gov. cn/publicfiles/business/htmlfiles/moe/s8493/201412/181890. Html. 其中，办学条件（一）主要包括了校舍建筑面积、教学及辅助用房、行政办公用房、生活用房、其他用房以及校舍中危房的情况；办学条件（二）主要包括了校园占地面积（平方米）、图书（册）、计算机数（台）、教室和固定资产总值。

二、测度比较

（一）生均教学与辅助用房面积的测度比较

生均教学与辅助用房面积包含了教室、实验室、图书室、微机室、语音室、体育馆六种建筑面积，是学校标准化建设的基础工作之一。2010—2014 年，小学生均教学与辅助用房面积从 3.415 ㎡ 增加到 4.974 ㎡，增长 45.65%；初中生均教学与辅助用房面积从 3.501 ㎡ 增加到 4.997 ㎡，增长 42.73%。各区域间，生均教学与辅助用房面积变化如表 5.3 所示：

表 5.3 2010—2014 年全国八大综合经济区义务教育生均教学与辅助用房面积（单位：㎡）

地域	2010 年		2011 年		2012 年		2013 年		2014 年		绝对排名		增幅排名	
	小学	初中	小学	初中	小学	初中	小学	初中	小学	初中	小学	初中	小学	初中
东北综合经济区	3.214	4.391	3.191	4.736	3.507	4.230	3.510	5.457	3.575	5.508	8	2	8	6
北部沿海综合经济区	3.064	4.035	3.171	4.346	3.346	4.150	3.490	4.846	3.594	5.003	7	6	3	8
东部沿海综合经济区	3.498	6.083	3.801	6.841	3.784	5.453	4.043	7.468	4.089	7.809	2	1	4	5
南部沿海综合经济区	3.783	3.482	3.953	4.019	3.924	3.189	4.192	4.740	4.213	5.398	1	3	7	1
黄河中游综合经济区	2.976	3.292	3.173	3.615	3.067	3.087	3.590	4.291	3.675	4.393	6	7	2	4
长江中游综合经济区	3.268	3.757	3.610	4.459	3.444	3.466	3.802	4.903	3.794	5.060	3	5	5	3
大西南综合经济区	3.270	3.091	3.433	3.343	3.350	2.794	3.639	3.639	3.709	3.853	5	8	6	7
大西北综合经济区	2.940	3.636	3.143	4.113	3.155	3.053	3.526	4.718	3.717	5.214	4	4	1	2

2010—2014 年，小学生均教学与辅助用房面积增长最快的是大西北综合经济区，增长 26.43%；增长最慢的是东北综合经济区，增长 11.23%。截至 2014 年，小学生均教学与辅助用房面积最高为南部沿海综合经济区 4.213 ㎡，最低为东北综合经济区 3.575 ㎡。非参数检验显示，八大综合经济区小学生均教学与辅助用房面积差异显著（Kendall's W=0.817，χ2=28.60，p=0.000<0.005）。初中教学与辅助用房面积增长最快的是南部沿海综合经济区，增长55.03%；增长最慢的是北部沿海综合经济区，增长23.99%。截至2014 年，初中生均教学与辅助用房面积最大为东部沿海综合经济区 7.809 ㎡，最小为大西南综合经济区 3.853 ㎡。非参数检验显示，八大综合经济区初中生均教学与辅助用房面积差异显著（Kendall's W=0.901，χ2=31.533，p=0.000<0.005）。

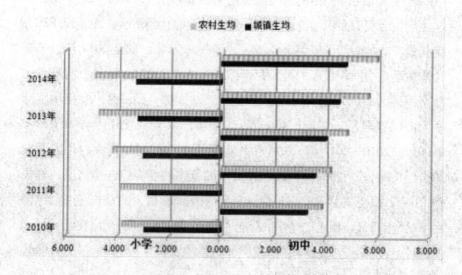

图 5.8　2010—2014 年义务教育城乡生均教学
与辅助用房面积（单位：㎡）

城乡生均教学与辅助用房面积变化如图 5.8 所示，2010—2014 年，农村小学生均教学与辅助用房面积从 3.822 ㎡上涨到4.885㎡，增加

1. 063㎡，增长27.81%；城镇小学生均教学与辅助用房面积从2.941㎡上涨到3.276㎡，增加0.335㎡，增长11.39%。初中阶段，农村初中生均教学与辅助用房面积从3.886㎡上涨到6.012㎡，增加2.1276㎡，增长54.70%；同期，城镇初中生均教学与辅助用房面积从3.303㎡上涨到4.788㎡，增加1.485㎡，增长44.96%。可见，农村学校生均教学与辅助用房面积的绝对增长面积和增幅都超过了城镇学校。

（二）生均生活用房面积测度比较

生均生活用房面积包含了教工宿舍、学生宿舍、食堂、厕所等建筑面积，也是学校教学活动的重要保障支撑。2010—2014年，小学生均生活用房面积从1.319㎡增加到1.725㎡，增长30.78%；初中生均生活用房面积从3.270㎡增加到4.979㎡，增长52.26%。

各区域间生均生活用房面积变化如表5.4所示，2010—2014年，小学生均生活用房面积增长最快的是黄河中游综合经济区，增长57.82%；增长最慢的是南部沿海综合经济区，增长9.71%。截至2014年，小学生均生活用房面积最高的是大西南综合经济区2.274㎡，最小的是东北综合经济区1.001㎡。非参数检验显示，八大综合经济区小学生均生活用房面积差异显著（Kendall's $W = 0.910$，$\chi 2 = 31.867$，$p = 0.000 < 0.001$）。2010—2014年，初中生均生活用房面积增长最快的是大西北综合经济区，增长93.80%；增长最慢的是东部沿海综合经济区，增长34.70%。截至2014年，初中生均生活用房面积最大的是长江中游综合经济区5.925㎡，最小的是东北综合经济区3.215㎡。非参数检验显示，八大综合经济区初中生均生活用房面积差异显著（Kendall's $W = 0.928$，$\chi 2 = 32.467$，$p = 0.000 < 0.001$）。

表 5.4 2010—2014 年全国八大综合经济区义务教育生均生活用房面积（单位：㎡）

地域	2010 年		2011 年		2012 年		2013 年		2014 年		绝对排名		增幅排名	
	小学	初中	小学	初中	小学	初中	小学	初中	小学	初中	小学	初中	小学	初中
东北综合经济区	0.659	1.833	0.701	2.198	0.753	2.464	0.885	2.977	1.001	3.215	8	8	3	2
北部沿海综合经济区	0.848	3.125	0.871	3.381	0.950	3.677	1.066	4.083	1.118	4.244	7	7	5	7
东部沿海综合经济区	1.423	4.306	1.425	5.021	1.484	5.405	1.550	5.686	1.571	5.800	6	2	7	8
南部沿海综合经济区	1.657	2.953	1.744	3.360	1.806	3.759	1.838	4.213	1.818	4.667	4	5	8	4
黄河中游综合经济区	1.029	2.878	1.125	3.320	1.268	3.804	1.498	4.644	1.624	4.998	5	4	1	3
长江中游综合经济区	1.570	4.063	1.521	4.530	1.679	5.257	1.775	5.713	1.839	5.925	3	1	6	6
大西南综合经济区	1.608	3.515	1.648	3.917	1.786	4.235	2.061	4.777	2.274	5.193	1	3	4	5
大西北综合经济区	1.239	2.260	1.250	2.853	1.442	3.254	1.769	3.874	1.953	4.380	2	6	2	1

城乡之间生均生活用房面积变化如图 5.9 所示，2010—2014 年，农村小学生均生活用房面积从 1.509 ㎡上涨到 2.450 ㎡，增加 0.941 ㎡，增长 62.36%；同期，城镇小学生均生活用房面积从 1.098 ㎡上涨到 1.379 ㎡，增加 0.281 ㎡，增长 25.59%。初中阶段，农村初中生均生活用房面积从 4.019 ㎡上涨到 7.177 ㎡，增加 3.158 ㎡，增长 78.58%；同期，城镇初中生均生活用房面积从 2.888 ㎡上涨到 4.527 ㎡，增加 1.639 ㎡，增长 56.75%。可见，农村学校生均生活用房面积的绝对增长面积和增幅都超过了城镇学校。

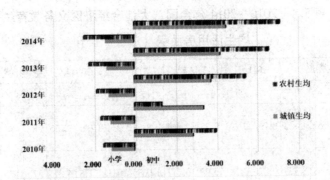

图 5.9　2010—2014 年义务教育城乡生均生活用房面积（单位：m²）

（三）每百名学生拥有计算机台数测度比较

教育信息化是教育现代化的必要条件。计算机设备普及是教育信息化的核心内容，2010—2014 年，小学每百名学生拥有计算机台数从 4.135 台上涨到 8.956 台，增长 116.59%；初中每百名学生拥有计算机台数从 6.350 台上涨到 13.571 台，增长 113.72%。

各区域间每百名学生拥有计算机台数变化如表 5.5 所示，2011—2014 年期间八大综合经济区每百名学生拥有计算机台数总体呈上升趋势。小学每百名学生拥有计算机台数增长最快的是长江中游综合经济区，增长163.46%；增长最慢的是东北综合经济区，增长61.75%。截至 2014 年，小学每百名学生拥有计算机台数最多的是东部沿海综合经济区15.286台，最少的是大西南综合经济区 5.770 台。非参数检验显示，八大综合经济区小学每百名学生拥有计算机台数差异显著（Kendall's W = 0.867，$\chi^2 = 30.33$，$p = 0.000 < 0.001$）；初中每百名学生拥有计算机台数增长最快的是南部沿海综合经济区，增长 162.12%；增长最慢的是东北综合经济区，增长92.95%。截至 2014 年，初中每百名学生拥有计算机台数最多的是东部沿海综合经济区 26.431 台，最少的是大西南综合经济区 9.133 台。非参数检验显示，八大综合经济区初中每百名学生拥有计算机台数差异显著（Kendall's W = 0.992，$\chi^2 = 34.733$，$p = 0.000 < 0.001$）。

表 5.5　2010—2014 年八大综合经济区义务教育每百名学生
拥有计算机台数（单位：台）

地域	2010 年		2011 年		2012 年		2013 年		2014 年		绝对排名		增幅排名	
	小学	初中	小学	初中	小学	初中	小学	初中	小学	初中	小学	初中	小学	初中
东北综合经济区	6.275	9.196	7.112	12.130	7.804	13.889	9.027	16.426	10.150	17.744	4	2	8	8
北部沿海综合经济区	6.349	8.378	8.286	11.805	9.377	13.358	11.074	15.590	12.625	16.608	2	3	6	7
东部沿海综合经济区	9.248	12.995	12.452	20.190	14.064	22.941	15.085	25.362	15.286	26.431	1	1	7	6
南部沿海综合经济区	5.271	5.654	7.373	8.592	8.107	9.906	9.337	11.681	11.264	14.820	3	4	5	1
黄河中游综合经济区	2.630	5.013	3.305	6.416	3.978	7.366	5.096	9.220	6.231	10.233	7	7	4	5
长江中游综合经济区	2.471	5.160	3.202	6.901	4.447	8.706	5.758	10.071	6.510	10.731	6	6	1	4
大西南综合经济区	2.372	4.226	3.449	6.015	9.370	6.985	4.937	8.168	5.770	9.133	8	8	2	3
大西北综合经济区	3.856	5.969	5.228	8.890	6.304	10.239	7.974	12.413	9.263	14.301	5	5	3	2

城乡之间每百名学生拥有计算机台数变化如图 5.10：

2010—2014 年，农村小学每百名学生拥有计算机台数从 2.946 台上涨到 6.481 台，增加 3.535 台，增长 119.99%；同期，城镇小学每百名学生拥有计算机台数从 5.521 台上涨到 8.579 台，增加 3.058 台，增长 55.39%。初中阶段，农村初中每百名学生拥有计算机台数从 6.810 台上涨到 13.209 台，增加 6.399 台，增长 93.96%；同期，城镇初中每百名学生拥有计算机台数从 6.115 台上涨到 12.048 台，增加 5.933 台，增长

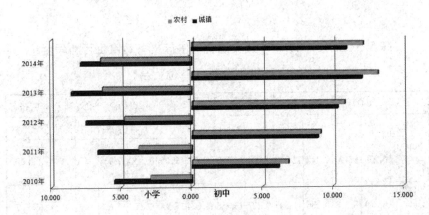

5.10　2010—2014年城乡义务教育每百名学生拥有
计算机台数（单位：台参看%）

97.02%。可见，农村小学每百名学生拥有计算机台数绝对增长台数和
增幅都超过了城镇小学，农村初中每百名学生拥有计算机台数已经超过
城镇初中。

（四）生均固定资产测度比较

生均固定资产融合了校舍面积、教学设备、生活设施等，是学校标
准化建设最重要的条件保障之一，也是学校总体办学条件的综合测量指
标。2010—2014年，小学生均固定资产从0.496万元上涨到0.730万
元，增长47.18%；初中生均固定资产从0.681万元上涨到1.342万元，
增长97.06%。

各区域间生均固定资产变化如表5.6所示：2011年–2014年间八
大综合经济区生均固定资产总体呈上升趋势。小学生均固定资产增长最
快的是大西北综合经济区，增长100.95%；增长最慢的是东部沿海综
合经济区，增长39.7%。截至2014年，小学生均固定资产最高的是东
部沿海综合经济区1.101万元，最低的是长江中游综合经济区0.586万
元。非参数检验显示，八大综合经济区小学生均固定资产差异显著
（Kendall's W=0.962，$\chi 2$=33.667，p=0.000<0.001）。初中生均固定
资产增长最快的是大西北综合经济区，增长146.33%；增长最慢的是

北部沿海综合经济区，增长77.08%。截至2014年，最高的是东部沿海综合经济区2.587万元，最低的是大西南综合经济区0.990万元。非参数检验显示，八大综合经济区初中生均固定资产差异显著（Kendall's W $=0.802$，$\chi2=28.067$，$p=0.000<0.001$）。

表5.6　2010—2014年全国八大综合经济区义务教育
生均固定资产（单位：万元）

地域	2010年		2011年		2012年		2013年		2014年		绝对排名		增幅排名	
	小学	初中	小学	初中	小学	初中	小学	初中	小学	初中	小学	初中	小学	初中
东北综合经济区	0.412	0.660	0.401	0.829	0.439	0.923	0.546	1.159	0.621	1.344	6	5	6	3
北部沿海综合经济区	0.466	0.794	0.636	0.884	0.539	0.224	0.662	1.222	0.754	1.406	4	4	5	8
东部沿海综合经济区	0.788	1.442	0.844	1.786	0.897	2.048	1.027	2.327	1.101	2.587	1	1	8	7
南部沿海综合经济区	0.627	0.731	0.697	0.836	0.736	0.957	0.843	1.184	0.893	1.442	2	3	7	5
黄河中游综合经济区	0.365	0.525	0.405	0.589	0.408	0.703	0.522	0.964	0.603	1.124	7	7	4	2
长江中游综合经济区	0.301	0.584	0.330	0.660	0.415	0.845	0.503	1.030	0.586	1.179	8	6	2	4
大西南综合经济区	0.375	0.509	0.423	0.597	0.476	0.702	0.558	0.846	0.655	0.990	5	8	3	6
大西北综合经济区	0.422	0.613	0.509	0.758	0.560	0.975	0.711	1.239	0.848	1.510	3	2	1	1

城乡之间生均固定资产变化如图5.11：2010—2014年，农村小学生均固定资产从0.438万元上涨到0.726万元，增加0.288万元，增长65.75%；同期，城镇小学生均固定资产从0.564万元上涨到0.732万

元，增加 0.168 万元，增长 29.79%。初中阶段，农村初中生均固定资产 0.615 万元上涨到 1.352 万元，增加 0.737 万元，增长 119.84%；同期，城镇初中生均固定资产从 0.714 万元上涨到 1.310 万元，增加 0.596 万元，增长 83.47%。可见，农村学校绝对增长值和增幅都超过了城镇学校。

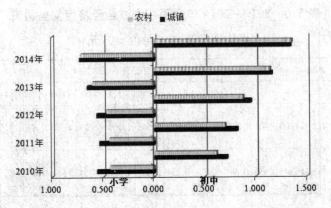

图 5.11　2010 年－2014 年义务教育城乡生均固定资产（单位：万元）

三、研究发现

（一）义务教育学校标准化建设成就突出，办学条件得到大幅度改善

自《纲要》实施以来，我国义务教育学校标准化建设成就显著，特别是办学条件实现了质的飞跃。

一是义务教育学校生均校舍面积大幅度提升。2010 年到 2014 年小学生均校舍面积从 5.90㎡ 上涨到 6.85㎡，比 2010 年增长 16.10%；初中生均校舍面积从 8.21㎡ 上涨到 1.99㎡，比 2010 年增长 46.04%。

二是义务教育教学设施设备逐渐完善。五年间，小学生均固定资产上涨 47.17%；初中生均固定资产上涨 96.63%。2014 年小学音、体、美、实验室达标率分别为 60.71%、62.05%、60.55% 和 63.17%，比 2010 年上涨 12.16%、9.86%、12.91% 和 8.55%；2014 年初中音、体、美、实验室达标率分别为 76.09%、77.75%、75.90% 和 81.37%，比 2010 年高出 13.69%、9.75%、14.23% 和 6.82%。

三是义务教育信息化水平不断提高。五年间,小学每百名学生拥有计算机台数上涨 116.59%;初中每百名学生拥有计算机台数上涨 113.71%。2014 年小学、初中接入互联网的学校比例达 80.11% 和 95.53%,建立校园网的学校比例达 41.63% 和 67.86%。2014 年西藏教学点完成设备安装调试,全国 6.4 万个教学点实现了数字教育资源全覆盖。

四是农村义务教育学校办学条件明显改善,城乡办学条件差距有所缩小。分析显示,2014 年,城乡小学生均教学与辅助用房面积分别为 3.276㎡ 和 4.885㎡,初中分别为 4.788㎡ 和 6.012㎡;城乡小学生均生活面积分别为 1.379㎡ 和 2.450㎡,初中分别为 4.527㎡ 和 7.177㎡,农村学校已经超过城镇学校。同样,生均固定资产方面,农村学校的增长幅度都已经超过城镇学校。

(二)义务教育学校标准化建设"内涵化"任务艰巨,城乡差距、区域差距依旧存在

义务教育学校标准化建设是一个系统的工程,"内涵化"达标[①]才是真正意义上的"标准化"。一是所有学校建设要素的数量与质量达标,不仅仅是校舍面积的增长,还应该包括教学设备、生活设施、师资队伍、课程教学、学校管理等多方面质量的达标。二是所有建设的学校达到标准,不仅仅是指城镇学校,还必须包括农村学校,要覆盖全国各个区域的学校。然而,我国义务教育学校标准化建设"内涵化"的任务格外艰巨。

一方面,义务教育学校标准化建设多注重数量达标,忽视质量达标。过去五年,生均校舍面积数量基本达标,生均教学与辅助用房面积、生活用房面积都得到了大幅度提升,但是离校舍质量达标还相差很

---

① 冯建军:《内涵发展:推进义务教育优质均衡的路向选择》,《南京社会科学》2012 年第 1 期。

远，数据显示，在教学设备方面，2014 年小学音、体、美、实验室距离达标还差 39.29%、37.95%、39.45% 和 36.83%；初中音、体、美、实验室距离达标还差 23.91%、22.25%、24.10% 和 18.63%。同时，2014 年小学危房占校舍面积比例为 3.13%[①]。其中，西部小学危房面积占校舍总面积的 7.30%，初中为 5.34%。农村校舍危房问题更加突出，2014 年农村小学、初中校舍危房面积比例分比为 5.04% 和 11.74%。

另一方面，城乡差距、区域差距依旧明显。2014 年城镇小学生均教学仪器设备值为 1333.04 元，农村为 708.15 元，城乡差距 624.90 元；城镇初中生均教学仪器设备值为 1937.32 元，农村为 1458.76 元，城乡差距 478.56 元。数据分析已经表明，八大区域的学校标准化建设成效差异都极其显著。抽样调查显示，我国 10 多万农村儿童上学走 5 公里，寄宿生 2 人一床，饮水、就餐等生活设施仍无法满足寄宿生的生活需要。[②]

（三）新型城镇化和农村空心化之后，城镇教育资源变得紧缺和农村教育资源出现浪费

新型城镇化促进了我国经济社会的转型发展，也改变了我国城乡人口结构。当前，我国义务教育人口城镇化率已经显著高于常住人口城镇化水平，增速也明显快于常住人口城镇化率。[③] 2001—2013 年，全国农村小学减少 27.75 万所，占小学减少校数的 99.91%；全国农村初中减少 1.50 万所，也接近初中减少校数的 90%。[④] 但是，我国学校标准化

---

① 由于受自然折旧、自然灾害的影响，学校建筑中存在 3% 以下的危房属正常现象。
② 21CN 新闻网：《我国 10 多万农村儿童上学走 5 公里寄宿生 2 人一床》，2013 年 5 月 3 日，见 http://news.21cn.com/caiji/roll1/a/2013/0503/23/21445266.shtml，2013 – 05 – 03.
③ 靳晓燕、荣雷：《义务教育如何应对城镇化的挑战》，《光明日报》2015 年 2 月 10 日。
④ 邬志辉：《中国农村教育发展报告 2013》，北京师范大学出版社 2014 年版，第 15 页。

建设没能适应学生流动新常态、城乡教育新差距、农村教育资源浪费等新问题不断出现。

一是大量农村人口涌入城镇，城镇学校面临受教育人口迅速增加的压力，城镇学校教育资源逐渐紧缺，城镇义务教育供需失衡、瓶颈制约等问题日益严峻。学生人口的大量流动直接导致了城镇生均办学条件开始落后于农村，新的城乡差距开始出现，且差距逐渐拉大。数据显示，2013年农村小学生均校舍建筑面积城乡差距从2010年农村高于城镇0.44㎡，扩大到2013年高于城镇1.32㎡；农村初中生均校舍建筑面积城乡差距从2010年城镇高于农村0.74㎡，扩大到2013年农村高于城镇2.09㎡。

二是伴随着大量人口往城镇迁徙，农村逐步空心化，部分农村校舍被闲置，农村教育资源无形中被浪费。《经济日报》报道，"2012年，云南楚雄全州闲置学校1223所，闲置校园总面积2196亩，校舍建筑总面积33.8万平方米；广东省大埔县农村学校近年来被撤了100多所，闲置82所"[1]，大量校舍的闲置，造成了农村义务教育资源的无形浪费。另外，随着大量教学点和村小的撤并，学生不得不到更远的地方去学习，这种学校建设的新常态直接导致家庭教育成本、学生时间成本、机会成本等不同程度地有所增加，[2] 各种成本的增加间接加剧了农村教育资源浪费。

四、对策建议

（一）立法立规，依法保障义务教育学校标准化建设"底线达标"

"底线达标"是义务教育学校基础设施建设和标准化学校建设的首要任务。建议专门出台《学校法》，[3] 依法保障义务教育学校标准化建

---

① 黄俊毅：《农村闲置校舍如何盘活?》，《经济日报》2012年11月1日。
② 斯琴、高帅：《农村中小学布局调整对家庭教育成本的影响》，《教育学术月刊》2013年第3期。
③ 陈恩伦：《关于制定〈学校法〉的思考》，《高等教育研究》2008年第6期。

设"底线达标"。首先，明确义务教育学校基础设施建设的"红线标准"，这个标准既要全局性地规范标准化学校建设，也要兼顾局部差异，特别要结合我国区域社会经济发展的实际情况，体现各地域发展特色。其次，通过《学校法》确立标准化学校建设的评估机制，充分调动教育行政部门、教育督导部门等各级相关主体的参与积极性，明确各级相关主体的责任归属，严格监督标准化学校建设的工作实施。第三，通过《学校法》推出义务教育学校标准化建设的监督制度，实施责任追究制度，对没有完成任务标准的责任人进行问责，并按规定在一定期限内进行整改，保证学校标准化建设的相关任务得到有效落实。

（二）着眼均衡，系统推进义务教育学校标准化建设"内涵发展"

实现义务教育均衡发展是学校标准化建设的终极使命。因此，学校标准化建设要在基础达标的基础上，关注要素均衡、城乡均衡、区域均衡，推进义务教育学校标准化建设"内涵发展"。一是要完全实现义务教育学校建设要素达标。在实现生均面积等外在要素达标之后，学校标准化建设要转向内涵式要素均衡，要在教学设备、课程教学和师资队伍上达标。二是要关注城乡均衡和区域均衡，在办学条件基本达标之后，力求实现城乡义务教育、区域义务教育特色发展、内涵发展。三是要强化政府责任，加强顶层设计。新常态时期，我国要在继续坚持实行全国中小学危房改造工程、农村寄宿制学校建设工程、农村中小学现代远程教育工程等专项行动的基础上，及早谋划省域义务教育基本均衡发展的国家战略，把城乡义务教育学校办出水平、办出特色。

（三）规划引领，全面实现义务教育学校标准化建设"优质达标"

新型城镇化和农村空心化之后，城镇教育资源变得紧缺和农村教育资源出现浪费，而且出现了新的城乡差距。因此，要实现优质的义务教育学校标准化建设，就必须科学规划，精准改薄，合理引导。一是城乡义务教育学校建设要有科学的预测和规划，尤其是对城乡人口出生率的变化和人口流动做出比较准确的测算，从而确定学校规模与标准。二是合理选址，让尽可能多的城乡学生安全、方便地入学，从而实现校舍资源利用的最大化。三是要"坚持勤俭办学，严禁铺张浪费，建设节约型学校"，不能把学校标准化建设当作"形式化"的工程，片面追求办学条件的豪华和超标准。[①] 四是要合理引导，引导家长不要盲目择校，一味地把学生往城镇、乡镇转学；也要引导有条件、有理想的进城务工人员返乡创业。

第三节 中国义务教育师资队伍发展情况区域个案考察

20 世纪 80 年代以来，教师专业发展及其研究经历了由被忽视到逐渐关注、由关注教师群体专业化转到关注教师个体专业发展、由关注专业发展的"外部"环境和对社会专业地位的认可转到关注"内部"专业素质提高的过程。我国少数民族地区通常地处边远，其特殊的地理环境和文化氛围往往对该地区的教师专业发展有着重要的影响。贵州三都水族自治县作为典型的山区少数民族自治县，其教师的专业发展问题值得我们关注。那么，少数民族地区教师人力资本现状怎样？如何促进少数民族地区教师的专业发展，培养优质的少数民族教师，保障少数民族教育的质量？如何建构起一种新的少数民族地区教师专业发展的人力资本模型？这些都成为本部分要探讨的主要问题。

一、研究设计

（一）研究取样

本书选取的三都水族自治县（以下简称"三都县"）是典型的山区少数民族地区，经济社会较为落后。新中国成立以来，三都县的教育虽然取得了巨大成就，但与先进地区相比较，仍然存在较大差距，教师专业发展问题尤为突出。2013 年 10 月，笔者在三都县的实地调研中，共

---

① 中国新闻网：《两部门：严禁农村学校搞超标准、豪华建设》，2013 年 1 月 5 日，见 http://www.chinanews.com/edu/2013/01 – 05/4460325. Html.

选取 3 所学校对其教师进行问卷发放，包括县直属九年一贯制学校、乡镇小学和初中各 1 所，3 校共有教师 205 名，其中初中教师 133 名，小学教师 72 名。本书共发放问卷 150 份，实际回收问卷 147 份，回收率98%，有效问卷 143 份，有效率 95.3%。

（二）研究方法

1. 人力资本度量的方法选择

评价教师专业发展有不同的角度，本书尝试从人力资本存量的角度来分析和评估教师专业发展。度量人力资本是一个复杂的过程，目前主要有未来收益法、累计成本法、教育存量法三种方法。本书选取教育存量法对三都县教师的人力资本进行度量。在教育存量法中，受教育年限法是采用最广泛的方法，它对人力资本存量度量较具有代表性，也是目前最常用的人力资本计量方法。受教育年限法从投入的角度，强调受教育年限对人力资本形成的重要性，用受教育年限来计量人力资本存量的优势在于简明扼要，数据具有较强的可得性与精确性，且受教育年限与接受教育或培训的人力资本投资成本有较强的相关性，它排除了用货币计量人力资本投资成本的价格因素影响。① 劳动力受教育程度或年限与劳动力在"干中学"的人力资本积累成正相关，受教育程度越高或年限越长，劳动力在劳动过程中积累经验的能力也越高，接受新技术、新知识也越容易，而劳动力在劳动过程中通过"干中学"或在职培训积累的人力资本与工龄成正相关，工作时间越长所积累的专业知识越多，但随着劳动力年龄的增加，获得在职培训的机会将逐渐减少，个人努力程度逐渐降低，人力资本增长的速度也越来越缓慢。此外，用劳动力的受教育程度或年限代表劳动力的人力资本存量可以排除"技术等级或职称等级法"的人为主观因素的影响。

2. 具体方法

---

① 钱雪亚、章丽君、林浣：《度量人力资本水平的三种统计方法》，《统计与决策》2003 年第 10 期。

鉴于可操作性和可靠性，本书在选取受教育年限法的基础上，结合卢卡斯人力资本模型，从教师一般人力资本和教师专业人力资本两个方面来综合度量三都县中小学教师人力资本。卢卡斯人力资本理论认为人力资本分为一般人力资本与专业人力资本，二者相辅相成，密不可分。人力资本形成有两条途径，一是通过学校教育获得一般人力资本；二是在实践中学习，形成专业人力资本。此外，考虑到教师健康状况对教师人力资本积累的影响，采用教师年龄作为衡量教师健康状况的指标。根据实际调查，本书假设影响教师人力资本存量的三个主要因素为教师学历、教龄和年龄，通过线形方程设计，得出教师人力资本存量的具体公式如下：

$$Y = aX_1 + bX_2 + cX_3 + E$$

Y 代表教师人力资本存量，X_1 代表教师学历，目的是提取教师的受教育年限，以度量其一般人力资本存量。为了避免重复计算在职学习和教龄的时间，本书采用教师初始学历进行赋值，分别将中专、大专、本科赋值为 3、6、7[①]，最终修正值为 0.19、0.37、0.44[②]。X_2 代表教师教龄，目的是提取教师从事教育实践工作的年限，以度量其专业人力资本的存量，根据调查数据，分别赋值为 1、2、4、8、16[③]，最终修正值

---

① 以完成义务教育为初始起点，完成中专、大专和本科学历还需 3 年、6 年和 7 年，因此，为中专、大专及本科学历分别赋值为 3、6、7。

② 为提高研究效率，减小研究数值，本书将教师初始学历（X1）所赋的数值按所占总值的比例缩小，即 3、6、7 总数为 16，且分别占总数 16 的比例为 0.19、0.37、0.44。教师教龄（X2）与教师年龄（X_3）的数据修正方法同教师初始学历（X_1）。

③ 我们假设教师教龄与教师人力资本存量成正比，且成倍增长，因此将入职 0—2 年（不含 2 年）的赋值为 1，入职 2—5 年（不含 5 年）的赋值为 2，入职 5—10 年（不含 10 年）的赋值为 4，入职 10—20 年（不含 20 年）的赋值为 8，入职 20 年以上的赋值为 16。

为 0.03、0.06、0.13、0.26、0.52。X_3 代表教师年龄，目的是度量教师的健康状况，考虑到年龄增大，人的健康状况逐渐下降的一般规律，根据调查问卷，分别赋值为 5、4、3、2、1[1]，最终修正值为 0.33、0.27、0.2、0.13、0.07。a、b、c 分别为教师学历、教龄和年龄在教师人力资本存量中其重要性所占比例的权重系数。综合 15 位专家和 50 位调研教师对 a、b、c 三个指标重要性的评价结果，其均值分别是 40%、50% 和 10%，即 a、b、c 的赋值分别为 0.4、0.5、0.1。E 代表教师的其他人力资本存量，即教师在学校教育、教学实践和科研之外可能获得的其他相关人力资本，此类教师人力资本获取量虽然在个体间存在差异，但考虑其获取量本身相对较少，且不为本书的重点，为简化起见，故假定教师其他人力资本存量相同，并统一赋值为 0.1。

二、统计分析

（一）总体情况

本书中县直属九年一贯制学校小学教师与初中教师的样本人数比例为 1∶1.88；乡级小学与乡级初中的教师比例为 1∶11.81。按照本书设计公式计算，样本学校教师人力资本存量的分布如表 5.7 所示。

表 5.7　三都县中小学教师人力资本存量

得分	0.2−0.29	0.3−0.39	0.4−0.49	0.5 以上
乡（人数）	8	25	10	2
县（人数）	0	39	41	18
百分比（%）	5.6	44.8	35.6	14

（二）分类比较

1. 性别对比

---

[1] 以教师年龄每 10 年为一个区间，50 岁以上的赋值为 5，40—50 岁赋值为 4，以此类推，20 岁以下赋值为 1。

在本书取样的三都县中小学教师中，其教师人力资本存在显著的性别差异。女教师人力资本存量平均值为 0.36，男教师人力资本存量平均值为 0.42，女教师人力资本存量明显低于男教师人力资本存量，说明三都县女教师的专业发展水平相较于男教师而言有待提高，如图5.12所示。

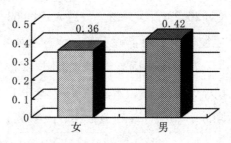

图 5.12　男、女教师人力资本对比

2. 年龄对比

教师专业发展具有阶段性，其教师人力资本的积累也具有阶段性。从调查数据上看，无论是县级学校还是乡级学校，不同年龄的教师其人力资本的存量都有明显差别。由图5.13 可见，20 岁至 49 岁区间内，年龄与教师人力资本存量成正相关，随着年龄的增长，教师人力资本存量不断提高。从 50 岁开始，随着教师身体健康状况的下降，其人力资本存量也开始下降。这也说明，教师人力资本积累的黄金时间段为 20 岁

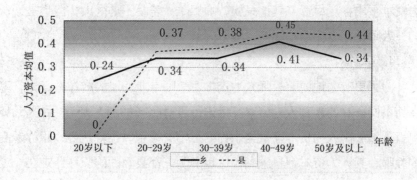

图 5.13　不同年龄教师人力资本对比

至 49 岁，教师专业发展的最佳时间段也应在此阶段。因此，教师专业发展应从年轻教师抓起，重点培养中青年教师，以使教师人力资本存量实现增值最大化。

3. 民族对比

三都县是我国唯一的水族自治县，是水族的政治、经济、文化中心，全县有水族人口 20.29 万人，占全县总人口的 62.23%，全国水族总人口的 53% 聚居在这里。为了解三都县水族教师的专业发展水平，笔者将样本教师中民族所占比例大于 8% 的不同民族（分别为水族占 60%，布依族占 15%，苗族占 10%，汉族占 8%）的教师人力资本与其他民族（包括回族、侗族、瑶族、壮族、土家族）教师做了比较。如图 5.14 所示：

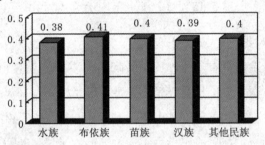

图 5.14　不同民族教师人力资本对比

由图 5.14 可见，水族教师作为三都县中小学教师的主力军，其人力资本平均存量尽管与其他民族教师相比，差距不是很大，但也是最低的，教师整体专业水平较差，其原因值得深究。

4. 职称对比

为了更有力地说明教师人力资本对教师专业发展的内在推动力，笔者将不同职称的教师人力资本存量进行了对比（如图 5.15）。由图 5.15 可直观地看出人力资本存量与职称的正相关关系，也就是说，职称越高的教师，其人力资本存量越高，这也说明三都县教师的职称评定在一定程度上较好地反映了当地教师专业发展的水平。

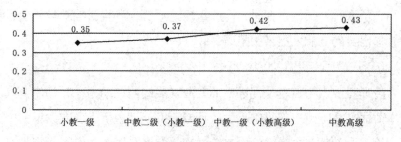

图 5.15　教师人力资本与教师职称对比

三、研究发现

（一）教师一般人力资本起点低

首先，三都县中小学教师初始学历普遍较低。教师的初始学历是教师一般人力资本积累的基础，而教师一般人力资本的水平决定着教师专业发展的水平和速度。本书中，中专学历的教师占 54%，22% 的教师为大专学历，仅有 24% 的教师为本科学历。较低的初始学历意味着三都县中小学教师的一般人力资本水平起点低，不利于教师的专业发展。

第二，教师初始学历专业与在校所教学科不对口。调查发现，28% 的教师要担任两科以上的教学工作，其中不乏同时担任四门学科的教师，更有甚者同时担任 8 门学科的教学，让人不禁担心这些教师的胜任能力与教学质量。担任与初始学历专业不对口的教学工作的教师不具备系统的该学科知识，更缺乏对该学科知识的触类旁通，将可能大大影响教学质量。

第三，教师初始学历结构较单一。调查的教师中，64% 的教师所学专业为汉语言文学、英语和数学，这造成担任中小学阶段其余学科的教师数量少，担任生物、地理、历史、音乐、美术、计算机等学科的教师中，70% 的教师是教非所学。

此外，教师兼教的课程之间跨度较大。有的中学教师同时教授英语与地理、语文与物理等等，多门兼教更是五花八门。因此，教师需要同时准备跨度较大的不同学科课程，这必然会大大增加教师的工作量，由此带来的教学质量更令人担忧。可见，虽然这些学校按照"普九"要求开满了课程、开足了课时，但严重缺乏师资，严重影响教学质量，更为教师自身的专业发展带来阻碍。

（二）教师专业人力资本薄弱

教师专业人力资本是促进教师专业发展的内在动力，教师专业人力资本薄弱严重阻碍三都县中小学教师专业发展，主要表现在以下三个方面：第一，教师自主学习能力有待提高。笔者在调查中发现，三都县中小学教师自主学习意识较薄弱，自主学习能力有待提高。53%的教师表示已有详细的自主学习计划，39%的教师仅有想法，未付诸行动。第二，教学科研能力较弱。调查数据显示，40%的教师从未发表过一篇学术论文，43.30%的教师几乎没有或从来没有参加过任何学术活动。第三，各专业只重视自身内容的纵向深入发展，缺少学科与学科之间关联与融合等问题。

四、对策建议

教师人力资本作为教师专业发展的内在推动力，对教师的成长起到了举足轻重的作用。调查发现三都县中小学教师专业发展水平较低，缺少科学系统的人力资本架构，造成人力资本存量较低，无法适应专业发展。因此，以教师人力资本为切入口，重新构建适合民族地区的教师人力资本模型，从根本上提高三都县中小学教师自身的专业素质和专业能力是促进其教师专业发展的有效途径。结合三都县教师人力资本现状，民族地区教师人力资本模型建构，如图5.16所示。

（一）提升教师一般人力资本

教师一般人力资本是指教师通过学校教育获得的一切知识、技能及价值观。教师一般人力资本是教师专业人力资本的基础和前提。

1. 健康状况

教师拥有良好的身体状况是教师获得专业发展的条件性因素，主要表现在两个方面：生理健康和心理健康。生理健康方面，教师首先应养成良好的生活习惯，其次要合理安排工作时间做到劳逸结合。心理健康

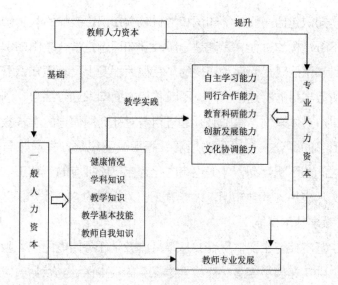

图 5.16　民族地区教师人力资本结构模型

方面，教师一方面应自觉克服不良心理，消除不良情绪，学会给自己减压使自己逐渐形成健康心理；另一方面应努力树立正确的教育思想和学生观，加强与学生的交流和沟通，以学生为友。只有同时拥有生理健康和心理健康的教师，才能谈得上拥有真正的健康。

2. 学科知识

学科知识是教师人力资本中的基本知识，是教师开展教育活动的基础。中小学教师首先要精通所教授专业的学科知识，其次应该掌握一定的通识知识（包括一般博雅教育知识及综合知识）。学科知识的掌握除了注重职前教育阶段的学习，更要重视职后阶段的继续学习。一方面，教师要关注所教专业的学科知识进展，掌握相关资料；另一方面，教师除了对本专业的学科知识做到融会贯通之外，还要注重对相关专业的知识学习和了解。此外，职后教育是很重要的学习途径。在条件允许的情况下，教师应该追求更高层次的学习，在增加学科知识理论的同时，提高自己的学历层次。

3. 教学知识

教学知识包括一般教学知识和学科教学知识。教师的教学知识发展是一个不断建构的过程。无论是一般教学知识还是学科教学知识都不是随着学科知识的获得而自动获得的。在很大程度上，教学知识需要教师在自己所教学科的特定范围内，不断将诸方面知识进行综合、创新地探究而获得。具体来说，教师必须通过自身对社会所倡导的学科教学论这种理论形态的"公共知识"的理解、概括与系统化，并通过与教育实践行为之间的不断互动，才能逐步内化为自己所拥有的、真正信奉并在实践中实际应用的教学知识，才能真正成为教师的"个体知识"。

4. 教学基本技能

教学基本技能主要体现在其从事具体教学任务的能力上。教学基本技能是教师传递教学信息、完成教学任务的基本保证。教师一方面应该在课前备课阶段积极探索多样有效的教学方法，在课后进行及时的教学反思，让自己的教学技能在实践中得到锻炼和提高。另一方面，要多向他人学习，积极聆听其他有经验的教师的课，从中吸取经验。当然，教师的自我学习是必不可少的，在实践和借鉴他人经验的同时，自我学习是快速提高教师教学基本技能的途径和方法，也是教师提高教学基本技能的基础。

（二）提升教师专业人力资本

教师专业人力资本建立在一般人力资本基础之上，更强调教师能力的提高和发展。它是教师在教育活动中形成并表现出来，带有明显职业特点的特殊人力资本，是促进教师专业发展的内在动力。

1. 自主学习能力

现代教育要求教师不仅是学生智力的开发者，而且还应该是学生学习的促进者和合作者，教师要和学生同学习，共发展。① 教师专业发展的实质是一个终身持续的自主学习过程。培养教师自主学习能力就是要

---

① 郝德贤：《从教师隐喻谈教师自主学习的必要性》，《新课程研究（教师教育）》
2007 年第 1 期。

培养教师在专业发展过程中不断在外在价值的引导下，制定适合自己的专业发展目标、计划，选择自己需要学习的内容，监控自己专业发展的过程，评价自己专业发展的结果，并且有意愿和能力将所制定的目标和计划付诸实践的能力。[①] 教师有较强的自主学习能力可以促进教师人力资本不断更新、演进和增值。每个教师应该根据自身优势和不足，制定适合自己的短期计划和长期规划，根据自我需求主动进行学习。

2. 教育科研能力

教育科研能力有利于深化教师对教学实践的认识，是教师专业发展的重要途径。教师成为"研究者"，可以提高自身素质和教育质量，沟通理论与实践，使得教师群体从以往无专业特征的"知识传授者"的角色定位提高到具有一定专业性质的学术层级上来，使得教师工作重新获得"生命力和尊严"，显示出其不可替代性。[②] 研究性教学将改变教师的工作方式，使教师职业由技术型走向学术型，使中小学教师成为真正意义上的"研究者"。

3. 文化协调能力

少数民族地区的教师，由于其所处地域的传统文化相较于汉族文化的特殊性，面临着本族传统文化受到汉族文化强大冲击的问题，如何在现代学校体系的少数民族教育中使少数民族文化与汉族主流文化协调发展，是少数民族教师的共同难题。因此，要求教师具有协调少数民族文化与汉族主流文化关系的能力，即文化协调能力。良好的文化协调能力可以使不同文化之间既不产生冲突，也不是简单的"同化"，而是相互认同民族文化的特殊性，建立起一种共同参与的模式，使两种甚至更多不同文化相互共存，呈现出一种和谐发展的状态。

协调不同文化的前提是对不同文化的正确理解。要想正确理解不同的文化，首先要确定自己与他者之间的差异，确认双方的"历史性"，

① 扑敏：《专业化背景下教师自主学习能力的发展》，《教学与管理》2009 年第 1 期。
② 刘芳：《教师专业发展之策略》，《教育探索》2009 年第 3 期。

才能把握到"理解"的要义既不是将他人同化为自己，也不是将自己同化为他人。① 我国少数民族地区的教育应给予各少数民族文化精华相应的位置，在统一的汉文化教育中，融入优秀的少数民族文化，加强文化间的交流与整合，使其和谐共生。这对少数民族地区的教师专业发展提出了比汉族地区教师更高的要求，即教师要拥有一种文化协调能力，使汉族主流文化与少数民族传统文化在教学中和谐共生。

---

① 马翀炜、陈庆德：《民族文化资本化》，人民出版社 2004 年版，第 21 页。

第六章

中国义务教育均衡发展的现代化治理体系

自党的十八届三中全会正式提出"全面深化改革的总目标是完善和发展中国特色社会主义制度，推进国家治理体系和治理能力现代化"后，"治理"和"教育治理"就成为公共政策话语，并引发研究持续升温。义务教育均衡发展作为全面深化改革的重要领域，也应该自觉围绕这一总目标、落实这一总要求，完善科学规范的义务教育均衡发展现代化治理体系，形成高水平的治理能力。[1]

第一节 义务教育均衡发展的治理逻辑

义务教育均衡发展是我国当前义务教育改革的重点。近年来，在国家和各级地方政府的共同治理下，我国义务教育均衡发展取得了令人瞩目的成绩。然而，发展进程中所暴露出的新问题也是空前的。伴随着单中心、单向度国家治理模式的消解和多中心、交互性公共治理模式的兴起，国家已不再是社会治理唯一的中心之轴，多元利益主体要求在公共领域之治中享有更多的知情权、参与权、表达权和监督权。治理模式的转型意味着治理逻辑分析框架必须变革。多重治理逻辑分析框架则是基于多重制度逻辑而建构的组织分析工具，用来分析国家、地方政府和学校等不同治理主体在新的制度安排和治理逻辑的驱动下的态度、选择与

---

[1] Cantor, Nancy, and P. Englot, "Beyond the"Ivory Tower:" Restoring the Balance of Private and Public Purposes of General Education", *Journal of General Education*, 62. 2(2013), pp. 120 – 128.

行为，对于义务教育均衡发展尤为关键。

一、义务教育均衡发展的治理逻辑起点

义务教育均衡发展的治理是一个复杂的动态过程，这个过程涉及四个相关利益主体，即国家、地方政府、学校和公民社会。不同主体由于处在不同的"制度场域"，其行为和角色深受所处领域稳定制度安排的制约和相关利益的诱导，在治理过程中往往采用不同的态度、行为与方式，分别塑造了各自领域的治理逻辑起点——国家逻辑、地方政府逻辑、学校逻辑和公民社会逻辑。

（一）国家逻辑：公平与效率均衡的社会最优化

在义务教育均衡发展治理过程中，国务院、教育部、财政部等有关部门是国家逻辑的具体行动者。它们的相关政策行为不可避免地以自己的目标和利益为导向，但同时，又指向义务教育均衡发展的最终目标，即通过义务教育均衡发展来促进公平与效率均衡的社会最优化。"公平"是从人类拥有某种共同点这一基本事实出发，衡量一个国家的教育在满足公民基本受教育权利、实现共同发展方面所达到的水平；"效率"则是衡量一个国家的教育在促进个人和社会发展、实现自身功能方面所达到的水平。公平与效率是一对相关范畴，而不是对立的、非此即彼的矛盾范畴。两者既不存在"鱼与熊掌"的冲突与敌对关系，亦不存在此长彼长、此落彼落的正相关关系，更不能彼此合并和替代。因此，进入 21 世纪后，我国义务教育政策从"效率优先、兼顾公平"转变为"兼顾公平与效率"的均衡发展。从国家角度的宏观层面上来说，义务教育均衡发展即义务教育资源的合理配置，配置中的公平与效率是指一个国家用于义务教育的资源"蛋糕"如何在公民中合理分配以及如何做大这块"蛋糕"的问题。"均衡发展"要求不能靠牺牲一部分人的利益来满足另一部分人的利益，而要以公平和效率为指导，将义务教育发展的成果惠及全体社会成员。这是由于一个国家人口的整体素质和竞争能力必然会受到国家弱势群体素质的严重制约，特别是当弱势群体

规模较大时。如果弱势群体的问题得不到解决，人口整体素质和国民竞争力的提高就难以真正实现。因此，国家必须发挥作用，实施以弱势群体利益最大化的差异补偿原则，将更多的义务教育资源投入到薄弱学校以及弱势学生，以此促进社会最优化。

（二）地方政府逻辑：自身效用最大化的理性选择

公共选择理论认为，根据社会产品的消费形态和使用情况，可以将其分为公共产品与私人产品。公共产品具有受益范围的非竞争性和非排他性等特点，通常由行使公共权力的政府统一提供。我国义务教育作为一种公共产品被广泛认可，由地方政府负责提供及监管。在这种背景之下，义务教育均衡发展治理就有了地方政府的治理逻辑。地方政府是按照科层制组织构建并运作的，是一个理性的行为主体，其治理逻辑遵循着稳定存在的科层制逻辑，其效用目标是追求政绩最大化或者说政治晋升机会最大化。地方政府通常存在两种政绩观：一是过分重视经济增长而轻视社会事业的发展；二是过分重视当前利益，热衷于搞"面子工程"，追求"短、平、快"的政绩，而不注重地区的长远发展。基于这种"政绩观"，地方政府往往首先考虑的是自身效用最大化，重视看得见、摸得着的政绩。以相同经费投入为例，从边际效用最大化的角度看，对优势学校经费投入的边际效用远远低于对薄弱学校经费投入的边际效用。也就是说，对于经费短缺的薄弱学校而言，该经费投入作用较大，能够改善办学条件、提高教育教学质量；但对于优势学校而言，其作用也许可以忽略不计。然而，作为"理性经济人"的地方政府，为了凸显其政绩的需要，往往会选择重点打造几所优势学校以提高本地教育质量的竞争力与良好声誉。于是，强者愈强，弱者愈弱的"马太效应"便自然而然地产生了；同时，义务教育"择校"现象也愈演愈烈。归根结底，这都是地方政府基于自身效用最大化理性选择的结果。

（三）学校逻辑：自主发展的差异性均衡

学校既是一个需要依靠外部指令得以形成并发展的"他组织"，更是由各要素按照相互默契的某种规则构成的一个协调有序的"自组织",有自己组织发展的目标和利益追求。我国各地区义务教育学校的发展水平并不一致,薄弱学校无论是在校舍设备还是在师资力量以及生源质量方面都不及优势学校。这些年来,国家大力推动城乡帮扶、对口支援等政策行为,本着"以强带弱"的思路,优势学校通过输出品牌、办学理念、管理方式和优秀教师等资源带动薄弱学校共同发展,推动优质教育与薄弱教育之间的均衡。然而,这种以"教育资源流动与共享"为特征的校际合作实施效果并不明显,甚至流于形式。其根本原因在于学校作为一个自组织,它的利益追求永远体现为维护自己的特权以促进自我发展,并在自我发展中获得更多的权利。当某些合作成员对合作可能产生的利益没有贡献时,这样的成员将不会受到其他成员的欢迎和重视。换言之,优势学校与薄弱学校的联合,合作双方关系是不对等的。薄弱学校通常被认为只是一个资源获得者,自身具有的个性化资源得不到充分尊重和有效开发,与此相反,优势学校基于一种高高在上的姿态,也看不到薄弱学校多样化的教育资源和发展机会,双方都难以从中获得持续的合作动力。

事实上,每所学校都具有独特性,为了更好地生存和发展,都必须保持自己的个性,成为创新主体,实现自主发展。自主发展是义务教育均衡发展的内在动力,也是学校可持续发展和内涵式发展的需要。如果学校缺乏自主发展能力或者自主发展能力不足,那它就只是义务教育均衡发展治理的形式主体,不可能成为实践主体。因此,学校的治理逻辑主要体现为培育学校的自主发展能力,即学校借助自身主观努力,充分激发自己的内在潜能,自主变革、自觉创新,增强自我造血功能,通过自我组织与外部环境建立能动关系,对来自国家的、地方政府的各种政策做出反应和贡献,并把外部资源转化为自身发展的力量,实现个性化发展,达到差异性均衡。

(四)公民社会逻辑:问题得以解决的教育"善治"

20 世纪以来，"公民社会"逐渐进入公共领域，成为社会治理的"第三条道路"，有时也被称为"民间组织""非政府组织"或"非营利组织"等。其行为逻辑是以志愿的方式，以集体的形式参与到公共生活中，通过非营利的方式实现公益的社会价值。"公民社会"是一种新的治理主体，参与到义务教育均衡发展治理中，能够承担政府无力承担或不愿承担的义务教育服务，关注义务教育均衡发展中的问题。他们虽然有着不同的目标诉求，但都期望通过公众力量解决义务教育均衡发展中的问题，最终达到教育"善治"。

然而，"公民社会"都清醒深刻地认识到，义务教育均衡发展的主导力量不在于民间力量，而在于政府责任。因此，在义务教育均衡发展治理过程中，"公民社会"便成了政府权责运作和政策执行的监督者。一方面，他们把义务教育"善治"愿望寄托于义务教育均衡发展改革中，但另一方面他们又对改革中的问题进行强烈批判。他们既信任政府的公共职能，但又对政府的政治承诺表示怀疑。当一切问题或怀疑经公民社会之口放大就汇成了"意见洪流"，国家、地方政府不得不予以重视。因此，问题得以解决的教育"善治"理想成了义务教育均衡发展治理中的"风向标"，促使各级政府把治理工作当成一项伟大的事业，不断探索创新，最终实现义务教育均衡发展。

二、义务教育均衡发展的治理逻辑博弈

由于公共理性缺失，治理主体基于各自不同的治理逻辑，在治理体系中进行自由博弈，或主动参与或被动卷入，或利益获得或利益受损，或冲突或妥协，使整个义务教育均衡发展的治理陷入了一种低效率的困境之中，严重阻碍了义务教育均衡发展。

（一）角力之争：委托—代理关系的矛盾

在义务教育均衡发展的制度供给中，国家、地方政府和学校三方构成了复杂的委托—代理关系。国家作为委托人和顶层设计者，规划义务教育均衡发展的方向，制定义务教育均衡发展的宏观政策，综合评估义

务教育均衡发展的治理成效。地方政府处于中间位置，对上作为代理人，应遵从和落实上级政府的各项指示；对下作为委托人，不得不负责监管下级政府和义务教育学校的治理工作。学校作为代理人，处于政策落实的终端，不仅要无条件地完成上级规定的指标，还要考虑自身的实际状况和综合发展。此外，在整个义务教育均衡发展治理体系中，公民社会作为见证者和监督者，可以对治理工作自由发表批评和建议。

在该治理体系中，由于信息不对称，即委托人与代理人各自掌握的信息量不同，导致有的人受益和有的人受损的情况，从而陷入"囚徒博弈困境"。一方面，国家将义务教育均衡发展的相应任务统一委托给地方政府，由地方政府负责执行和管理。但由于各个地方政府的情况并不相同，因此任务执行的成本也不一样。有的地区早已实现义务教育均衡发展，任务执行成本明显偏低；而有的地区义务教育发展差距较大，执行成本相对较高。面对国家统一的激励机制，地方政府往往进行着机会主义选择。尤其是当地方政府得知，国家对具体情况并不了解，自己能采取机会主义行为而不受惩治，那么地方政府就会受到诱惑而择机行事。例如，有的地区以义务教育均衡发展政策为借口，积极"跑部钱进"；有的地区明明贫困却大建豪华校。同时，国家的信息传递可能受到地方政府追求自身效用最大化的影响，最终学校层面出现严重的信息扭曲现象。另一方面，国家对地方政府激励不足，我国当前政治考核仍看重"经济"指标而非"民生"指标，再加上义务教育作为全国性的公共产品具有明显的外溢性，因此在义务教育均衡发展治理中，地方政府对上级政策往往扭曲执行、选择执行。与此同时，国家对地方政府的监督也显得乏力，对义务教育均衡发展治理的各种督查变成了"走过场""走形式"。正是这种具体制度设计的不完整，引发了委托人与代理人之间的角力，这一角力的结果也势必造成义务教育均衡发展治理的"貌合神离"与举步维艰。

（二）被迫越位：治理主体的角色冲突

　　我国义务教育管理体制已由过去的中央集权统一管理发展到现在的"国务院领导，省、自治区、直辖市人民政府统筹规划实施，县级人民政府为主管理的体制"①。按照这种管理体制的设计，国家从追求公平与效率的社会最优化治理逻辑出发，通过正式程序设立义务教育均衡发展的目标，运用法律法规与大政方针指导地方政府进行义务教育治理；至于具体政策、制度、计划的制定实施以及对学校的领导、管理都由地方政府负责。但由于中央集权统一管理的惯性存在，在义务教育均衡发展治理过程中，国家对地方政府的越位时有发生，导致治理主体角色冲突。比如，为了让义务教育均衡发展有个统一模式，国家采取建立"标准校"与"合格校"等办法，造成义务教育发展全国同一化，缺乏地方特色。又由于国家掌控了多种资源，也决定了地方政府官员的政绩评估与晋升之路，因此，地方政府为了获得更多的资源以及更好的政绩，都会理性无奈地选择"被迫"越位，对国家教育政策进行变通或扭曲，对国家教育制度"按需所用"进行选择性执行等。

　　与此同时，地方政府为了实现自身效用最大化，往往会向学校不断施加压力，甚至越位。学校的一切行为都直接或间接地体现着地方政府的意志。以教材选订为例，学生需要何种教材理应由学校根据本土特色与学生实际情况确定，事实上，学校无权选择教材，而是按照地方政府指令完成。在机构设置、人员调动、职称评审、工资福利等学校内部事务各方面，也都受到地方政府的干预和影响。学校作为治理体系中最底层的一级，只有选择"被迫越位"，无条件地服从各级地方政府的政策安排。

　　（三）上下共谋："成果验收"的行为偏差

　　由于国家逻辑与地方政府逻辑的相对强势和多重制度阻隔下的信息不对称，导致治理主体之间的自由博弈并不对等，从而在治理过程中走

---

①　中华人民共和国教育部：《中华人民共和国义务教育法》，2006 年 6 月 29 日，见 http://www. Moe. edu. cn. html.

上了不自觉的"治理行为偏差",集中体现在为了共同利益而"上下共谋"。① 由于国家追求公平与效率均衡的社会最优化,因此相对而言他们更加关心的是义务教育均衡发展治理的结果,至于对治理过程的部署安排却并不太在意。再加上义务教育均衡发展治理体系的复杂性和多层级性,国家通常需要极高的成本才能进行全面检查或成果验收,所以通常采用抽查式"验货"方法。比如挑选某些县城或学校,对其义务教育均衡发展治理进度进行彻底检查。正因为国家的检查验收不是常规性的,地方政府和学校又有共同的利益关系和命运关联,作为被检查的双方,他们并不愿意安静地等待检查,而是联手一起应付自上而下的政策要求以及随之而来的各项检查,他们会不遗余力地保证均衡发展的结果被国家所认可。因此,地方政府联合学校调动所有资源,采取各种应对策略,上下共谋、掩盖问题,导致了实际执行过程偏离政策初衷的结果。

三、义务教育均衡发展的治理逻辑协同

从理性上看,义务教育均衡发展治理不应该依靠权力的统治,而应该在公共理性之下构建治理共同体以实现多元主体民主参与、协同治理。多元治理主体凝聚在治理共同体内,按照一定规则开展合作,形成良好的治理秩序。

(一)公平与效益:治理共同体的价值目标

义务教育均衡发展治理过程中,治理共同体的价值目标是追求办成"好教育",使教育领域公共利益最大化②。具体表现在"公平"与"效益"这两个维度。以"公平"为根本价值目标,在于解决义务教育均衡发展的关键问题,促进义务教育的平等性公平、差异性公平和补偿性公平,从而规范义务教育行为,为义务教育带来秩序。以"效益"

---

① 朱德全、李鹏:《论统筹城乡职业教育的多重治理逻辑》,《西南大学学报(社会科学版)》2013 年第 7 期。

② 褚宏启:《教育治理:以共治求善治》,《教育研究》2010 年第 10 期。

为根本价值目标，旨在提高义务教育质量，促进人的全面发展和社会全面进步。《中共中央关于制定国民经济和社会发展第十三个五年规划的建议》以"提高教育质量"为主题，指出未来五年我们要坚持把提高质量作为教育改革发展的核心任务，牢固树立以提高质量为核心的教育发展观，为如期全面建成小康社会提供可靠的人力资源支持。因此，义务教育均衡发展治理应坚持"公平"与"效益"两手抓，两手硬。

（二）依赖与合作：治理共同体的主体关系

义务教育均衡发展治理不是依靠国家自上而下发号施令控制的结果，而是国家与地方政府、学校和公民社会之间的广泛沟通与合作互动的过程。其中，学校是教育生产的场所，相关治理主体——国家、地方政府与公民社会均围绕学校这一主体展开，构成治理共同体，其相互关系如图 6.1 所示。

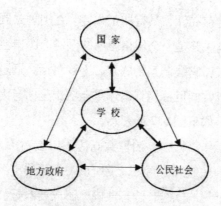

图 6.1　治理共同体的主体关系

在治理共同体中，国家、地方政府、学校和公民社会构成了参与义务教育均衡发展治理的网络结构。由于每个治理主体都享有自己的"产权"优势，因而在权力上彼此依赖；同时，由于治理主体个人"私益"的实现是义务教育公共利益综合实现的产物，因此他们也离不开合作。这种权力依赖支持着各个治理主体在义务教育均衡发展治理过程中的平等地位。治理主体以义务教育公共事务为焦点，相互理解、信赖与合作，通过对话、协商等方式确定互惠的集体选择和集体行动，发挥共治的力量。同时，在义务教育均衡发展治理过程中，每个治理主体都有其特殊的角色与地位并拥有发号施令的权力，不过他们又都要与国家合作，共同担负义务教育均衡发展的治理责任。治理共同体的发展使"一个强加于人、凌驾于社会之上、能够实现发展的国家的形象正在消失，取而代之的是采取一种更加客观的观念来审视公共行动、统合各种社会力量。因此，国家和其他行动者的合作伙伴关系具有压倒一切的重要性"①。治理共同体也预示着学校和公民的角色发生了变化，从"边缘人"变成了"中心人"。在义务教育均衡发展治理过程中，他们不再是国家与地方政府统治和管理的对象，而是不可缺少的合作伙伴。

（三）圆桌会议：治理共同体的决策方式

治理共同体由国家、地方政府、学校和公民社会合作建立，是一种相对宽松或自由的存在体，具有非正式性。在治理共同体中，多重主体应该如何做出治理决策是一个值得思考的问题。圆桌会议正是适合治理共同体的决策方式，它强调互相尊重、平等对话，通过协商、讨论来实现集体决策，达成共同目标。其运作重点在于全信息沟通，包括信息处理、信息反馈等，如下图 6.2 所示：

在圆桌会议运作流程中，治理共同体不仅要对治理效果进行反思，还要对产生这种治理效果的原因以及所反映问题的更深层次的前提假设进行反思。对于出现的问题，治理共同体不仅要治标，更要治本；不仅要对治理结束后的效果进行反思，而且还要在治理过程中不断进行反思，这样才能及时发现治理中出现的问题并不断改进，从而更好地促进治理共同体的发展，以共治求善治。

---

① ［法］皮埃尔·卡蓝默：《破碎的民主——试论治理的革命》，三联书店 2005 年版，第 56 页。

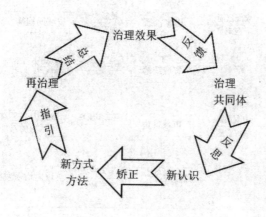

图6.2 治理共同体的决策方式

第二节 义务教育均衡发展的治理政策

梳理义务教育均衡发展的历史,审视国家义务教育发展均衡评估现状,我国义务教育均衡发展仍呈现诸多明显不足,主要表现在义务教育均衡发展缺乏差异性政策设计;国家、省、市、县的相关政策设计缺乏统整的层次性、逻辑性;宏观、中观、微观政策重点不突出、层次不分明,路径分解职责不清晰,导致政策设计最终落实不到位。鉴于此,要破解我国义务教育均衡发展的难题,应立足于国家视野加强义务教育均衡发展政策的顶层设计,并从宏观、中观、微观和省域、市域、县域多重基点出发,综合审视及重构我国义务教育均衡发展改革的政策设计,这对于未来我国进一步深入推进义务教育均衡发展改革或有裨益。

一、义务教育均衡发展政策设计分析框架

从宏观(国家)、中观(省级、市级)、微观(县级)分层推进义务教育均衡发展是符合国情的科学治理设计,如图6.3所示。

分层推进的义务教育均衡发展治理设计呈现两条逻辑,一是"自上而下"的从宏观的国家导向到中观的省域统筹、市域推进,再到微观的县域实施、学校执行;二是"自下而上"的以校际均衡促进县域内教

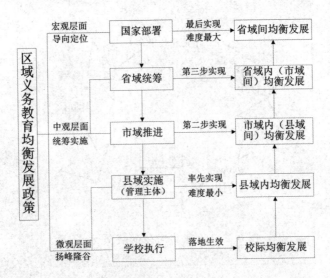

图 6.3　分层推进区域义务教育均衡发展的政策设计逻辑

育均衡、县域内教育均衡带动市域内教育均衡、以市域内教育均衡促进省域内教育均衡，最终实现全国均衡。

二、宏观治理：顶层设计，彰显导向定位

顶层设计的核心、生长点、逻辑起点都在顶层，顶层定位或顶层确认从一开始就决定了整个设计体系，高端决定低端，顶层决定底层。顶层定位关键在于确定整个设计的核心理念以及由核心理念衍生的顶层目标。义务教育均衡发展宏观治理重在顶层设计，彰显导向定位。改革开放之初，基于战略的考量国家将非均衡发展作为义务教育发展治理的基本取向。当时国家提出，普及义务教育要根据各省、市、自治区的实际情况，进行分区规划，提出不同要求，分期分批予以实现，鼓励经济文化发达地区教育率先发展。义务教育的治理目标、进度要求和具体措施主要取决于各地区的经济发展和财政收支状况，体现出非均衡性。基于非均衡发展的治理设计取向，在"十一五"末期，我国所有省（区、市）分期分批实现了"两基"目标，义务教育发展取得瞩目的成就。

然而，非均衡发展的制度惯性使得我国义务教育发展也逐步走向了

非均衡。在新时代背景下，这种非均衡发展现状暴露出越来越严重的问题：择校问题愈演愈烈，教育质量差距越来越大。① 鉴于此，区域均衡发展或包容性发展必然成为宏观层面义务教育改革发展治理设计的必然取向。从非均衡发展到均衡发展的治理设计转向在近年来的义务教育治理法律中得到体现。② 2006 年，新的《义务教育法》明确提出："促进义务教育均衡发展。" 2008 年，《中共中央关于推进农村改革发展若干重大问题的决定》进一步提出："促进城乡义务教育均衡发展"。2010年，《纲要》明确规定："到 2020 年基本实现区域内均衡发展""率先在县（区）域内实现城乡均衡发展，逐步在更大范围内推进""努力缩小区域差距"。2012 年，国务院印发《关于深入推进义务教育均衡发展的意见》，再次强调："坚持在发展中促进均衡，在均衡中促进发展，整体提升我国义务教育水平。"

三、中观治理：统筹规划，凸显管理协同

省级政府是推进义务教育均衡发展的关键，发挥着重要的统筹作用。省级政府应围绕"统筹发展"进行义务教育治理设计：一是统筹辖区内义务教育均衡发展工作，完善与省情相配套的义务教育均衡发展法律法规和治理措施，制定全省义务教育均衡发展整体规划、实施步骤和保障措施；二是制定全省义务教育学校办学基本标准和教育资源均衡配置标准，建立推进义务教育均衡发展激励机制和问责制度；三是制定本省义务教育教师队伍建设整体规划，教师资源配置向农村学校和薄弱学校倾斜，吸引、鼓励优秀教师到农村地区任教，培养和补充紧缺教师；四是统筹省级财政资金和中央转移支付资金，提高义务教育均衡发展经费保障水平，扩大保障范围。

---

① Freeman, Joan, *Quality Basic Education: The Development of Competence*, 1992, p. 25.

② Shi, Jinghuan, and D. Director, "An Exploration of the Ways of Basic Education Development in the Western Disadvantaged Areas", *Educational Research*, 29 (2003), pp. 31 – 35.

地（市）级政府是义务教育均衡发展治理的推进枢纽，兼具统筹规划、组织管理的作用。市级政府应围绕下列内容进行义务教育治理设计：一是推进责任落实，科学制定本地区义务教育均衡发展规划，监督检查区县级人民政府及其相关部门贯彻执行国家及省、市人民政府制定的各项有关义务教育均衡发展的方针、法律、法规的情况；二是推进经费落实，不断优化财政支出结构，在全市范围内合理配置其他教育资源，并坚持向农村和贫困地区倾斜，支持财政困难的区县实现义务教育均衡发展，避免出现低位均衡的情况；三是建立县域义务教育均衡发展督导评估制度，对所辖县级单位基本实现义务教育均衡发展情况进行督导评估，并将其作为督导评估县级人民政府教育工作的重要内容。

四、微观治理：践行责任，突出落地生效

2001 年，《国务院关于基础教育改革和发展的决定》明确提出了"以县为主"的农村义务教育管理体制，强化县级政府要真正担负起发展本地农村义务教育的主要责任。新修订的《义务教育法》进一步明确和完善了"以县为主"的义务教育管理体制，农村义务教育管理由"以乡镇为主"到"以县为主"转变，农村义务教育经费由农民部分承担到由政府全部承担。"以县为主"强调县级政府对农村义务教育承担主要责任，履行对本地教育发展规划、经费安排使用、校长和教师人事等方面进行组织管理的责任，包括对县域教育事业发展规划、学校网点布局调整、危旧房舍的维修与改造、中小学校长及教师队伍建设、教育教学工作等的协同管理；对县域教育经费投入的统一协调筹措和支配，包括争取国家、省、市的财政转移支付资金和社会力量办学资金。在推进县域内义务教育均衡发展的过程中，县级政府要在省级统筹、市级推进的过程中真正践行主体责任，根据县级发展实际情况，脚踏实地执行与落实义务教育均衡发展的各项举措。应当建立健全义务教育均衡发展保障机制，合理配置各类教育资源，缩小城乡师资队伍差距，缩小区域之间、城乡之间义务教育发展校际差距，率先在县（区）域内实现义务教育均衡发展，从而以县域带动市域、以市域促进省域，最终实现全国均衡。

第三节　义务教育均衡发展的治理实施

义务教育均衡发展的治理方略是指义务教育治理的整体性、计划性的方法和策略，是对义务教育均衡发展方法性要素的宏观构想。义务教育均衡发展的治理政策设计意在从宏观、中观、微观三个层面来建构分层推进义务教育均衡发展的制度体系，而基于政策设计的治理方略则强调"政府、市场、学校、社会组织乃至公民个人"等多元化主体要素共同参与义务教育均衡发展治理，在"省域、市域、县域"等不同的治理层级能够实现"三域联动"，协同推进义务教育均衡发展。

一、完善机制，规范治理体系的建设和多元主体的参与

教育治理体系是以政府为核心的多元治理主体，是参与并解决教育公共事务与公共问题以实现教育治理的一系列体制机制的总称。其涵盖了教育治理主体、教育治理客体、教育治理目标、教育治理机制等不同要素组合，最终目标是要实现教育领域内的"善治"。[①] 由此可见，明确义务教育的治理主体，并为多元主体参与义务教育公共事务和公共问题的共同治理赋予相应的权力、建立完善的机制，是建构义务教育治理体系的基础。

从实体要素来看，参与义务教育治理的主体通常有政府、市场、学校、社会组织乃至公民个人。政府是义务教育的举办者，学校是实施者，社会组织是支持者或制约者，而教师、学生、家长等公民个人也是义务教育的利益相关者，这几方都理应成为义务教育治理的参与者。与此同时，市场在调节政府、学校和社会三者的关系，以及调节各种义务

[①]　沈亚平、陈良雨：《现代化视阈下中国教育治理体系的重构》，《湖北社会科学》2015 年第 8 期。

教育相关者的关系上正在发挥作用，而且将会发挥愈加重要的作用。政府不再是义务教育治理的唯一主体，而应当更多地体现多元主体的积极响应、多方参与，这才是义务教育治理现代化的直接表现，尤其是除政府和学校以外的第三方治理主体，在教育公共事务的监督、评估以及援助等方面具有客观、重要的地位，因而是义务教育治理体系的重要支柱，是义务教育治理现代化不可或缺的一部分。

义务教育均衡发展的多元主体在治理体系中发挥着重要的作用，这种重要作用，一方面需要各个主体在自己的责权范围内相对独立地发挥，另一方面也需要不同主体之间通过合理的机制相互依赖、相互合作、相互制约、相互影响，共同发挥重要作用。当前，面对深化义务教育改革的具体任务，切实推进多元主体参与义务教育均衡发展治理，需要从以下几个方面着手突破。

（一）培育具有现代精神的义务教育均衡发展治理主体

考察中国义务教育现阶段的管理实践和主体行为，不难发现相关主体的治理参与意识和治理能力还存在比较突出的问题：一是简政放权的政府"越位"。现有教育治理结构中，政府是集举办者、管理者、评价者于一身的单一主体，具有最高的绝对权威，权力过分集中，职能边界模糊，缺乏民主和自由精神，对教育自下而上的本质特点认识不足，缺少因地制宜、因人制宜的教育管理弹性和灵活性。二是独立自主的学校"错位"。中国长期的计划体制导致中小学校的自主管理和自主发展的意识薄弱、能力不足，许多学校仍然错误地保持着对政府、对经济、对社会的单向依附关系，用"等、靠、要"的习惯性思维方式来面对教育改革与发展的新需求。三是规范成熟的市场"缺位"。现代意义上的市场是指在法规和现代管理意识下的自由、公平、开放、竞争的市场。然而，由于当前教育治理实践中的法规尚未成型，参与公平竞争的竞争者较少，导致以自由、公平、开放的市场投标竞争的形式挑选最优服务能力的教育生产者的意义不显著，有些时候政府只能凭借经验通过定向购买完成，以确保吸纳最专业化的社会组织参与治理。正是由于当下缺乏成熟、规范的市场，使得通过适度市场竞争从而达到教育资源优化配置和多元教育方式提供的作用也远未体现。四是成熟独立的社会组织"缺位"。我国社会组织发展起步较晚，政府对其培育远未完成，具有较高专业化和成熟度的社会组织数量有限，其广泛参与和提供优质教育公共服务的意识、能力、资源还相对有限。

因此，明确治理主体的多元性，培育具有现代精神的义务教育均衡发展治理主体，是进行义务教育均衡发展治理的前提性要求。而无论是哪一个治理主体，其治理行为的最终执行者还是人，因此从本质上说，培育具有现代精神的义务教育均衡发展治理主体，就是要求培育具有现代精神的人。

（二）创新多元主体参与义务教育均衡发展治理的机制

义务教育发展的各个主体尤其是弱势主体想要在多元治理体系中自由表达其利益诉求并行使管理权、决策权和监督权，制约彼此责、权、利的越位或错位，就必须建立健全完善的义务教育治理的多元主体参与机制，保障各主体行使教育治理的权力有规可依，有章可循。

当前，我国义务教育治理的主体参与机制很不完善，存在漏洞、缺乏活力，尽管相关教育法律法规也鼓励不同主体参与教育治理，但保障力度非常薄弱。因此，需要积极地推动义务教育制度由传统向现代变迁，创新多元主体参与义务教育治理的机制，为义务教育治理体系建立并真正发挥实效建立基本的保障。

首先，完善主体参与机制的法治基础。完善义务教育相关法律法规，充分彰显各个教育治理主体的合法地位，强化多元治理主体参与义务教育均衡发展的自主性与独立性；通过法律的形式明确教育治理主体的参与方式、途径等，即各教育治理主体应当如何实现教育治理的和谐性、有序性、互动性和制约性，同时也为各主体提供参与义务教育均衡发展治理的实践指南和行为规范；进一步明确和完善教育治理主体的法律责任，即义务教育均衡发展治理主体责任范围的界限和标准是什么，需要承担哪些责任以及怎样承担责任等，以此为建立和创新多元主体参与义务教育均衡发展治理的机制提供坚实的法制基础。

其次，转变主体参与机制的权力结构。义务教育治理的主体参与机制从某种程度上说，也是义务教育治理主体的权力分配与制衡机制。各主体参与义务教育均衡发展的治理过程，就是治理权力运转的过程。因此，对治理权力进行合理调试和重新分配，让不同主体之间"有权不霸权""分权不集权"，从而形成义务教育均衡发展治理的权力主体相互制衡、相互合作的参与机制。义务教育治理主体权力的再分配，需要做到以下三个方面：根据权力的属性和作用的对象，将零零散散分布在不同政府部门之中的公共教育权力（如教育财政权、人事权、办学权）进行科学、合理的整合与分类，为权力合理的"转移""下放"或"集中"提供依据；根据权力的类别和性质，将其分配给与之相对应和匹配的治理主体，从而使义务教育均衡发展的秩序更加规范化，义务教育公共服务实现优质供给；制定各种权力的发生、运行、监督和撤销制度，保证义务教育治理主体能够依照制度行使各种权力，发挥教育治理权力的最大效用。总之，这一权力制衡机制可以使政府、市场、社会、学校等不同治理主体之间的权力边界清晰、权责明确。

只有在完善法制基础和调适权力结构的基础上，多元主体参与义务教育均衡发展治理的创新机制才得以切实生成和运行，并通过主体间在义务教育均衡发展不同领域或层级的彼此联动、相互制衡行为，发挥出义务教育治理体系的最大功用。

二、突出重心，明确治理层级的相关职责和权利的界限

在推进义务教育均衡发展的过程中，省域统筹的政府责任、市域推进的信息共享、县域实施的学校布局和办学条件依次交替联动；省域统筹的质量标准、市域推进的督导评估、县域实施的名校引领交错互动；省域统筹的师资保障、市域推进的管理运行、县域实施的师资交流依次递进，从而实现义务教育均衡发展的师资均衡。

（一）强化省域统筹协调，实现政策保障内涵提升融合发展

我国行政管理体制和教育管理运行机制决定了省级政府在义务教育均衡发展中的统筹地位和作用。加强省级政府教育统筹是国家教育体制改革的重要内容，完善省级统筹机制是义务教育均衡发展的重要保障。鉴于省域统筹功能边界以及义务教育均衡发展的诉求，省域统筹应当重点落脚于统筹政府责任、统筹质量标准和统筹师资保障三个层面。

1. 统筹政府责任

义务教育均衡发展是中央、省、市和县各级人民政府的法定职责，而责任的落实尤其需要省级政府统筹作用的充分发挥。首先，各省应将义务教育均衡发展纳入全省经济社会发展总体规划中考虑，并成立相关工作机构、建立义务教育均衡发展联席会议制度，以便加强领导、科学规划，全面落实省级、市级、县级政府在资源配置、政策制定和宏观指导等方面的责任，形成统筹协调、齐抓共管的工作机制。其次，省级政府应加大义务教育均衡发展的经费保障力度，逐年增加政府财政支出中教育支出的比例，增大教育投入总量，依法确保教育经费的增长。最后，推进义务教育均衡发展要真正形成机制，还需要社会舆论氛围的支撑。在这个意义上，省级政府可通过相对发达的省级舆论，引导社会各界关心支持义务教育的区域均衡发展。

2. 统筹质量标准

教育部 2010 年颁布的《关于贯彻落实科学发展观，进一步推进义务教育均衡发展的意见》明确指出，"国家和省级教育督导部门要研究制定义务教育均衡发展评估指标和标准，定期对县域内的义务教育均衡发展状况进行监测和督导评估。"省域层面统筹制订义务教育均衡发展质量标准需要遵循三条原则：第一，平等原则。省级政府应要求不同区域、不同学校为学生提供平等的接受义务教育的机会，当然，教育机会均等并非意味着"教育结果均等或一样"。第二，差异原则。义务教育

均衡发展绝非"一刀切"，省级政府在强调公平的基础上也要鼓励不同市域、不同学校、不同类型的教育，根据各自实际情况，创造性地探索，最终实现优势互补、特色发展、整体提升。第三，补偿原则。省级政府必须关注市域、县域之间教育资源条件的差距，对落后地区和薄弱学校在教育资源配置上予以额外补偿。[①]

3. 统筹师资保障

首先，省级政府应加大政策引导力，强化师资配备的政策引导，补齐教育的短板，创新均衡师资的补充机制和提高机制，大力实施诸如"免费师范生计划""国培计划""特岗计划""硕师计划"等，为义务教育均衡发展提供强有力的师资保障。其次，要改善教师资源的初次配置，采取各种有效措施，吸引优秀高校毕业生和志愿者到农村或偏远地区任教。对长期在农村基层和艰苦边远地区工作的教师，在工资、职称等方面实行倾斜政策，在核准岗位结构比例时实行高级教师岗位向农村学校和薄弱学校倾斜。最后，应责成市域、县域逐步实行城乡统一的中小学编制标准，并对村小学和教学点予以倾斜。

（二）推进市域中心辐射，实现城乡义务教育一体同构发展

地市级政府在推进义务教育均衡发展上兼具有统筹规划、组织管理的作用。作为中枢环节，关键在于推进市域中心辐射，建立城乡一体的督导评估机制、管理运行机制和信息共享机制，实现城乡义务教育一体发展同构，实现义务教育优质均衡发展。

1. 建立城乡一体的督导评估机制

首先，市域政府强化督导评估导向，增强县级推进义务教育城乡一体化发展的积极性和主动性，整体规划、分类推进，分年度提出实现义务教育均衡发展的区县名单。其次，市域政府应将义务教育均衡发展作为教育督导的重点，形成推动有力、检查到位、考核严格、奖惩分明、

---

① 褚宏启：《义务教育均衡发展评估指标与标准的制订》，《教育发展研究》2010年第6期。

公开问责的机制，确保义务教育均衡发展目标实现。最后，要明确义务教育均衡发展督导评估的内容，重点对推进义务教育均衡发展总体工作情况，包括入学机会保障、投入保障、教师队伍保障、质量保障等进行综合评估，对县域内义务教育的教师、设备、图书、校舍等资源配置状况及其校际差距进行评估，对县域内解决义务教育领域热点难点问题的进展，包括缓解择校、减轻课业负担等进行专项评估，对义务教育均衡发展的公众满意度情况进行定点测评。

2. 建立城乡一体的管理运行机制

作为中枢环节，市级政府应着力建立城乡一体义务教育管理和公共服务机制。首先，市域政府要鼓励各县敢于打破城乡二元格局，探索建立县域内城乡一体的小学和初中对口招生制度，让小学毕业生直接升入对口初中，按照区域内适龄儿童数量和学校分布情况，合理划定公办学校的跨县域招生范围，提高优质高中招生名额分配到区域内各初中的比例，把区域内学生就近入学比率和招收择校生的比率纳入考核各县域教育部门和学校的指标体系，切实缓解"择校热"。其次，市域政府要建立城乡一体化的财务管理机制，加强对县域教育财务管理工作的指导，规范预算编制，严格预算执行，做好财务决算，强化会计核算，加强资产管理，提高资金使用效益。最后，市域政府要建立城乡一体化的县域义务教育经费抽检监督制度，规范收费行为，强化学校代收费行为监管，规范学校或教育部门接受社会组织、个人捐赠行为，禁止收取与入学升学挂钩的任何费用，在教育经费相对均衡的前提下确保向偏远地区、农村地区倾斜，为缩小城乡区域差距提供经费保障。

3. 建立城乡一体的信息共享机制

实现义务教育均衡发展应充分利用信息技术手段跨时空的优势。首先，应大力推进城乡学校宽带网络建设，解决学校宽带接入问题，逐步为农村学校每个班级配备多媒体教学设备，努力建立城乡一体的市域教育计算机网，从而为义务教育资源共享提供有效的硬件基础。其次，应以市级为中枢，突出城乡教育资源信息一体化，以应用信息技术重构教育教学管理的新模式、依托信息技术建立信息化环境下的教育新模式和全体提升师生素养为基本路径，以信息化公共服务体系建设工程、信息化应用能力提升工程、中小学数字校园示范工程为抓手，形成城乡一体的市级教育信息基础数据库和数字化教育教学资源库，打造教育管理与政务公共服务、数字化终身学习支持服务和技术支持服务等城乡一体化平台。最后，还应开发丰富优质的数字化课程教学资源，重点开发师资短缺课程资源、民族双语教学资源，帮助更多的师生拥有实名的网络空间环境，方便其开展自主学习和教学互动，实现虚拟教育资源和现实教育活动的有机衔接。

（三）实施县域合理配置，实现义务教育均衡发展校际同步发展

县域层面集微观政策设计和政策最后实施生效于一体，是义务教育均衡发展的实施主体。其均衡的核心内容主要体现在学校布局均衡、办学条件均衡、师资交流均衡、质量水平均衡等方面。

1. 学校均衡布局

首先，要统筹考虑县域内人口分布、城镇化水平和经济社会发展等诸多因素，按照"小学就近入学、初中相对集中"的原则和"减少校点、扩大规模、集中优势、提高效益"的工作思路，坚持初中教育资源向城镇集中、小学教育资源向乡镇集中、教学点向行政村集中，整体优化城乡中小学布局。其次，应以方便学生免试就近入学为原则，制定学校网点布局和服务半径的量化标准，充分考虑学生上下学方便、交通安全、寄宿条件等因素，从严控制学校撤并，不具备条件的不得撤并，保留并坚持办好必要的农村小规模学校和教学点。再次，应大力发展寄宿制学校，扩大初中寄宿生规模，农村寄宿制学校建设工程向小学延伸，逐步在大中城市和县城新建主要服务于进城务工人员随迁子女入学的公办中小学，扩大城镇中小学教育资源。

2. 条件均衡配置

依据国家普通中小学校建设标准和县域标准，从缩小县域校际差距出发，着力改善薄弱学校的教学楼、运动设备、学生宿舍、食堂等各项基础生活设施，并妥善解决寄宿制学校管理服务人员的配置问题，保证学校人防、物防、技防等安全措施落实到位。其次，为县域内薄弱中小学校配齐图书、实验仪器设备、音体美教学等器材资源，坚持县级财政拨款"填谷隆峰"，向薄弱学校倾斜，新增教育经费主要用于义务教育均衡发展，逐步缩小校际之间义务教育生均经费的差距。要加大县域内教育资源整合力度，进一步整合现有的义务教育专项工程资金，发挥资金效益。

3. 师资互动交流

首先，县域政府需要改变当前的教师管理方式，将"教师校管"转变为"教师县管"，由县教育行政部门统一聘任、管理和配置县域内教师资源，使义务教育教师由"单位人"变为"系统人"，破除城乡教师交流、优质校和普通校间教师交流的体制机制障碍。其次，县域政府要推行区域内公办学校校长、教师交流制度，逐步实行县级教育部门统一聘任校长，推行校长聘期制，建立和完善鼓励城镇学校校长、教师到农村学校或城市薄弱学校任职的任教机制。再次，要完善促进县域内教师交流的政策措施，实行城镇学校教师评聘高级职称原则上要有一年以上在农村学校任教经历的制度，构建县域内义务教育教师同工同酬甚至向乡村倾斜的物质保障机制。最后，应建立教师专业发展共同体，推动办学水平较高的学校和优秀的教师通过共同研讨备课、研修培训、学术交流、开设公共课等方式，共同推动教师专业发展和教学质量提升，实现师资发展的均衡共享。

4. 名校引领融合

义务教育的校际非均衡是校际软实力差异所致。学校的软实力是学校历史、文化、管理、特色、质量等综合形成的学校竞争力和影响力，最终表现为学校的品牌影响力。在长期的教育发展过程中，各所学校的品牌影响力不尽相同、差异很大。鉴于此，县域层面有必要创新体制机制，建立县域内校际优质资源共享的政策和管理环境，扩大优质教育资源覆盖面，发挥名校软实力的影响力。县域政府可以通过鼓励名校办分校的形式，鼓励探索集团化、集群化、组团化办学的形式，鼓励以名校为核心的结对帮扶、捆绑式发展模式，以及探索学区化管理等形式，盘活名校资源，实现优质品牌学校的资源辐射，扩大优质资源的供给，避免出现"削峰填谷"的现象，从而整体提升学校办学水平，推动县域义务教育校际均衡发展。

义务教育治理的多元主体通过积极参与省域、市域、县域三个治理层级的公共教育事务，协同推进义务教育均衡发展，促进教育质量的有效提升。在落实各级各类义务教育均衡发展的重点任务时，需要拓展思路、整合资源，设计并选择多通道、全方位、非闭合的立体化路径，以确保义务教育均衡的发展工作质量，提升义务教育均衡发展治理的实效性。

三、立体推进，搭建"点—线—面—体"均衡治理路径

义务教育均衡发展是一个历经从底线均衡到基本均衡再到优质均衡逐级发展实现的过程。立体化推进义务教育的均衡发展，要在义务教育均衡发展的"三维度"均衡结构、"三层级"均衡水平和"三向度"均衡关系的基础上，着力从点、线、面、体的立体化推进，以实现义务教育优质均衡发展。

（一）义务教育均衡发展的"点—线"推进

推进义务教育在"点—线"层面的均衡发展，致力于学校个体及其与其他学校之间的联动发展，重在义务教育学校能动作用的发挥。

首先，"点"的发展即学校的特色发展，通过各学校自身的内涵建设和创新发展，从而整体提升义务教育学校发展的实力。具体需要各学校从自身实际情况出发，充分发挥校长的潜能，全方位致力于学校的特色理念和特色文化的塑造，通过不断创新管理模式，创建高水平的特色团队，以学生群体过程性发展的受益均衡为核心，精心打造特色课程、创新教学模式，全面致力于学校内涵发展的路径探索，并塑造学校自身的发展品牌，全面提升学校的影响和辐射力，实现以义务教育学校均衡发展的"星星之火"广泛达成整体发展的"燎原之势"。

其次，"点"到"线"的推进，即通过学校间的对接，助推不同类型与层次学校间的联动发展。一方面，从横向上推进不同基础和性质学校间的双向沟通。在不同发展基础的学校层面，具体实现优势学校对口支援薄弱学校，促成学校之间的互补式发展，如江苏泰州市的"名校+"模式，通过实施"名校＋弱校""名校＋农村校""名校＋新校"的策略，以优势学校带动弱势学校共同发展；在不同性质的学校层面，如公办学校与民办学校通过合作平台的共建，实现学校间的互利共进式发展。另一方面，从纵向上推进不同层次学校间的合作衔接，具体实现部分小学校与初中校间及初中校与高中校间的对口协作，促使高阶段学校通过辅助低阶段学校的发展，并加强与低阶段学校之间在课程内容、教学模式、教学方法等方面的沟通和衔接，以确保优质生源的高效获取，也一定程度地减少了学生升学后的不适应与心理落差，使低阶段学校为高阶段学校的发展起到奠基作用，最终实现不同阶段学校间的合作共赢式发展。

（二）义务教育均衡发展的"线—面"推进

义务教育在"线—面"层面的均衡发展，致力于区域内城乡间学校的联动发展，重在强化政府公共服务职能的发挥。

首先，在"线—线"联动发展上，主要指向区域内城乡学校间普遍实现的"两两"联动发展，从而交织城乡学校间的"线式"网络，以此助推区域内城乡学校间的协同均衡。通过区域内城市学校与农村学校间的两两对接，如通过"城乡联办校"的形式或借助城市高校、社会力量开展委托办学的形式，支持边郊中小学的内涵与特色发展，普遍建构起区域内城乡学校间的发展网络，并大力支持农村与城市学校间的资源共享平台建设，有效实现农村学校新教师到城市学校挂职锻炼，城市学校指派优秀教师到农村学校支教，全面推进在县域统筹范围内，城乡间建立教师层面的"轮岗交流、兼职交流、学科指导"，以及学生层面"借位学习、换位锻炼"的互动交流机制，从而形成城乡学校间的共生联动发展状态。

其次，从"线"到"面"的推进，主要指向区域内城乡学校间的"片状化"发展，这种"线—面"推进的发展模式，是县域均衡的有效实现形式，如北京东城区的学区化管理模式、辽宁沈阳的综合试验区模式、成都青羊区的城乡一体化模式等，通过"线—面"的推进，助推区域内城乡义务教育整体发展均衡。一方面，在区域内义务教育整体发展的宏观规划方面，充分发挥区域政府的顶层设计功能，致力于在区域整体层面打破原有的城乡二元体制结构，有效助推城乡一体化体制机制的建立；充分利用区域内学校间的地缘优势，推进区域内城乡学校的统一划片；整体优化城乡学校的布局结构，实现片区内学校间资源的共建与共享；在充分彰显区域经济特色以及尊重学校个性化发展特色的基础上，有效促进区域内城乡义务教育学校的一体化发展。另一方面，在区域内城乡义务教育发展的均衡协调方面，充分发挥区域政府在城乡义务教育发展上的宏观协调功能，有效推进农村学校的标准化建设，全面推进城乡学校在班额设置、校车、校舍建设等方面的合标准化与合规范化，有针对性地实现区域内财政拨款、学校建设与教师配置等方面向农村薄弱地区的特惠支持和政策倾斜，合理解决进城务工子女的教育问题，尽可能缩小城乡学校间的发展差距，提升区域内城乡义务教育的均衡发展效益。

（三）义务教育均衡发展的"面—体"推进

义务教育均衡在"面—体"层面的发展，致力于区域间义务教育的一体化均衡，重在社会广泛领域的公共治理作用效能的发挥。

其一，在"面—面"联动发展上，主要指向区域与区域义务教育间的联动发展，并通过区域之间的多向联合，推进义务教育的集团化发展。具体实现，在区域与区域间深度沟通合作的基础上，有效促使区域间具有相似办学理念、相近办学文化和相同办学模式的义务教育学校，经过联合、兼并或合并重组等方式进行集团化组建，这其中可以包括具有悠久发展历史的名校，也可以是新成立不久的新校或薄弱学校，通过学校间的共同合作与纵横向的联合，整体推进集团内各种教育资源的整合重组，并实现师资配备、教学活动、资源平台、教研活动、核心建设等方面的统一要求和规范，创建具有规模效益且具有品牌效力的义务教育集团校，并实现集团内以特色和内涵化打造为核心，着力于卓越教育品质的塑造，从而整体推进集团内义务教育学校的优质均衡发展。

其二，从"面"到"体"的推进上，主要指向通过区域间义务教育的协同合作，进而带动社会广泛领域的综合力量，在有效实现均衡与效益相统一的基础上，共同助推更广泛领域内义务教育的一体化优质均衡发展，通过多元力量的协同共治提升义务教育均衡发展的整体效益。具体实现，在社会全域范围内、在政府的宏观统筹引领下，建立以公益为旨归的"准市场"运作限度；有条件地允许市场参与义务教育均衡治理，实现以跨区域合作的义务教育集团校的品牌影响力为辐射；充分关注薄弱区域、薄弱学校均衡发展的真实需求，综合统整社会广泛领域的公共利益；在有效借助社会广泛领域力量的基础上，实现对义务教育均衡发展的公共性综合治理；配套建设社会公共服务支持系统，鼓励社会力量加大对义务教育均衡发展的综合性投入；针对一些距离较远的区域，加大力度发展远程教育服务系统；建构起综合性的公共网络服务平台，以推进义务教育从县域到市域到省际等更广泛范围内的优质均衡发展。

第七章

中国义务教育均衡发展的联动机制

义务教育均衡发展作为一个复杂的问题系统，开放性与封闭性并存。要真正实现均衡发展，一方面，义务教育系统本身必须与外部的区域经济、社会、文化等其他系统进行联动；另一方面，义务教育系统内部的各个要素也要实现区域、城乡和校际间的联动。为此，教育内部必须通过区域联动、城乡联动和校际联动，实现由外延均衡向内涵均衡，由基础均衡向优质均衡的转变。

第一节　义务教育均衡发展的联动机理

从抽象的系统理论来说，义务教育均衡发展的内外部联动内容可以基于宏观、中观和微观三个层面展开，宏观层面是教育供给与需求的联动，中观层面是教育资源的联动，微观层面是课程、教学、管理、学校文化等方面的联动。

一、义务教育联动发展的现实诉求

问题是研究的逻辑起点。基本问题是任何一项研究中最根本、稳定和具有纲领性的问题，从而构成该研究一以贯之的灵魂。[①] 当前中国义务教育均衡发展面临着社会转型、教育开放、结构失衡等问题。

（一）社会转型使得义务教育发展面临新挑战

社会转型是指社会经济结构、文化形态、价值观念等从一种形态转向另一种形态的过程，具体表现为社会中的各个子系统打破原有结构的

---

① 邓友超：《教育解释学》，教育科学出版社 2009 年版，第 14 页。

稳定性，重新建立起新的秩序。当前，我国经济社会发展进入转型期，教育作为其中一个社会子系统，必然要紧随社会转型做出结构上的调整。2013 年，党的十八届三中全会通过《中共中央关于全面深化改革若干重大问题的决定》（以下简称《决定》），对全面深化改革的重要领域和关键环节做出重大部署，特别强调了"深化教育领域综合改革"，进一步明确指出，"要大力促进教育公平，构建利用信息化手段扩大优质教育资源覆盖面的有效机制，逐步缩小区域、城乡、校际差距。统筹城乡义务教育资源均衡配置，实行公办学校标准化建设和校长教师交流轮岗"。时下，经济全球化的推进使得国际国内形式复杂多变，我国经济社会也进入了"新常态"时期，发展面临着诸多新情况、新挑战、新问题，如区域、城乡经济发展差距仍然较大，新型城镇化的快速推进加剧了人口流动，这投射到教育领域中则表现为教育条件和教育发展水平在地域上呈现出不均衡。因此，要办好人民满意的教育，要办好适应经济社会"新常态"的教育，教育系统就不能孤立地运行，必须从内外联动着力。具体而言，这就要求义务教育发展必须加强与社会系统及经济、文化等其他社会子系统的联动；同时，义务教育系统内部的各个要素也要在区域、城乡和校际间实现联动。

（二）教育系统开放性的必然要求

教育是一个开放的自组织系统，是隶属于社会大系统内的一个子系统，与经济、政治和文化一样，教育与社会之间具有整体与部分的关系。系统的开放性使得教育系统与社会系统之间存在物质、能量和信息的流通，这是教育发展变化的重要条件。一方面，教育系统内部存在一定的涨落能够促进教育自身的变革与发展；另一方面，在教育系统的运行过程中与社会的其他子系统之间存在相互竞争或协同的关系。教育与社会各个方面存在着必然的联系和复杂的影响关系。[1] 具体而言，教育

---

① 刘小强：《关系思维与高等教育内外部关系分析》，《江苏高教》2011 年第 3 期。

的发展具有时代性，在每个阶段都会受到一定社会的经济、政治、文化所制约；与此同时，教育事业的发展变革又会反作用于社会经济、政治和文化的发展，其能通过自身的调节和优化，为社会经济发展提供服务。可见，教育与区域社会的文化、经济和政治等方面具有共生共存的关系，实现教育系统与社会各子系统之间的协同运作是社会整体和谐发展的重要保障。因此，要推进义务教育的均衡发展，就必须注重教育与经济、社会、文化全方位的联动。

（三）破解优质教育结构失衡的需求

随着社会生产力的发展和人民生活水平的提高，越来越多的人对教育提出了更高的要求，希望教育能够更加公平、优质和多元。然而，我国义务教育在发展过程中暴露出很多不公平、不均衡的问题，主要体现在东中西部、城市与农村、学校与学校之间的教育资源配置水平参差不齐，不同地域的学生无法平等享有接受优质教育的机会。这是由我国处在社会主义初级阶段这一基本国情所决定的。首先，出于历史原因我国各地区之间经济社会发展水平各异，这是造成义务教育发展不均衡的深刻根源，而根深蒂固的城乡二元结构则是最直接的根源；其次，制度政策的偏向诱发了教育内部的结构性差距，继而导致义务教育发展不均衡。历史和现实的多重因素使得义务教育在发展过程中，相对短缺的优质教育供给无法满足人民群众对于优质教育的强烈需求。

就区域差距而言，我国各地区的经济发展水平和地理环境差异较大，这种社会经济不平等投射在教育领域，则表现为义务教育发展水平参差不齐。据全国教育经费执行情况统计公报显示，2014 年我国小学生均公共财政预算教育事业费最低的是河南省（4447.63 元），最高的是北京市（23441.78 元），北京是河南省的 5.27 倍；初中生均公共财政预算教育事业费最低的是贵州省（6924.70 元），最高的是北京市（36507.21 元），北京是贵州的 5.27 倍。2014 年小学生均公共财政预算公用经费最低的是贵州省（1386.05 元），最高的是北京市（9950.95

元），北京是贵州的 7.18 倍；初中生均财政预算公用经费最低的是贵州省（1724.98 元），最高的是北京市（14127.64 元），北京比贵州高出 8.19 倍。[①]

就城乡差距而言，农村学校的办学条件和办学水平远远落后于城镇学校，主要体现在生均公用经费、生均教学仪器设备值、教师学历等方面。2010 年，中央教育科学研究所教育督导评估研究中心发布的《义务教育均衡发展报告 2010》显示，全国约 28% 的区县农村小学生均公用经费不达标；约 40% 的区县农村初中生均公用经费尚未达到要求；近 40% 的区县城镇小学和近 60% 的区县城镇初中生均教育事业经费高于农村；县域内小学教师学历高于规定学历的城乡差距高达 35.51%，初中教师则高达 47.52%。[②]

就校际差距而言，不同的学校占有的教育资源量不一，学校的自我发展能力也有所差距，加之教育政策的非均衡导向，这就造成了县域内学校与学校之间办学条件不均衡、办学水平和办学质量也各有高下，通常表现为重点学校或者示范学校越来越好，而薄弱学校或者非重点学校则越来越差，两类学校形成两个极端，这也是导致"择校热"迟迟无法降温的重要原因[③]。

"十二五"期间，尽管我国义务教育在数量和规模上取得了较大成就，"有学上"的问题基本解决，但"上好学"的目标远远没有达到，不同区域、不同地区的各类群体依然无法平等享受优质教育。因此，在优质教育资源稀缺的情况下，义务教育发展必须加强与区域社会、经济和文化的联动，同时也要加强教育内部各个要素在区域间、城乡间和校

---

① 教育部、国家统计局、财政部：《2014 年全国教育经费执行情况统计公告》，http://www. jyb. cn/info/jytjk/201510/t20151014_ 639638. html.

② 中央教育科学研究所教育督导评估研究中心：《义务教育均衡发展报告》，教育科学出版社 2010 年版，第 147 – 156 页。

③ 姚永强：《非均衡推进：义务教育均衡发展的战略选择》，《当代教育科学》2013 年第 3 期。

际间的联动，进而发挥优质学校和优质资源的辐射带动作用，促使义务教育向高位均衡发展。

（四）实现社会公平，构建和谐社会的需要

我国步入了一个关注社会公平的时代，而教育公平是社会公平在教育领域的具体体现，教育公平是实现社会公平"最伟大的工具"，是维持社会和谐稳定发展的平衡器，借助教育的力量可以实现阶层流动，从而促使社会走向和谐稳定①。在我国构建社会主义和谐社会的形势之下，发展协调性问题备受关注，而教育发展作为国家发展的动力，其均衡发展意义重大。《中共中央关于构建社会主义和谐社会若干重大问题的决定》指出，优先发展教育、促进教育公平、保障人人平等享有接受良好教育的机会是社会主义和谐社会奋斗的目标。而要实现教育的公平，就必须向边疆地区、贫困地区、广大农村和民族地区倾斜公共教育资源，逐步缩小区域、城乡和校际差距。义务教育作为具有基础性、全局性和先导性的公共教育类型，普及与巩固九年义务教育，保障其均衡发展对于推动当代社会结构的变革、促进社会稳定具有重要意义。

时下，我国义务教育阶段学校的巨大差别违背了义务教育应该平等面向所有受教育者的基本要求，并且在事实上影响了受教育者在入学机会、受教育条件以及教育结果等方面的平等权利，严重制约了社会公平的实现。② 具体而言，东中西部、城市与农村、学校与学校之间的义务教育办学条件和办学水平差距较大，贫困地区、农村学校、城市薄弱学校的学生无法平等享受优质教育，这造成部分家长对优质学校趋之若鹜，出现教育移民或择校行为，最终导致义务教育发展陷入"不均衡——教育移民（择校）——更严重的不均衡——更强烈的择校或教育

---

① 于发友：《公平：义务教育均衡发展的价值旨归》，《当代教育科学》2005 年第 7 期。
② 胡劲松：《从等级化到标准化：义务教育阶段学校建设的新趋势——基于广东省的实证研究》，《教育理论与实践》2005 年第 12 期。

移民意愿……"的恶性循环之中。因此,义务教育发展必须加强区域间、城乡间和校际间的联动,整合、重组、共享教育资源,推进学校标准化建设,真正将义务教育作为公共服务补偿性地提供给人民群众,从而促进阶层流动,缩小区域、城乡差距,实现社会和谐。

二、义务教育联动发展的多重逻辑

从教育系统外部来看,义务教育均衡发展的联动包含三个层面:其一,义务教育均衡发展与区域经济的联动是通过培养"人才"这一桥梁来实现的;其二,义务教育均衡发展与区域社会的联动是通过"社会阶层结构"这一纽带来实现的;其三,义务教育均衡发展与区域文化的联动是通过"办学理念"这一核心来实现的。而从义务教育系统自身来看,义务教育发展必须关照区域、城乡、校际间的均衡,其各自间的联动基点主要是影响教育质量均衡的办学软件、课程教学、管理等内容如图7.1所示。

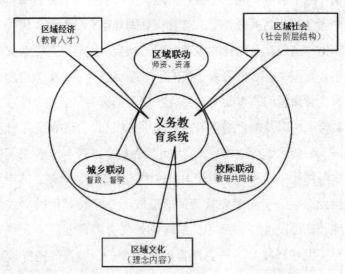

图 7.1 义务教育均衡发展联动逻辑

(一)义务教育均衡发展与区域经济联动的逻辑

两个产业之间互相使用对方的生产结果作为生产投入来做再生产,

从而实现产业之间的共同生存与发展称之为"联动模型"。基于过程性的视角，产业之间的联动可分为前向联动与后向联动。联动模型中的前向联动是指在某一进程中 A 产业生产的结果，作为 B 产业的生产投入来实现 B 产业的发展。相反，如果 B 产业的生产结果能够反过来，成为 A 产业下一个进程中的新投入来促进 A 产业的发展，便称之为后向联动。值得注意的是，这里的前向和后向是相对而言的，具体划分要结合问题研究需要来界定。① 此处，假定义务教育均衡发展为 A 产业，经济发展为 B 产业，两者间的交互联动呈现螺旋式，如图 7.2 所示，在义务教育均衡发展与经济发展的联动中，前向联动是指义务教育均衡发展通过课程教学改革、扩大教育规模、提高办学质量，为区域经济生产活动提供人力资源支持，促使生产部门加强利用并发展人力资本的生产活动，优化经济生产活动的产出结构，提升生产活动的整体效率。后向联动则指人力资本投入到经济生产活动中，区域经济发展水平和生产技术水平得以提高，并为义务教育均衡发展提供更加充足的资金和技术支持，使薄弱地区义务教育得以发展，从而推动义务教育走向均衡发展。

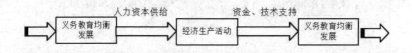

图 7.2 义务教育均衡发展与区域经济的联动

（二）义务教育均衡发展与区域社会联动的逻辑

义务教育和区域社会虽然具有各自的属性，具有自身的独立性，但两者之间的发展却有着密切的相关性和相互作用。义务教育的社会公共事业属性使其发展与区域社会的发展之间存在必然的联动关系。这一方面是由于区域社会和谐发展的重要内容之中包含着义务教育均衡发展的

---

① 张学敏、杨明宏：《民族贫苦地区教育投入与经济发展关系再思考》，《西北师范大学学报（社会科学版）》2007 年第 1 期。

要义，义务教育的均衡发展是区域社会稳定和谐发展的重要因素。另一方面，教育事业的发展需要区域社会的支持，区域社会的稳定发展可以为义务教育均衡发展提供依靠。在现代社会，教育是划分社会阶层的一个重要指标，美国社会学家布劳（Peter Blau）和邓肯（O. Duncan）认为社会阶层现象包括先赋性和自致性两种内涵，在自致性因素中个人的受教育程度极为重要和关键。① 当前，我国义务教育发展呈现出区域、城乡、校际间的不均衡，这种横向差异在很大程度上影响着社会阶层结构的形成。义务教育均衡发展的推进可以为社会弱势群体（农村学生、薄弱学校学生）提供公平教育，从而促进其实现上升性社会流动，使我国社会结构由不合理的金字塔型转向合理的橄榄型结构，最终实现社会和谐发展。同时，区域社会实现和谐发展就会更多地关照社会弱势群体的受教育需要，尤其是接受优质教育的需要，从而对农村地区和欠发达地区实施优质教育资源的差序补偿，使其在教育起点、教育过程和教育结果中享有平等，最终推动义务教育发展走向高位均衡，如图7.3。

图7.3 义务教育均衡发展与区域社会的联动

（三）义务教育均衡发展与区域文化联动的逻辑

教育作为文化的一部分，具有为文化的发展提供服务的功能。教育在发展的过程中，存在着对文化价值的判断与选择、继承与创新等行为。教育行为一定是在社会文化背景中发生的，文化的发展制约着教育的发展，有什么样的文化就会有什么样的教育观。义务教育在均衡发展过程中必须加强与区域文化的联动。首先，义务教育发展可以通过开发

---

① 刘慧珍：《教育社会学》，辽宁人民出版社1988年版，第118页。

校本课程整合区域文化资源，打造学校特色文化和管理理念，并在此指导下通过物质创造和精神引导等途径，使个体认同本区域多元的文化，既能实现对区域优秀文化和特色文化的积淀和传承，也能推动区域文化共生；反之，区域文化共生又为义务教育均衡发展提供了一个和谐的社会文化环境。其次，义务教育在办学理念和价值取向上要与区域文化发展需要紧密结合，从而生长各自的文化。当前，我国以现代化为目标的社会转型正处于关键阶段，这就要求学校教育必须与现代性的文化发展需要相融合，更加重视对学生的人文关怀和学校人文精神的升华，进而关注教育的均衡发展，特别是课堂教学中的均衡。

（四）区域间义务教育均衡发展的联动逻辑

我国的行政管理体制和教育管理运行机制决定了省级政府在区域义务教育均衡发展联动中处于统筹地位。一方面，省级政府要加大区域义务教育均衡发展的经费保障力度，确保联动有资金；另一方面，省级政府要关注区域间的教育资源条件差距，强化政策引导力，对各地区予以差异性补偿。基于政策和资金的支持，要重点实现区域教育资源的高效整合和优质教育资源的辐射带动。具体而言，东部发达省份充分发挥高校优势，承担中西部教师培训，开展不同层次和规格的教师学历教育和非学历培训，如"免费师范生计划""国培计划""硕师计划"等，改善中西部地区的教师素质结构；依托教育信息化打造动态高效的公共服务平台，推进东部优质教育资源的共建共享，辐射带动中西部地区发展。此外，省域层面要统筹制定义务教育均衡发展质量标准，并以达成质量标准为逻辑起点构建区域发展共同体，相关部门要定期对义务教育均衡发展状况进行监测和督导评估，从而促进义务教育质量的整体提升，如图7.4。

（五）城乡间义务教育均衡发展的联动逻辑

我国二元经济社会结构在教育领域中表现为城乡教育发展水平的不均衡，大量的教育优质资源偏向城市，致使农村的教育逐渐落后进而成

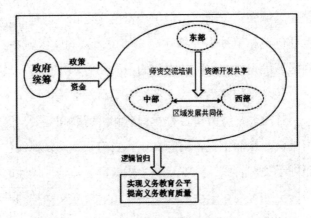

图7.4 区域间义务教育联动发展

为改造的主要对象。在当前的教育发展目标与要求下，要实现义务教育的均衡发展就要促使城乡义务教育的发展实现多方联动，政府必须履行职责，以督政为主、督学为本，两者双管齐下，为城乡义务教育一体同构发展提供相对均衡的环境。首先，加强区县层面的义务教育财政管理机制的督导，优化管理体制，开展进度监测，切实将义务教育经费有效用于教育资源开发和优质教育资源拓展上，并有针对性地向农村学校进行差序补偿，提高义务教育经费绩效，优化城乡教育资源配置。其次，对师资供给改革进行督导，创新城乡均衡师资的补充机制和提高机制，如加强教师培养培训，通过薪酬、职称的倾斜引导优秀教师向农村学校倾斜，从而均衡城乡师资配备。最后，城乡义务教育联动要以农村学校和薄弱学校得以发展、教育质量走向优质均衡为旨归，因此必须加强学校标准化建设，尤其是完善学校信息化配置，打造城乡一体的数字化教育教学资源库。此外，要规范办学，充分挖掘学校的自主发展潜能，促进在合格均衡的基础上实现个性发展和特色发展，如图7.5。

（六）校际间义务教育均衡发展的联动逻辑

出于文化理念、历史传统、管理制度、教育资源等深层次因素的差距，各学校间发展水平不一，要推进义务教育优质均衡发展，校际间必须走向联动。东部地区经验表明，要有效推动义务教育优质均衡发展，

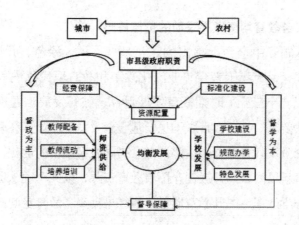

图7.5　城乡间义务教育联动发展

必须要树立现代的教育治理理念，综合协调并整合科研机构和各高校的资源，构建"特色联建、资源联享、活动联动、大小联动"的学校发展共同体。具体而言，优势学校和薄弱学校要基于共同的愿景联合构建"教育发展联合学区"或"校群"，如"名校＋新校""名校＋弱校""名校＋农校"等。联合学区校际间的合作主要通过资源共享、教研引领、特色牵动、校本研修来实现，从而各成员学校将其自身发展优势转化为校群资源，教师也从"学校人"转变为"学区人"，这不仅利于教师群体的专业化发展，更重要的是促使学校间在师资、课程和管理的平等互动中走向均衡。此外，校际联动还可以在区域内建立联盟共同体，采用项目合作的方式将高等院校、街道和管辖区内的学校联合起来建立教育联盟，如江干区政府与华东师范大学合作构建的"凯旋教育集团"模式。[①] 因为中小学各自办学理念和特色的独立性、办学规模的局限性，使得单个学校的力量不够强大，学校个体很难在社会中形成影响力。因此，采用"U—D"模式可以有效集中各个学校的资源，形成区域内的发展合力，从而推进片区教育质量的均衡。

———————————

① 费蔚：《从管理到治理：区域推进义务教育优质均衡发展的体制机制创新》，《教育发展研究》2014年第Z2期。

三、义务教育均衡发展联动的价值旨归

在十八届五中全会上提出的"创新、协调、绿色、开放、共享"五大发展理念，为我国教育事业深化改革和教育现代化进程指明了方向，是实现"十三五"时期教育发展目标、破解发展难题、厚植发展优势的必然要求。义务教育联动也要基于五大发展理念，在联动过程中以创新理念激发教育活力，以协调理念指导教育结构的优化，以绿色理念引领教育新风尚，以开放理念拓展教育资源，以共享理念促进教育公平，提高办学效率，提升教育质量，最终推动义务教育走向高位均衡的发展，如图7.6。

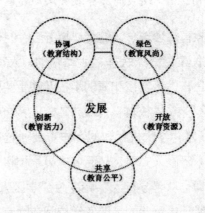

图 7.6 五大发展理念引领下的义务教育均衡发展

（一）实现教育公平

进入 20 世纪之后，教育的各种功能开始被更多的人所关注，教育与社会、经济、政治和文化之间的关系逐渐被探讨和强调。在教育的社会功能方面，以杜威为代表的民主主义学派，以涂尔干和帕森斯为代表的功能论学派等提出教育可以有效应对社会的不平等现象，教育公平的提升能够显著地影响社会公平建设。教育大家杜威认为，教育具有整合、发展和平等三个重要的功能。具体而言，第一，使青年人逐步社会化，成为社会中的人；第二，培养青年人健全的心理和良好的道德；第

三，通过教育为青年人提供平等的竞争机会，改变原有的社会地位、经济状况存在的差别，缩小贫富差距，从而实现社会的公平。而功能主义的观点认为：极力扩大教育机会均等是促进社会平等的主要途径，但由于受到能力、家庭导向、个人动机等因素的影响，教育机会均等将不可避免地带来教育成就的差别进而导致新形态的不公平，教育则通过将这种不公平合法化，以帮助消除社会分裂和冲突的紧张趋势。

义务教育的公共属性使其具备明显的三个特点，即普及性、强制性和免费性，每个适龄儿童都具有平等的享受教育机会和资源的权利。然而，出于历史和现实原因，我国义务教育发展水平呈现出显著的地区差距，联动发展作为缩小差距的重要手段，是通过政府采用经济的、政策的、法制的、行政的、督导评估等手段，加强与社会、经济和文化的联系，同时弱化和缩小区域间、城乡间和学校间的差距，从而确保公民享受同等受教育的机会和条件，实现教育效果和成功机会的相对均衡，促进教育平衡、协调、优质、高效发展，实现教育公平。可见，义务教育联动发展强调对公平的追求，核心是注重义务教育发展的质量，根本的价值取向是实现教育的公平。

（二）提高办学效率

义务教育无论是与外围层面的社会、经济和文化实现联动，还是在内部实现区域、城乡和校际间的联动，都是为了达成均衡发展，而均衡发展既要兼顾公平，也要追求效率。公平与效率之间是相互联系、相互制约的辩证统一关系，不能为了效率而放弃对多数人公平受教育权益的尊重，当然也不能为了实现公平目标而不顾教育效率的提高，放弃部分人合理享有更高质量的义务教育的权益。①

义务教育的联动发展以保障适龄儿童的受教育权为前提，进而逐步优化教育资源的配置，实现教育效率的提高。具体来说，义务教育主要

---

① 王贤：《博弈论视角下城乡义务教育均衡发展中的效率与公平关系》，《现代教育管理》2009 年第 2 期。

通过信息共享、学校架构和办学条件的联动，可以有效应对义务教育均衡发展的地位、平台、配置和投入等硬件建设的问题，进而达到义务教育均衡发展的基础均衡。其次，通过加强师资和管理层面联动，可以有效解决均衡发展过程中的教师来源、管理、流动等人力问题，实现义务教育均衡发展的师资均衡；第三，通过质量标准、督导评估、名校引领和课程教学的交错互动，可以有效减少义务教育均衡发展在标准、评价和水平等维度的质量问题，提升义务教育效率并促成内涵式的均衡。因此，义务教育均衡发展过程中的联动要实现公平与效率增进并存，一方面要加强薄弱学校的标准化建设，另一方面要进一步加强区域优质教育资源的开发与整合，挖掘和体现优质学校的引导和带动作用，以优扶弱，协同共进，加快提高义务教育的整体效率。

（三）提升教育质量

在过去，义务教育均衡发展更多地关注基本办学条件的均衡配置，相应的联动内容也集中在办学条件上，这是片面的。当前，随着义务教育"重中之重"的战略地位得以强化，均衡发展取得突出进展，如学校布局趋于合理，办学条件明显改善，经费保障水平不断提升等①，义务教育均衡发展的重点实现了由量向质的转变。《国家中长期教育改革和发展规划纲要（2010－2020 年）》将 2010－2020 年的教育方针定位为"促进公平"和"提高质量"，这说明要实现教育公平必须以"提高教育质量，促进内涵发展"为重点，推进义务教育均衡发展的内涵化。此处的内涵均衡是底线均衡基础上的差异均衡，是有个性的"平等"和有选择的"卓越"相结合的均衡，而并非"削峰填谷"式的均衡。因此，义务教育的联动要结合各所学校自身系统发展的文化背景，立足于发展特色，挖掘学校教育中的内生力量，构建系统多元、特色鲜明的开放的课程体系，满足区域学校和学生的多样化选择，从而在联动中以

---

① 王定华：《我国义务教育均衡发展之进展》，《课程·教材·教法》2015 年第 11 期。

具体而微观的方式实现对不同学校发展需求的关照。总之，区域间、城乡间和校际间义务教育的联动发展要将提高教育质量作为价值旨归，在教育公平的基础上追求高质量的教育发展样态。

第二节　义务教育均衡发展的联动机制

义务教育均衡发展本身作为社会发展的一个子系统，始终与其他社会系统紧密相连。首先，在与区域经济的联动中，区域经济协调发展驱动着义务教育的布局均衡和资源均衡；义务教育均衡发展则推动社会要素、区域经济的公平流动，缩小城乡经济发展之间的智力支撑差异，从而促进区域经济的和谐稳定发展。其次，在与区域文化的联动中，区域文化共生能为义务教育均衡发展提供了一个和谐的社会文化环境；反之，义务教育统筹从办学理念和价值取向上满足区域社会城乡整体发展的需要，使城市和乡村在发展中"各取所需"，从而生长各自的文化。再次，在与区域社会的联动中，区域社会与义务教育通过资本、技术和政策等要素实现联动，两者间相互影响、相互作用。因此，义务教育发展的基点在于区域经济增长、社会结构优化、政治民主法治，构建科学合理的经费投入与资源分配机制、办学与管理体制等，从而推进义务教育走向均衡化、内涵式发展。

一、义务教育与区域经济联动发展

实现城乡经济社会一体化是我国"后改革时代"的关键与核心。在城乡一体化进程中，义务教育的发展质量已成为区域经济发展的后发力。而义务教育的均衡程度和均衡质量制约着义务教育的发展质量。在经济发展"新常态"时期以及创新、协调、绿色、开放、共享五大发展理念的指导下，如何理解"后均衡时代"义务教育均衡发展的新理念和新尺度，是促进当前教育健康优质发展的关键问题。

（一）义务教育与区域经济联动发展的机理

一直以来，人们关于义务教育与区域经济两者之间的关系已形成了普遍的共识，即义务教育与区域经济发展存在着作用与反作用、决定作用与能动影响的关系。尽管义务教育均衡发展与区域经济协调发展是一对更特殊、复杂、微观的范畴，但从宏观而言，两者之间是一种相互作用的关系。

1. 驱动机理：区域经济协调发展对义务教育的均衡发展

区域经济协调发展是指各区域的经济均持续发展且区域经济差异趋于缩小的过程。其外延包括以下三个方面：一是合理平衡利用好各经济要素，实现经济的整体发展，这表现为经济发展目标；二是通过经济要素的配置实现社会要素的平稳流动，促进城乡一体化的发展，表现为社会和谐目标；三是控制区域经济差异，实现经济要素的有效配置，引导区域之间合理分工、共同发展，表现为均衡发展目标。区域经济协调发展三个目标的有效达成对义务教育均衡发展有重大的驱动作用：（1）驱动义务教育资源配置均衡。经济要素在区域内的均衡配置有助于城乡义务教育在教学实验仪器设备、教育经费投入、校舍、图书资料等硬件方面达成尽可能的公平，也有利于师资水平、生源基础、教育管理水平、学校文化等软性方面达成均衡发展态势。（2）驱动义务教育的布局均衡。在城乡二元结构体制下，区域义务教育布局在促进城乡二元社会的和谐发展中体现出了"一元化"特征，即义务教育是"城市取向"的布局。而区域经济的协调发展必然要求城镇化和新农村建设这"两驾马车"缺一不可，共同发力，因此对区域内义务教育的布局调整提出全新的要求，可以驱动区域内义务教育的布局均衡。

2. 杠杆机理：义务教育均衡发展对区域经济的协调发展

区域经济作为一个相对完整的有机系统，其内部诸要素之间的联系表现为区域内的经济、社会、教育、科技的互动作用。因此，区域经济的协调发展必然离不开一个与之发展相适应的义务教育系统的存在。所谓"杠杆"，其意义在于撬动与配合。区域经济与义务教育之间的协调配合，是撬动区域经济发展的重要杠杆。杠杆作用主要体现在以下两个方面：一是推进区域经济和社会要素的公平流动。义务教育的均衡发展，必然要求将区域内的教育资源统筹考虑，合理配置到城乡不同的中小学，实现区域内社会成员平等拥有义务教育资源。二是有利于缩小城乡经济发展之间的智力支撑差异，促进区域经济的和谐稳定发展。义务教育资源均衡化，最直接的反映是城乡生源差异的缩小，作为区域经济发展支撑的智力资源差异得以缩小，均衡城乡人才智力资源。

（二）义务教育与区域经济联动发展的目标

义务教育均衡发展与区域经济协调发展之间的互动不是一个机械的相互作用的"躯壳"，而是由区域经济、社会、城市义务教育、农村义务教育等诸多要素构成的有机系统，要实现义务教育与区域经济之间的良性互动，实现教育与经济的双赢，应当以如下目标为考量标准：

1. 义务教育在区域经济国民生产总值中的占比逐年适当增加

经济基础决定上层建筑，城乡义务教育的均衡发展无法脱离地方经济的支持。虽然义务教育的大部分成本在于国家支出，但是往往决定一个地方义务教育是否均衡发展和成功运行的，关键在于地方政府的经费保障、政策保障和智力保障。因此，反映到区域经济指标上，义务教育在国民生产总值中的占比逐年适当增加是考量义务教育均衡发展的经济指标。

2. 义务教育反哺区域经济

义务教育的均衡发展有利于形成良好的义务教育文化，造就一批知名学校、知名教师、知名校长，吸引义务教育生源，间接地增加区域经济的劳动力数量。同时，义务教育的均衡发展有利于通过改变城乡义务教育不平等的差距刺激农村经济的补位，农村地区义务教育的倾斜投入带动农村地区经济的更多增长点，形成经济和教育都重点扶持农村发展的文化氛围，促进城乡经济的协调发展。

（三）义务教育与区域经济联动发展的机制

体制改革与机制创新是国家城乡统筹发展战略中实现区域经济协调发展与义务教育均衡发展互动的关键。在体制改革与机制创新过程中，一方面要求两者必须同步进行，另一方面则要求两者相互适应、配套进行。

1. 义务教育资源均衡配置机制

近年来，政府对义务教育经费的投入保持了快速增长，学校办学条件得到了较大改善，但由于历史"欠账"较多，基础薄弱，实现义务教育均衡发展所需经费与现状之间还有较大缺口。因此，在保障义务教育经费得到持续增加的同时，对经费合理配置、统筹安排、提高资源利用率显得更为重要。需要从以下几方面着手：一是重点保障教师的工资收入和应有的福利待遇；二是实施倾斜投入，确保农村学校标准化建设和薄弱学校的教室、教学楼等校舍及师生活动场所的改建、扩建，并保证农村学校基础条件的逐年改善；三是根据义务教育均衡发展从基本均衡到优质均衡，实现从量到质的发展方式转变，逐渐转移经费投入重点，在加大对基础条件投入的同时，大幅度提高教师进修学习、网络平台建设、课程开发等软性条件方面的投入力度。

2. 义务教育经费保障机制

从总体情况看，教育经费投入不足、保障义务教育均衡发展的公共财政体系不完善是义务教育发展不均衡的原因之一。应当按照"城乡统一、重在农村"的原则建立义务教育经费保障机制。一是"两免一补"政策应当在城乡义务教育中统一施行，对学生免除学杂费，向学生免费提供教科书，同时对家庭经济困难的学生给予生活费补助；二是制定全国统一的义务教育生均公用经费最低标准，并根据地区差异、生源经济情况差异、学校规模差异等要素适当倾斜；三是落实巩固农村教师工资政策，切实确保农村义务教育教师工资待遇有明显改善并逐年提高；四是建立义务教育经费管理职能部门，完善管理制度，健全管理机制，定期对义务教育经费使用情况监督检查，以实现义务教育经费的优化组合和充分利用。

3. 建立城乡一体的督导机制

教育督导制度是义务教育均衡发展的制度保证。建立城乡一体的义务教育督导机制是落实义务教育督导的关键。首先，建立健全义务教育督导制度，构建义务教育督导框架。根据"督学"与"督政"内涵与外延的不同，从制度规范上不断完善义务教育督导的政策内容体系。从国家层面深化义务教育督导宏观政策的制定，地方政府根据各自义务教育发展现状不断完善地方教育督导建设，自上而下形成完整的义务教育督导体系结构。其次，改革创新，认清义务教育督导与其他教育督导的不同之处，站在当前我国城乡义务教育现阶段从量的均衡向质的均衡转变的历史关口，制定与之相适应的与时俱进的督导体系。同时，探索建立专门的义务教育督导评估机构，丰富地方政府义务教育督导机构的职能，让督导评估机构从依附走向独立，逐步实现评估机构的中介性与服务性，用科学的评估结果为地方政府提供合理的义务教育政策。

二、义务教育与区域文化联动发展

文化共生是多元文化之间的紧密联结、共栖、共存的文化状态，强调多元文化之间的共存与和谐发展。① 其内涵充分把握了文化多样性、历时性与共时性的本质特性，且指明了多元文化并存的客观现实性与必要性。文化共生理论的假设之一是每一种文化都有存在的理由，文化类型之间没有好与不好的比较标准。对于区域社会来说，城市文化与乡村文化都是文化单元，基于其存在的历史必然性，无从进行比较。因此，文化共生的理论假设有理由成为本书毋庸讨论的前提。文化共生理论的精髓是文化单元的共生，即文化单元都是独特的存在，却是在彼此冲突与融合的过程中发展自身的。因此，它应该是城乡一体化建设的诉求。

（一）义务教育与区域文化联动发展的机理

---

① 邱仁富：《文化共生论纲》，《兰州学刊》2008 年第 12 期。

文化共生作为义务教育统筹和区域社会发展互动的内在张力，内隐于社会发展的现象之中。文化共生为多元文化提供了可能性的空间，也为多元文化提供了不确定的领域。因此，文化共生是义务教育与区域发展互动的终极旨归，也是社会和谐发展的必然诉求。人类社会发展是基于人类的需要，这与文化功能理论的观点不谋而合。通过考察文化共生的动力，我们发现，文化共生的动力源自于文化内部的驱动力和外在的压迫力。两种驱使力量密不可分，共同作用，促进更为强大的文化共生动力的产生。无论内部驱动力还是外部压迫力，都是基于对发展的追求，发展的动力始于需要。

义务教育统筹与区域社会发展互动的基点是满足城乡各自的利益需求。由于城乡各自的功能与社会身份属性不同，因此各自利益需求不同，责任范畴不同，社会功能也不同。因此，区域社会整体发展须同时满足城市与乡村的利益，促进城乡共同发展。从区域社会的文化功能角度看，区域社会文化共生是义务教育统筹的"土壤"，其肥沃程度将决定义务教育统筹这个"幼苗"的生长程度。区域社会发展在一定程度上影响着义务教育的培养目标、课程设置、管理模式、人才结构、学校规模等。义务教育统筹从办学理念和价值取向上满足了区域社会城乡整体发展的需要，使城市和乡村在发展中能"各取所需"，从而生长各自的文化，推动区域社会和谐发展。区域社会发展也须为城乡义务教育统筹发展提供一个经济协调和文化共生的外部环境。

（二）义务教育与区域文化联动发展的目标

面对义务教育与区域经济发展之间的文化冲突，应从借鉴二者的文化特性、发掘文化共性以及促生文化交点等文化整合之道对其发展关系进行重构与优化，以实现义务教育与区域经济联动发展的可持续性。

1. 尊重文化差异

世界上每一种文化都有自身发展的特性，文化特性既是事物自身发展的基础，又是区别于其他事物的特色，而义务教育与区域经济具有迥异的文化特性。其中，义务教育的文化特性属于教育文化特质，而区域经济的文化特性则表现出经济属性的文化特点，二者之间具有明显差异，不论在价值理念、行为模式等方面都存在文化博弈的现象。因此，若要实现二者的发展，必须突破两种文化差异的束缚，打破文化博弈的禁锢，尊重彼此的文化差异。

2. 挖掘文化共性

要实现义务教育与区域经济的联动发展，需要找到二者之间在物质文化、制度文化与精神文化上的共性，并合理、适度地挖掘两者可能的文化间性与文化通性，从而实现二者之间的文化交融。首先，转换二者的文化形式。所谓转换文化形式是指在义务教育与区域经济发展中孕育着两者的"外形"转化。一般而言，文化外形的相似会推进文化内核的"神似"，从而克服文化两分，促成文化间性的产生。其次，同化文化内容。义务教育与区域经济的发展既有相同的文化内容，又有相异的文化内容。同化文化内容就是对义务教育和区域经济之间差异的文化内容进行同化与顺应，让对方的差异文化转变为自身发展的一部分。最后，转化文化作用。基于文化作用的差异，义务教育与区域经济会朝向不同的方向发展，而只有不断推动二者文化作用的协调与完善，转化文化作用，才能促进义务教育与区域经济朝着共同的目标发展，并实现真正意义上的联动。

3. 培育文化交点

义务教育与区域经济发展的背后都有一套文化架构，它由自身的文化特性催生，经过价值理念、思想观念以及行为方式的传递与延续获得生长，继而使其文化传统得以保存与持久。义务教育与区域经济属于两个不同的文化种群，通过相互替代、彼此附加、综合摄取等方式促成文化的横向涵化，即义务教育在其变迁过程中从区域经济文化中获得新的生活条件的适应过程，两者在这一过程中发生文化接触，实现文化在同一时空内的对抗、顺从与交汇，从而促成文化的创新。义务教育与区域经济的联动是一种可持续性的发展，它需要文化创新的渗透与浸润，只有两者的发展始终秉持文化创新的理念，才能永葆两者联动发展的生命活力。

（三）义务教育与区域文化联动发展的机制

义务教育与区域文化联动发展需要"刺激物"。这种激励体制、机制的建设越完善，其双向激励的功能则越能有效发挥，从而进一步增强义务教育统筹与区域社会发展的文化共生能力。基于此，构建价值引导、文化冲突的整合机制是引导、保障义务教育统筹发展和实现区域社会互动发展的关键。

1. "价值引导"机制

人总是依据这些符号来建构内部世界。"价值引导"机制是通过一定行为规范的制定以及相应执行审查机构的建立，引导人们建立适应于社会发展需要的人类价值系统。司马云杰指出，通过无数"文化场"、"行为场"、文化环境、情境、生活细节等要素，文化世界不断在人的心理机制上产生意义、意识、知识，这是一个不断累积、凝聚、整合文化世界价值、意义的过程，它指导人类根据内心觉知、道德本性以及自我需要，通过理解、想象、体验、顿悟等智慧活动将以上文化情境中的价值、意义进行内化，最后统整为自己的价值意识。① 义务教育办学理念应通过建立合理的制度规范和政策等激发整个社会文化系统对义务教育的参与积极性。司马云杰认为，文化控制对文化调适的作用大致包含三方面：首先，限制某些文化超限度的增长，为各种文化的发展编制"指令表"；其次，防止文化失调现象发生，规避可能出现的社会问题；再次，调控目的，使文化变迁变得更有计划性。因而区域政府应该遵照国家意志，并根据社会价值取向以及区域价值诉求不断完善义务教育政策法规，实现义务教育的文化共享。

---

① 司马云杰：《文化价值论——关于文化建构价值意识的学说》，陕西人民出版社2003年版，第8页。

2. "文化冲突" 机制

对文化冲突有两种理解：从纵向的角度看，文化经历了一个发展过程，在各个发展时期，都有处于主导地位的文化精神甚至是文化模式，并由某一民族所领导，当这种文化精神不能再有效地规范社会、个体的行为时，就会陷入危机，从而促生新的文化，且新旧文化之间展开对抗；另一种是从横向的角度看，两种或两种以上的文化相互接触所产生的竞争、对抗状态，主要是价值观上的冲突。

自新中国成立以来，义务教育经历了从弱到强的过程，从最开始仅有少数人入学到当今的基本普及，由水平偏低发展到总体上呈现出较高水平，由成文法的缺失到《义务教育法》的制定以及一系列相关法律法规的出台，从量变实现了质变，教育均衡达到了一个新的高度。这也是文化共生必须经历的过程，即从原生态、冲突态、妥协态到和谐态的过程。从横向的角度看，我国义务教育存在着地方文化与主流意识形态的价值冲突。具体表现为课程设置中的地方课程与国家课程间的冲突、国家教材与地方文化教材间的冲突等，价值、理念的碰撞是走向共生必不可少的冲突环节，"文化冲突" 机制就是能够通过一定的制度和规范调控，调适冲突的度，进而顺利达成共生状态。

3. "文化整合" 机制

美国人类学家恩伯夫妇发现，文化往往以整合的状态呈现，这种"文化整合"不仅可以由文化变通的一种形式——文化适应性所形成，而且可以源于认知。文化的整合旨在促进不同文化的吸收与融合，它把分散、孤立，甚至冲突的文化力量融合成一股凝聚力，整合人类整体利益和整体价值理想，从而使人类的文化实践行为充溢着一种健康自觉的人文精神关怀。因此，义务教育中的"文化整合"机制指的是文化主体在制定义务教育规范时，以"文化整合"作为指导理念和价值取向，对义务教育内部或外部力量进行控制，使之解决文化冲突，积极互动，从而推动区域社会与义务教育的文化共生。义务教育内部的文化整合包含了课程的设置与开发、师资的调配与均衡、国家教材与地方教材的交融等，外部的文化整合包含了义务教育与地方幼儿教育、高中阶段教育、高等教育之间的衔接与融合，义务教育文化与地方文化发展的彼此接纳等。

三、义务教育与区域社会联动发展

在义务教育均衡发展的过程中，应以区域经济增长、区域社会结构优化、区域人力资源发展、区域政治民主法治化为基点，构建、完善义务教育的经费投入、资源分配机制以及人才培养、办学、管理体制机制等。

（一）义务教育与区域社会联动发展的机理

义务教育均衡发展需要与区域社会的和谐发展实现良性互动，从而达到教育与社会的共同进步。二者互动的机理反映着义务教育系统和区域社会系统内部各要素交互作用的基本规则和运行原理。

1. "联动机理"：资本、技术要素联动区域经济与义务教育发展

实现区域社会和谐发展与义务教育均衡发展的互动主要体现为区域经济的协调发展与义务教育的良性互动。义务教育发展是一项耗资巨大的工程，无论是扩大其规模、提升其质量，还是优化其结构，都需要区域经济提供资源，这就意味着区域社会必须实现经济的稳定增长和协调发展，从而为义务教育提供充足的经费支持和资源保障。

对义务教育均衡发展而言，政府可持续的财政投入与资源的合理配置是关键因素。只有这样，义务教育才能借助产学研一体化等途径为区域经济发展提供技术革新与服务，推进区域经济发展模式的更新、发展方式的改革以及产业结构的不断调整与优化，进而实现自身经济功能的充分发挥。

2. "联结机理"：政策要素与政治逻辑联结区域政治与义务教育发展

即使在同一国家、同种政治背景下，义务教育发展仍然呈现出区域

分化及资源分配不均衡等问题，这说明在不同的区域条件下，政治的作用和影响程度并不完全相同。可见，与义务教育均衡发展真正直接关联的实际上是区域政治。在一个和谐发展的区域社会内，一方面，随着区域政治地位的逐渐上升，该区域义务教育的发展也会受到重视，其办学理念、办学目的、办学规模及管理方式都能体现国家意志；另一方面，区域政策体系是一个不断完善的过程，由于区域法规制度的进步和法律环境的优化，义务教育将从政府获得更多的价值引导、赢得更大程度的政策支持与信息服务，从而获得均衡发展。

不断趋于均衡发展的义务教育是一种有效的检验方法，它检验着区域政策制度等要素的科学性，反馈着区域政策环境改进的合理性。此外，义务教育立足于国家和区域政治的需要，通过思想传播、舆论制造等方式传递社会意识形态，培养合格的公民和政治管理人才，并通过适当的教育教学方式启迪人的民主理念，从而推进区域社会的政治民主化进程，实现区域社会的和谐发展。

3. "联合机理"：物质和精神等要素联合区域文化与义务教育发展

在性质各异、发展水平不一的区域文化影响下，人们的理念、思想、行为模式、风俗习惯等表征也不尽相同。即使受同一区域环境的浸染，不同个体的物质与精神要素也不尽相同，从而滋生出差异化的教育理念。受有差异的教育理念的影响，区域内部形成的义务教育发展观也判若云泥。因此，物质、精神等要素将区域文化和义务教育发展联合起来，影响着个体的义务教育观。反之，通过物质再造、精神引领等途径，义务教育对区域文化进行保存，加以积淀，从而实现传承和创造。从功能的角度而言，义务教育同样也是区域社会文化发展的重要推动力量。

（二）义务教育与区域社会联动发展的目标

1. 统筹协调省域资本，促进政策保障与内涵提升

根据我国教育行政管理体制，省级政府在教育管理的运行中发挥着

统筹规划的作用，决定着该区域义务教育的政策、经费投入、信息服务等内容，推进着该地区义务教育的均衡发展。因此，区域义务教育均衡发展的实现和教育体制的改革需要不断完善省级政府的统筹机制。结合省域教育部门的统筹功能和义务教育均衡发展的基本诉求，统筹功能的落脚点和重点主要应放在政府责任的统筹、质量标准的统筹以及师资保障的统筹等三个方面。

2. 强化市域辐射作用，实现义务教育城乡一体化发展

地市级政府作为中心城市，处于经济、社会、教育发展的中枢环节，承担着统筹、规划、组织、管理、推进区域义务教育均衡发展的功能。这些功能发挥的关键在于突出市域中心优势，带动周边，产生辐射作用。通过资源网络的建立，形成城乡一体化的督导评估、管理运行以及信息共享机制，实现义务教育的城乡同构，促进义务教育的优质均衡发展。

3. 合理配置县域资源，确保校际间义务教育的均衡发展

县域层面政府负责微观的政策设计和政策落实，确保县域资源在实施义务教育的学校进行均衡的分配。作为区域义务教育均衡发展的实施主体，县域层面均衡的核心主要体现为财政预算、学校布局、办学条件、师资交流以及质量水平等方面。因此，县域政府需要通过布局调整、扶持薄弱、增加投入、加强培训等方式促进学校间义务教育的均衡发展。

（三）义务教育与区域社会联动发展的机制

基于义务教育均衡发展与区域社会繁荣发展的关系，着力于义务教育的均衡发展，激活二者之间的互动链条，促进义务教育与区域社会的均衡、和谐发展，从而加快实现城乡一体化。

1. 义务教育均衡发展与区域"经费投入与资源分配机制"

"经费投入与资源分配机制"是区域经济增长的重要保障，为义务教育的经费投入与资源分配提供了物质基础，同时推动着区域社会与义

务教育均衡发展。第一，继续保证并持续扩大国家、地方性财政教育供给，并在此基础上控制教育投资的差异，包括区域间差异和城乡间差异，以避免教育资源的两极分化，从而保证教育投入的公平性。第二，增加经费筹措途径，在增强学校自身"造血"功能的基础上激活区域社会资本，为社会资本进入义务教育领域创造通道。鼓励民间团体、公益机构以及个人的力量扶持、帮助义务教育发展，弥补政府或市场"失灵"对义务教育均衡发展所造成的缺失。第三，增强义务教育经费投入使用的有效性，完善监督机制，促使义务教育经费的收支环节走向透明化，使经费投入的效益最大化。

2. 义务教育"人才培养体制"与区域人力资源发展

区域的人才培养体制是增强人力资源优势的关键所在，它根植于义务教育的人才培养体系中，适应着区域社会与劳动力市场的需求，规划着义务教育人才培养目标、课程结构、教学模式以及评价方式，推动着义务教育不断走向自身的均衡发展，具有规划的全方位和长远性等特点。义务教育要均衡发展就必须基于区域需要，创新人才培养体制。基于国家标准的硬件、软件资源得到"同"的保障的前提下，根据地方经济、文化、社会发展的特色实现区域义务教育人才培养特色的"异"。同时，立足人才培养目标，建立与之相一致的、强调学生关键能力和全面发展的、由教育领域、社会领域、市场领域等多元利益相关主体共同参与的、结合多种评价形式与方法的质量评价体系，以规范、促进人才培养质量的提升。

3. 义务教育"办学与管理体制"与区域民主政治

对于义务教育而言，其办学体制改革的关键在于立足区域社会发展的需要与明确办学定位、把握办学方向，实现目标与行为的统一。因此，义务教育办学要以制度创新为重点，立足区域发展需求，明晰办学特色，避免教育资源的低效、重复利用和浪费。把农村义务教育放在优先发展的位置，加大资源倾斜的力度。在城乡一体化进程中，义务教育已不再是孤立、静态的系统，其发展需要打破区域失衡的现实状况，以科学的眼光审视义务教育均衡发展与区域社会和谐发展之间的互动关系，从而把握互动基点、激活互动链条、建构互动发展下的义务教育体制、机制，找准问题根源，在保证公益性的基础上，探索形式多样的改革方式，为义务教育均衡发展创造更优质的制度环境，实现义务教育的均衡、长效发展。

第三节　义务教育均衡发展联动机制的实现

义务教育均衡发展是一个多层面要素、多维度主体、多向度关系等共同作用的复杂系统，要推动义务教育均衡发展，需要从多维度、多层面建构一种立体化的路径体系，从而全方面保障义务教育均衡发展的实现。本小节主要通过建立"多维合力"的义务教育均衡发展责任主体，树立"四维一体"的义务教育均衡发展导向，确立"多维联动"的义务教育均衡发展路向，以此建构义务教育均衡发展的立体路径体系，从而赋予义务教育均衡发展新的活力。

一、义务教育均衡发展"多维合力"责任主体

系统论认为，任何事物都处于一定的系统之中，它自身又是一个相对独立的系统。义务教育均衡发展问题既要发挥义务教育系统内部的主动性，又要处理好与政府、社会的关系。具体而言，义务教育均衡发展是多方合力作用的结果，即各级政府、学校、课堂教学及社会等因素的共同作用。

第一，明确各级政府在义务教育均衡发展中的主导性。义务教育均衡发展离不开各级政府的参与，正是在各级政府的政策引领和资金支持下义务教育均衡发展才逐步得以实现。因而实现义务教育均衡发展需要各级政府充分发挥自身的主导性。首先，应明确中央政府在义务教育均衡发展中的政策引领责任。实现义务教育均衡发展，就是要逐步缩小区

域之间、城乡之间、校际之间教育机会的不均衡。而要解决上述教育机会不均衡的问题，需要"人""财""物"作为保障，"人""财""物"的调动需要"有章"可循，即需要政府的政策引领。其次，应明确省级政府在义务教育均衡发展中的主导性。一是建立财政预算，省级政府应明确政府投入占财政支出的比例，保证各级财政预算充足；二是建立均衡发展指标，省级政府应制定本省一定时期内薄弱学校在外延发展和内涵发展方面的省级标准；三是建立监督机制，监督各市县区政府严格执行年初预算，保证经费落到实处，均衡发展指标能达成。再次，市级政府应针对性地调控所辖县区对义务教育的投入，通过转移支付的方式，补充县区投入的不足，初步保证各县区投入水平的大体均衡。此外，还要担负对各县域义务教育均衡发展水平的监督与评价的义务。最后，县级政府应对辖区内城乡之间、校际之间的资源均衡配置负责。县域政府要确保中央、省级、市级在义务教育均衡发展方面的政策、资金落实到位，并依据中央、省级、市级的政策制定符合县区区情的义务教育均衡发展政策，如在教育人事、教育信息和师资流动方面。

第二，明确学校在义务教育均衡发展中的主体性。政府在义务教育均衡发展中更多扮演引领者的角色，从影响事物发展的内外因关系上看，政府仅是义务教育均衡发展的外在影响因素，虽然学校的发展规模受政府提供的资金数、政策切实性等因素决定，但政府颁布的政策、提供的资金最终还是需要学校细化落实，学校发展的深度与学校的主体性发挥程度紧密关联。因此义务教育均衡发展的真正实施，关键在于学校发挥自身主体性的程度。一是在主体性上，学校应从"要我发展"转向"我要发展"。义务教育均衡发展主要基于我国城乡之间、区域之间、校际之间的差距而提出的以实现教育公平的教育战略，对于学校本身而言更多为外在的要求，这种外在要求很难顾及每所学校的差异，因而需要学校主动思考校情和时代之需，找准学校发展的定位，积极参与这场以改善薄弱学校、促进教育公平的教育改革。二是在发展方式上，学校应从"独立发展"转向"联纵发展"。自主探索、自力更生是创设学校过程中极力倡导的奋斗精神，但若能借名校这个他山之石攻克薄弱学校的发展之玉，也不失为理想之策，可通过教育集团、教育组团、城乡结队、名校＋弱校（新校）等路径实现联纵发展。三是在发展内容上，学校应从"单项发展"转向"多维发展"。即从强调学校设施发展向强调学校愿景、领导成效、教师发展、学生成长等方面发展转变。

第三，明确课堂教学在义务教育均衡发展中的核心地位。义务教育均衡发展的最终落脚点不是在于办学条件的均衡，也不是受教育群体的扩大，而在于促进学生成长。课堂教学是学校教育工作的中心环节，是学校育人工作的主渠道，因而义务教育均衡发展的落实离不开课堂教学这个主渠道。改善城乡之间、区域之间、校际之间的办学条件的差距，仅在于为学生提供良好的成长环境，而学生间的差异需要课堂教学来弥补，提供课堂教学实施因材施教、补偿教育实现学生的个性发展，从"有学上"转向"上好学"。

最后，明确社会在义务教育均衡发展中的支持功能。义务教育均衡发展中除了明晰政府的主导性、学校的主体性、课堂教学的核心地位外，还应知晓社会的参与与支持在义务教育均衡发展中的重要性。义务教育均衡发展并不仅是政府和学校的事，更是全社会的事，它事关整个国家和广大人民当前及今后的福祉。因此政府应出台相应的政策鼓励广大社会人士积极参与义务教育均衡发展的建设，如提供减息免税的优惠政策鼓励企业开办民办学校或资助学校。

二、义务教育均衡发展"四维一体"发展导向

"需求""利益""规则""特色"是义务教育均衡发展在联动发展过程中关系协调的重要杠杆，通过"需求""利益""规则""特色"四个维度对义务教育均衡发展的立体支撑、联动发展，是实现义务教育均衡发展多元立体化的重要路径。

其一，以需求驱动义务教育均衡发展的联动。薄弱学校和困难群体的需求是实现义务教育均衡发展的逻辑起点。义务教育均衡发展中政府职能的充分发挥应优先考虑区情、校情的差异，尤其是考量校情的差异，即学校的发展需求。不同学校所处的经济文化环境迥异，其发展现况必然长短不一，其发展需求也差序有别。政府应根据学校的发展需求给予政策、资金、人力、物资方面的支持，实现供需一致或是有效供需。薄弱学校发展需求信息的准确转递是各级政府实现有效供给的前提。要建立薄弱学校发展需求的表达机制与信息转导机制，保证薄弱学校发展需求顺利传递至各级政府或结对学校，以便政府或结对学校据此需求，更好地做好供给规划。

其二，以利益激励义务教育均衡发展的联动。义务教育均衡发展需要多方主体的参与，在由各利益相关者共同组建的利益集团内部，利益的分配是否公平、利益的协调是否合理、利益的补偿是否到位、利益的激励是否有效均关系到各教育集团或教育组团间的联动效率。一方面，在利益分配上，利益集团应秉持公平公正的原则，以各利益主体的需求为基础，以各利益主体在协同合作中所起的作用为标准，建立相应的利益分配机制，科学设定利益主体在利益分配上的相应比重；另一方面，为保证各利益主体之间的长期合作，建立合理的利益激励机制是重要途径。在利益激励上，政府作为宏观管理者起着举足轻重的作用，如政府通过制定优先人事聘任或职称聘任的倾斜式政策为各利益主体之间的良性合作提供持久动力。①

其三，以规则保障义务教育均衡发展的联动。在义务教育均衡发展的联动中，各需求主体之间，须以实践经验为基础，通过调研、议程起草、会议讨论和表决、条约签订等程序，就某些特定的教育与经济问题达成共识，并以合同、协议、章程、制度、法律、道德等方式，协调规范各需求主体之间的行为，明确各需求主体的权利与义务，建立责任共

---

① 朱德全、徐小容：《职业教育与区域经济的联动逻辑和立体路径》，《教育研究》2014 年第 7 期。

担机制、激励机制以及监督机制。

最后，以特色促进义务教育均衡发展的联动。如果说需求是义务教育均衡发展的起点，那么特色则是义务教育均衡发展的亮点和归宿。实现均衡发展是当前义务教育均衡发展的基本原则，但均衡发展并非同质发展，也不是忽视差异的发展；重视均衡并不是寻求同质化，缩小差距也并不是消灭差异。差异反而是实现均衡的重要途径。除了对困难地区和困难人群实行倾斜政策的差异以寻求办学条件、受教育群体规模的外在均衡外，不少国家通过更新教育理念、办学行为和质量体系等举措推动薄弱学校的特色发展，使薄弱学校形成某一领域的相对优势，从而真正提高社会声誉，实现内涵式发展、跨越式发展，并保持了学校之间竞争的活力。

三、义务教育均衡发展"多维联动"变革路向

多层面、多维度的立体化联动是实现义务教育均衡发展的有效路径。这种立体式联动主要表现在主体之间的"点式"联动，以平台为载体的教育教学研究的"线式"联动以及城乡内和城乡间的"面式"联动。

首先，主体之间的"点式"联动。主要表现在跨区域同层级学校之间的联动，义务教育学校与师范院校之间的联动以及区域同层级学校之间的联动。跨区域同层级学校之间的联动，从横向上触发同级义务教育学校之间涨落的形成，通过彼此的相互借鉴，共同协作，组建资源共享平台，拉动优秀师资的双向沟通，以示范性义务教育学校为序参量，触动名校集团化的形成，进而共同打造品牌以提升名校集团化的影响力。从纵向上实现小学与初中的有效衔接，通过小学与初中间的通力协作，在办学理念、管理模式、发展目标、课程设置、教学研究等方面进行深度沟通与协作，并建立与之配套的灵活的衔接体制与机制。这样，通过横向和纵向实现不同层级义务教育学校之间的一体化。此外，在义务教育学校与高校联动上，义务教育学校与高校之间，可采用组建教育

联盟的形式结合或通过签订协议进行"契约式"结合。无论哪种方式的结合，高校与义务教育学校之间要实现真正的联动，其首要的任务都是建立双方的利益协调机制。目前中国义务教育存在的问题，主要表现为高校与义务教育之间脱节现象较为凸显，尤其在师资培养和科学研究方面较为显著，因而要加强师范院校与义务教育学校之间的联动，建立双方共同认可的利益协调机制，实行责任共担与利益共享，划清两者之间在合作办学上的权责，为高校参与义务教育扫清后顾之忧。另外，在政府与教育集团化或教育联盟的联动上，政府应当不断地为教育集团化或教育联盟的合作提供政策、资金、信息等方面的支持，为教育集团化或教育联盟的密切合作提供保障。政府专门建立激励机制鼓励名校或资质较好的师范院校参与义务教育发展，如设立专门的合作基金、优先的人事聘任或职称评审等机制，从而提升名校或师范院校参与义务教育学校合作的积极性。除此之外，还可以建立专门的督导机制，深入考察名校或师范院校与义务教育学校合作中存在的问题，问责其在合作中的过失，有效解决名校或师范院校与义务教育学校合作中的棘手问题，为深度合作扫除障碍。

其次，以平台为载体的教育教学研究的"线式"联动。长期以来，高校的许多科研（教育方面的）被视为不接地气的学院式研究，而有些人则抱怨一线教师科研的理论性不强，要改善这些被人们长期诟病的现象，首先要通过以项目合作为平台，创建师范院校与义务教育学校在教育教学方面两两结合的"线线"联动。通过创建项目型合作平台，推进师范院校与义务教育学校之间的两两合作，以联合申报国家、省级或地厅级项目的形式，共同攻关一线教育教学中突出问题，从而共谋发展并实现互惠共赢。其次，创设信息媒介平台促进教育教学研究的"一条线"联动。通过创设信息媒介为平台，构建薄弱学校共享名校的教学资源和教师资源，构建师范院校＋名师＋薄弱学校教师的教育教学研究合作共同体。从而促使教学、科研一条线运作，利用资源整合优势，最大化地提高薄弱学校教师的教育教学能力，拓展薄弱学校的教学资源，促进名校教师不断探索教学资源的完善，催生师范院校教师关注一线、参与一线教育的情怀。

最后，城乡内和城乡间的"面式"联动。城乡间的"面式"联动，是指城市与乡镇间同层级学校的联动；城乡内的"面式"联动主要指城市与城市之间、乡镇与乡镇间的学校的联动。就我国目前县域义务教育差异显著的情况而言，县域领域应当是发展中的重点，县域义务教育学校都在统一的教育行政部门的管辖区内，在县域实行城乡内或城乡间学校的联动能够节约更多的成本，因而具有切实的操作性和可能性。而且河南息县和湖北潜江等地开展的"农村综合教育学模式"、广州市荔湾区的"城区纵向教育组团模式"、天津市河西区的"城区横向教育组团模式"以及杭州市"名校集团化模式"的成功实践，为县域义务教育均衡发展提供了许多可借鉴的成功经验。因此要基于县域视角，实施城市内学校、城乡间学校以及乡镇学校间形成教育组团或结对，构建资源共享、优势互补、共同发展的目标，实现县域内不同学校之间的沟通与协作，再以区域间名校或师范院校的联动为纽带，拉动城市与城市间、乡镇与乡镇间学校的协同发展并向城乡学校的均衡发展迈进。

第八章

中国义务教育均衡发展的保障机制

义务教育作为教育结构中最基础、最重要的环节，关乎国民素质的提升和社会主义现代化的实现，更关乎国家富强、民族振兴和人民幸福的中国梦的实现。经济新常态下，我国的经济结构不断优化升级对义务教育的发展提出更高的要求，要求义务教育资源在城乡、地区和学校间能够均衡配置。义务教育资源分配不均是现实状况，而要解决这一现实难题则需要一个健全的保障机制作为支撑，从法律制度、管理服务、资源配置三个不同层面来保障义务教育的均衡发展。

第一节　义务教育均衡发展的法律制度保障

法律对于具体的人和事具有指引、评价、预测、强制和教育的规范作用。义务教育的投入资金金额、投入渠道和方式方法等需要义务教育的法律政策予以明确规范，建立和健全一套可行性较高、操作性较强并且行之有效的法律体系为义务教育均衡发展保驾护航，具体从建立义务教育司法救济制度、健全义务教育均衡监督制度、完善义务教育经费保障制度三方面来实施。

一、建立义务教育司法救济制度

从法律层面来看，修订后的《义务教育法》最大的特色在于明确了中央政府、省级政府、学校、教师和学生等相互之间的权利关系和义务关系，但是这是法律规定的相互关系，这样的关系能否实现却不是这些规定本身可以做到的，当其中一个主体不履行相应的义务时，权利的主体如何通过正当有效的法律手段来维护自身的权益呢？答案必然是通过义务教育司法救济制度。为保障受教育者平等接受义务教育的权利，针对我国当前义务教育均衡发展的法律救济制度不够完善的现状，我国的法律应在完善教育行政诉讼和修订《义务教育法》两个方面做出一些改变。

（一）完善教育行政诉讼法

《中华人民共和国教师法》第三十六条规定，"对依法提出申诉、控告、检举的教师进行打击报复的，由其所在单位或者上级机关责令整改；情节严重的，可以根据具体情况给予行政处分"。针对教师权益受到侵害时，《教师法》做出明确规定，对教师合法提出的申诉、控告和检举予以法律保障。《行政诉讼法》不仅要根据《教师法》的规定保护教师的合法权益，也应该对受教育者的受教育权给予保障，对受案范围、受案方式、受案对象等均需做出明确而清晰的规定，在教育行政诉讼中，对教师、学生和学校等个人或者社会组织的具体行政诉讼权利有哪几条，具体包括哪些内容应做出明确的说明和解释。对各级行政机关不履行或者不依法履行其"应当合理配置教育资源，促进义务教育均衡发展，改善薄弱学校的办学条件"的法定义务时各个权利主体有依法提起教育行政诉讼的权利[①]，因而，必须完善教育行政诉讼，保护受教育者的合法权益。

（二）修订《义务教育法》

《义务教育法》作为保护青少年受教育权的最重要的法律法规，还有待进一步修订完善，比如对"重大事件""影响严重""情节严重"和"重大社会影响"等词语进行量化规定，让人一目了然。《义务教育法》虽然在教育公平、经费保障等方面取得重大突破，但是在经费承担比例、问责主体、问责情节等方面仍具有相当的模糊性，部分规定对地

---

① 王志利：《论义务教育均衡法律保障》，硕士学位论文，华东政法大学 2012 年，第 49 页。

方政府而言弹性过大，弱化了《义务教育法》的刚性度。不仅如此，《义务教育法》对受教育者平等接受义务教育的权益受到非法侵害时也没有明确规定受教育者如何进行司法救济。因而，修订《义务教育法》，能够增加公民维护自身合法权益的受教育权的司法救济制度，完善教育申诉、行政复议制度、人事争议仲裁制度等可供受教育的权利主体选择的教育救济保障制度。同时，鉴于《义务教育法》上级行政限期整改的追责原则，可将行政复议作为公民享有维护自身平等受教育权的行政诉讼前置程序，只有在行政机关未妥善处理时，才能提起行政诉讼，这样既降低司法成本减轻法院压力，又符合《义务教育法》追究行政机关法律责任的追究原则，为义务教育均衡发展保驾护航。

二、健全义务教育均衡发展的监督制度

任何一个理念、想法、政策和工作等要落到实处都需要经过三个必备环节：即决策、执行和监督。义务教育均衡发展是一种科学的理念，是一种政策的导向，也是一件实实在在需要解决的课题或任务，这的确需要决策，需要执行，更需要监督，没有监督就不会有更好的落实，起码是不能够把握是否真正地得到了落实或落实的程度如何。[1] 虽然新《义务教育法》对教育督导义务教育的审计监督和统计公告以及社会监督等监督机制都做出了明确的规定，但仍然存在一些问题，如社会监督在义务教育监督中发挥的作用还比较有限；教育审计存在着监督机制还不健全的问题等等。[2] 科学、完善且合理的法律监督体系是确保我国义务教育经费体制依法落实的有效途径，是保障我国义务教育资源均衡配置的必备条件，是促进我国义务教育均衡发展的外在动力。我国义务教育经费监督体制作为我国法律监督体系的重要组成部分，主要包括行政

---

[1]　于发友：《县域义务教育均衡发展研究》，博士学位论文，山东师范大学 2005 年，第 111 页。

[2]　祝淑媛、项婷婷：《义务教育的法律保障机制的完善研究》，《淮南师范学院学报》2009 年第 5 期。

系统内部和外部对义务教育经费使用的监督。

（一）行政系统内部的监督

首先，各级教育行政部门要逐步建立和健全义务教育经费及时拨付和合理分配的监测制度，定期或者不定期地对自身所管辖范围内的义务教育学校在地区间、校际间的差距进行详细分析，逐步建立规范化、科学化和制度化的义务教育教学质量监测评估体系和教学指导体系，不断提高中小学的教育质量，与制定中小学办学条件标准相同步，必须加强对中小学标准化建设的督导评估，进一步规范中小学的办学行为。[①] 行政系统内部不可自说自话，还需要把学校、教师和学生等主体作为重要的内部监督主体，了解他们的发展诉求和价值愿望，以增强义务教育经费拨付和使用的贴切性和合理性。其次，各级教育行政部门还要加强对薄弱学校建设、农村偏远地区的义务教育经费扶持进行有效监督，确保薄弱学校和农村偏远地区的义务教育经费能重点考虑，及时拨付，能真正用到义务教育均衡发展方面。最后，上级教育行政部门应对下级教育政府部门对义务教育经费的预算编制、分配比例及执行情况等进行有效监督，同时还要建立和完善义务教育经费的追究问责制度，对不依法履行义务教育经费投入责任的主体，要采取相应措施追究其应承担的法律责任。

（二）行政系统外部的监督

人民代表大会作为我国的最高权力机关，对我国义务教育的均衡发展承担着重要的作用，各省、市、县级人民代表大会相应的也对义务教育经费的投入、使用和分配等具有重要的作用。各级人民代表大会对义务教育经费的监督是全方位、全覆盖的监督，涉及义务教育经费的方方面面，尤其是在义务教育经费的财政支付和使用支出两个方面，应积极发挥各级人大的监督作用，推动政府解决义务教育经费保障方面的难

---

① 汪明：《义务教育均衡发展与若干保障机制——部分地区的政策及实践分析》，《教育发展研究》2005 年第 19 期。

题，依法开展经费执法检查，确保义务教育经费投入实现法定的"三个增长"（各级政府教育财政拨款的增长要高于同级财政经常性收入的增长；在校学生人均教育经费逐步增长；教师工资和学生人均公用经费逐步增长），确保义务教育经费的全额及时拨付，促进城乡义务教育生均公用经费定额标准全面提高。

《新义务教育法》第 8 条对教育督导工作做出了规定："人民政府教育督导机构对义务教育工作执行法律法规情况、教育教学质量以及义务教育均衡发展状况等进行督导，督导报告向社会公布。"① 社会监督的群体是最广泛的，包括行业、企业、社会团体及个人等，对义务教育经费的监督也最深刻最彻底，因为这关乎人民的切身利益。具有预防、矫正、惩戒和教育功能的社会监督主要是指公民通过批评、建议、检举、揭发、申诉、控告等方式对国家教育行政部门及其工作人员在义务教育经费的拨付、分配和使用等权力行使行为方面的合法性与合理性进行监督。广泛的社会监督对于促进义务教育经费的正确合理使用具有显著作用，能够促进义务教育更好地发展。对于社会上对义务教育的监督，应出台相应的激励措施和奖励举措，并禁止教育行政部门的相关人员利用手中职权打击或报复对义务教育发展提出意见和建议的公民。

三、完善义务教育经费投入的法律保障

《中华人民共和国义务教育法》第六章专门对经费保障做出详细的规定，第四十二条提出"国家将义务教育全面纳入财政保障范围，义务教育经费由国务院和地方各级人民政府依照本法规定予以保障"；第四十四条提出"义务教育经费投入实行国务院和地方各级人民政府根据职责共同负担，省、自治区、直辖市人民政府负责统筹落实的体制。义务教育经费保障的具体办法由国务院规定"。在法律层面，义务教育均衡发展的经费保障由国务院统筹，通过县级以上人民政府具体落实。然而

---

① 赖娟、谢英亮：《教育公平视角下我国义务教育经费投入机制的改进》，《改革与开放》2011 年第 10 期。

法律具有滞后性，实际上在地方政府的效用函数中，政治稳定、经济增长是最主要的收益，教育支出虽然对社会经济发展有长期的促进作用，但短期内对于政治稳定、经济增长没有显著作用，所产生的经济收益也远远小于经济增长方面的支出。① 这使得地方政府必然会投入更多的资金到短期内看得见明显成效的政治稳定和经济增长中，而忽视需要长期投入的义务教育。要改变目前经费投入不足的现状，需完善地方官员职务升迁制度和变革义务教育经费分担方式。

（一）完善地方官员职务升迁制度，把义务教育均衡纳入考核标准

在过去较长一段时期，我国政府官员的政绩考核主要以 GDP 增速等经济指标为主，而相对忽视短期内看不见成效的文化和教育，对义务教育经费投入不足。要改变这种现状就需要改革并完善地方官员职务升迁制度，把义务教育均衡发展作为一个必要指标纳入考核标准。促进义务教育经费保障制度的完善，不仅仅需要通过法律法规对地方政府官员的考核标准进行完善，把义务教育均衡发展纳入政府官员的主要考核内容，更为重要的是需要通过建立健全政府追究问责制度，加大对义务教育均衡发展的实施力度，同时需要教育行政官员转变自身的政绩评价观念，树立科学、合理、完善的义务教育发展理念，从外部标准和内部信仰两个方面来保障地方政府官员对义务教育经费的投入。

（二）变革义务教育经费分担方式，建立以省级政府为主的经费体制

我国义务教育经费投入不足的一个非常重要的原因在于相关的文件中并未详细明确地规定各级政府的管理权限和与此相对应的具体投入责任，这就导致义务教育的权责严重不一致，中央和省级政府的管理权力

---

① 袁连生：《我国政府教育经费投入不足的原因与对策》，《北京师范大学学报（社会科学版）》2009 年第 2 期。

过多，但投入责任过少，使得地方义务教育的经费来源总量不足且不稳定。[1] 义务教育财政责任主要由县级以上地方政府承担，而中央和省级政府负担比较低。故而，必须改变这种义务教育经费分担财政体制，建立以省级政府为主的经费体制。

中央和省级政府集中了绝对部分的财政收入，而地方政府只有相对较少的一部分财政收入，既要发展经济，又要顾及医疗、文化等多个领域，对义务教育的经费投入相对不足。中央和省级政府只是在政策制定和标准要求等方面对地方发展义务教育做出宏观规定，对义务教育的经费投入较少。中央政府需要考虑全国的国防、外交、经济等方方面面的事情，相对于县级政府来说，中间的层级过多，故而不适合承担过多的义务教育经费责任，而省级政府则与县级政府地缘较近，对县级政府的财政收入、人口状况和教育发展等方面都比较熟悉。因此，变革以往以县级政府投入义务教育经费的财政体制，转为以省级政府负担为主、县级政府具体实施的义务教育投入体制，将使得义务教育的经费具有更好的法律保障。

第二节　义务教育均衡发展的管理服务保障

义务教育均衡发展的实质是义务教育发展的变革，是对长期以来过分重视效率而忽视了公平的功利主义取向发展范式的矫正，因此必将打破原有非均衡发展模式下各主体间的利益制衡状态，建立起有利于义务教育均衡发展的新型主体关系模式，这个过程涉及政府、学校、家庭、社会等诸多方面的利益，因此需要一套完善的管理与服务保障系统来为其保驾护航，管理服务保障主要包括完善义务教育均衡发展管理的体制机制、理顺义务教育均衡发展的管理权利与责任、丰富义务教育均衡发

---

[1] 李晓菲：《我国义务教育财政投入体制研究》，硕士学位论文，山东大学 2013 年，第 24 页。

展的支持服务系统。

一、完善义务教育均衡发展管理的体制机制

管理体制机制的改革需要对学校管理中的主体，即政府、社会、学校和学生建立长效的、可观测评价的制度，这种制度必须以政府作为命令发布者和执行者，需综合考量各种因素，明确行为主体自身的权限和职责，做到分工明确而有序。义务教育管理体制机制改革就是要转变政府管理职能，创新义务教育公共服务体系，促进教育观念的改革与创新，建立新型的义务教育经费投入机制，保障义务教育公平与均衡发展，合理构建学校内部管理制度，完善学校目标管理和绩效管理制度，保证学校管理的综合与协调发展。实现义务教育均衡发展，需要有一套与之相匹配的管理体制机制，进一步调整和理顺地方各级政府的权责关系和对现有义务教育管理体制加以改革和完善。完善义务教育均衡发展管理体制机制主要包括：资源投入保障机制、师资管理体制机制、学生素质综合评价体系。

（一）完善资源投入保障机制

资源的投入是一切教育发展的前提，也是任何政策落实的条件。而基于何种理念、按照何种原则、采取何种方式分配既有资源，则决定了教育的发展方向与政策的现实表现。资源投入保障机制是关于义务教育投入方面的规则体系及其运行方式，要解决的是义务教育发展所需资源如何配置，才可以缩小校际间差距、促进校际间均衡发展的问题。义务教育均衡发展的理念和原则是公平公正，目标是办好每所学校、教好每个学生，因此资源的投入要坚持公平优先、兼顾效率的原则，公正地筹措、拨付和分配经费，合理分配办学硬件、师资、学生等各项教育资源，为每所学校都提供平等发展的平台与机会，为每个学生提供基准统一、水平相当的教育条件。完善义务教育均衡发展的投入机制既要对校际间办学经费投入、硬件设施配备、师资力量配备与不同群体生源的分配等客观资源配置进行考察，又要对政府教育行政的倾向性、公平性进

行探究。虽然其他国家没有义务教育均衡发展的概念，但许多发达国家都通过均衡资源配置来保证教育机会平等，促进教育公平。发达国家为推进区域义务教育均衡发展，在资源投入保障机制方面的可借鉴经验主要有：经费投入上，以公平、法制、收益、能力为原则，逐步由国家层面为主负担义务教育经费投入；师资配置上，正面激励为主，推进校际间师资力量的均衡；生源分配上，坚持公共教育的公益性，保障所有学生的入学机会公平。[①] 完善义务教育均衡发展资源投入保障机制主要从以下几方面入手：

健全完善教育法规，从法律层面确保义务教育经费的增长，进一步完备教育相关法律体系，依法治教，依法办学，形成科学、稳定、有效、健康的义务教育投入保障机制。进一步明确国家、各省（区、市）自治区、县级政府教育经费投资比例，确保义务教育经费能够落实到位、得到有效利用。促进义务教育经费转移支付制度的进一步完善，各级政府应明确职责，建立有效的政府责任分担机制。继续缩小义务教育经费投入在地区之间的差距，针对农村义务教育实施更大规模、更加规范的财政转移支付制度。通过"对口支援"促进区域义务教育发展的横向援助，在中央政府的协调和干预下，从发达地区适当调集部分资源，无偿配置给欠发达地区，形成社会财富在区域之间的再分配，以促进欠发达地区的经济和教育发展。[②]

（二）师资管理体制机制

优质师资是学校发展与学生发展的保障，通过建立校长定期轮岗制度和教师交流制度，能够从师资管理的层面为义务教育均衡发展提供保障。

[①] 苏娜：《区域义务教育均衡发展保障机制研究》，广东高等教育出版社 2015 年版，第 63 – 100 页。

[②] 赵庆华，江桂珍：《义务教育均衡发展的政府投入行为分析》，《东北师范大学学报（哲学社会科学版）》2006 年第 5 期。

1. 探索校长定期轮岗制度的建立

教育的均衡发展是教育公平以及社会和谐的重要保证，是实现教育"中国梦"的关键和重要内容。资源的合理配置是义务教育均衡发展得以实现的前提和基础，义务教育均衡发展离不开师资队伍的均衡发展，而一个学校的整体发展水平与校长等主要管理者和领导层的能力密切相关。校长轮岗制度就是在区域内对校长进行轮换的制度，通过优质学校的校长到薄弱学校轮岗，缩小学校间在教学、管理等方面存在的差距。通过校长轮岗制度的推进，实现区域间、学校间教育理念等资源的共享，从顶层设计上实现义务教育的均衡发展。随着我国经济的快速发展，学校间硬件设施不断更新，学校之间的办学条件差距正在逐渐缩小，"硬件"上的不均衡得到缓解，但是学校与学校之间在办学理念、管理水平与模式、教学方法与观念等"软实力"方面的差距还长期得不到解决，尤其是区域间和城乡间的差距还很大。通过校长轮岗制度，让校长作为"领头羊"，能够有效带领薄弱学校从顶层设计上促进薄弱学校在"软实力"方面的提升，为义务教育均衡发展找准方向、铺好道路。

2. 实施教师交流制度

教育公平是社会公平的基础，是教育发展崇高的价值追求。教师在教育教学活动的第一线承担着教书育人的使命，是教学活动主力军，教师的质量直接决定了学校教学的质量。教育资源均衡发展的重点和难点是优质教师资源的合理配置，优秀教师作为稀缺资源和"软实力"提升的中坚力量，直接影响了义务教育的均衡发展。国家对农村地区的师资配备高度重视，于2003年在《国务院关于进一步加强农村教育工作的决定》中明确："要建立城镇中小学教师到乡村任教服务期制度。地(市)、县教育行政部门要建立区域内城乡'校对校'教师定期交流制度。"2006年的《教育部关于大力推进城镇教师支援农村教育工作的意见》，要求各地加强城镇教师支援农村教育的工作。教师资源的不均衡，主要体现在区域和城乡之间教师在学历、教学理念与思路、教学方法、教学科研能力等方面的差异，相对落后和薄弱的学校急需教学理念先进、教学能力强、教学方式科学的优质教师资源对其进行对口帮扶。与此同时，对口帮扶的教师也能在对口支援过程中锻炼解决问题的能力，使其教学理念得到有效应用，促进其教学方法不断创新。探索建立和进一步完善教师交流、对口支援和教师轮岗制度，促进区域间、城乡间、学校间的师资有效交流，既能够发挥优秀教师资源的示范带头和模范辐射作用，也能让相对薄弱地区的学校师资得到提升和学习的机会，能够整体上促进教师队伍能力的提高，增强师资队伍的活力。有效的教师交流，需要建立在科学、规范的教师交流制度和完善、可行的教师交流计划基础上，需要有相应的保障机制、考核机制和激励机制保驾护航。

（三）建立和健全学生素质综合评价体系

我国处于社会主义初级阶段，经济、社会、文化、教育等各方面制度都处于探索时期。受历史的沿革、现实的需求等各种因素的制约，我国一直实行应试教育，用考试成绩这种可量化的、单一的评价体系作为筛选人才的标准，忽视学生的认知、情感、行为等其他方面的教育。面对复杂和难以量化的指标，要以定性和定量相结合的方式，以描述为主，做到具体化、行为化、可操作化。义务教育面对的是所有适龄学生，由于遗传、环境、所接受的教育以及个人主观能动性等不同，学生的表现必然有所差异，这就需要在义务教育阶段建立一种综合评价体系，这种评价体系以学生作为评价对象，根据学生自身所具备的条件所处的阶段进行针对性的测试，但学生在不同的情境下接受评价的时间点不同，其表现也有所差异，比如外界的不可避免因素导致受评学生此时或彼时表现不一致，而在做评价时必须综合考虑这些变量。对学生进行综合评价之时，首先，应改进考试内容，使之多样化、层次化、结构化，满足不同特性的学生的各种需求；其次，要增加评价方式，以往单一而绝对的评价方式对学生进行硬性的分割，会造成"一考定终身"

的局面，这需注重评价主体的多元化、差异性；最后，改变分流方式，普通教育与职业教育本就是两个平行的教育类型，二者应该有相同的地位，而不是"大普教小职教"，学生争先恐后地蜂拥而至普通教育，而忽视了职业教育在"面向职业"方面更具优势。应建立并健全学生素质综合评价体系，让学生对自己的个性、品行、兴趣、特长等有全方位的认识，以此作为依据选择自身所喜爱的科目、专业和行业。

二、理顺义务教育均衡发展管理权利与责任

义务教育是国之大计，是民族振兴、国家发展和教育"中国梦"的基础。办人民满意的教育，尤其要办人民满意的义务教育，促进义务教育的均衡发展，这是各级政府责无旁贷的责任和义务。2006 年 9 月 1 日开始实施的新《义务教育法》，再次明确了政府在促进义务教育快速、均衡的发展中的责任和工作方向。

（一）明确政府在义务教育均衡发展中的权责

推动义务教育均衡发展，政府是主导力量。义务教育发展一直是各级政府工作的重中之重。改革开放以来，特别是《义务教育法》颁布至今，在各级政府组织领导和教育职能部门的努力下，我国义务教育的发展发生了质的飞跃，取得了耀眼的成绩，近年来，随着义务教育发展工作的不断推进，均衡发展也取得了一定的成效。义务教育的不断改革和快速发展，政府的主导发挥了很大作用。

1. 各级政府在义务教育均衡发展中的责任重大

在 2006 年的全国义务教育均衡发展经验交流现场会上，时任国务委员陈至立曾强调："要通过中央和地方各级政府的共同努力，力争用3 到 5 年的时间，做到义务教育资源配置更加合理，体制机制更加完善。" 2010 年《国家中长期教育改革和发展规划纲要（2010—2020年)》再次将均衡发展作为义务教育发展的战略性任务，提出到 2020 年"基本实现区域内均衡发展"的目标。2012 年党的十八大报告再次强调了"努力办好人民满意的教育""均衡发展九年义务教育"的目标与任务等，都体现了要实现义务教育均衡发展，关键在于各级政府的努力，在于各级政府是否明确各自的权责并积极切实地抓好落实工作。义务教育均衡发展需要制度和体制的创新，政府作为制度和体制创新的主要力量，应该进一步发挥资源配置能力和再分配能力，促进义务教育均衡发展在制度和体制方面实现规模效益。义务教育均衡发展也要求转变政府管理职能，创新义务教育公共服务体系，促进教育观念的改革与更新。

2. 充分发挥政府在教育资源分配方面的主导作用

义务教育是国家教育事业的基础，具有强制性、公益性、普及性的基本特点和纯公共产品性质，因此政府在其生产、产出方面都是主导力量。各级政府应该坚持公平正义的资源投入思想和原则，不断加大对义务教育的经费投入力度，促进义务教育基本服务的均等化供给，完善义务教育经费投入制度，设定义务教育办学硬件的统一标准，促进师资的校际间交流，拓宽义务教育服务供给渠道，完善现有教育管理体制，提高义务教育均衡发展的制度保障水平。①

（二）理清各级政府间责任配置

保障社会公平是政府最基本的职责，而教育的公益性是保障社会公平的有效手段。2006 年修订的《中华人民共和国义务教育法》明确规定："义务教育实行国务院领导，省、自治区、直辖市人民政府统筹规划实施，县级人民政府为主管理的体制。"突出了县级人民政府在进一步提高义务教育质量和促进义务教育均衡发展中的重大责任。义务教育的投入由中央、省、地市和县级政府共同承担，而义务教育的教职工人事和工资管理、学校教学管理、办学经费使用管理等办学管理以县（市、区）为主。《中华人民共和国义务教育法》还明确了"国务院和县级以上地方人民政府应当合理配置教育资源，促进义务教育均衡发展"；"县级以上人民政府教育行政部门具体负责义务教育实施工作；

---

① 王丽慧、王玮：《强化政府责任是促进义务教育均衡发展的关键——对吉林省义务教育均衡发展问题的思考》，《行政与法》2008 年第 6 期。

县级以上人民政府其他有关部门在各自的职责范围内负责义务教育实施工作"等各级政府的职责，能够切实、有效地保障义务教育均衡、健康地发展。同时，还应该进一步明确省级政府的责权，明确省级政府所应采取的统筹方式和所应达到的目标，引导和规范省级政府制订一般性教育转移支付政策或者确定刚性的省级政府教育财政投入比例。① 各级政府间职责划分要从义务教育均衡政策法规制定、义务教育财政投入、义务教育资源配置、师资队伍建设等方面具体进行，才能明确各级政府在促进义务教育均衡中的具体职能，进一步避免各级政府的职能彼此错位、越位与缺位，促进各级政府在促进城乡义务教育均衡方面的职能履行到位，保障义务教育城乡均衡化发展。②

三、丰富义务教育均衡发展的支持服务系统

学校教育虽然具有一定的相对独立性，但仍然时时刻刻受到来自社会、社区、家庭的影响，义务教育要均衡发展，离不开校内外的教育发展环境。通过政府主导、社会协作来改善学校均衡发展的校内外环境，是义务教育均衡发展合力形成的必由之路③，而要形成这股合力，就需要进一步健全和丰富义务教育均衡发展的支持服务系统。

（一）政府、社会、学校联动支持服务系统

义务教育的均衡发展需要制度的建立，政策的运行需要政府、学校、社会等主体的共同参与才能得到保障，引导和鼓励社会力量参与，构建政府、社会、学校联动支持服务系统，能够充分利用资源，增加投入，为有效推动义务教育的均衡发展提供更全面的保障。

---

① Mahapoonyanont, Natcha, T. Mahapoonyanont, and S. Samrit, "The Development of a Project Evaluation Model for Basic Education Institutions", Procedia – Social and Behavioral Sciences, 46(2012), pp. 277 –282.

② 陈祥东：《城乡义务教育均衡中的政府职能研究》，博士学位论文，湖南农业大学 2013 年，第 157 – 172 页。

③ 朱德全、李鹏、宋乃庆：《中国义务教育均衡发展报告——基于〈教育规划纲要〉第三方评估的证据》，《华东师范大学学报（教育科学版）》2017 年第 1 期。

1. 鼓励社会力量注入

充分整合资源，支持民办、私立资金注入义务教育，引导和鼓励企业、团体、个人等社会力量参与举办义务教育，鼓励以自愿为基础的社会资本以更加多元的形式加入义务教育领域。在增加义务教育资源的供给方面，可探索征收教育税、发行教育债券等多种途径，进一步拓宽义务教育经费来源的现有渠道，促进义务教育经费来源的多元化。

2. 营造良好的社会环境

抑制不利于学生个体与学校发展的不良因素，进一步净化校园的周边环境。促进警校合作、家校合作，改善学校周边安全、卫生等条件，营造良好的文化育人氛围，为学校发展和学生的成长创造良好的大环境。加强宣传力度，通过政府公告、大众传媒等形式和途径，对义务教育发展政策进行宣传、对基本信息进行公布，为家庭、社区、社会组织等第一时间准确了解义务教育均衡发展政策的相关内容做好保障。引导和鼓励社会力量关注学校的均衡发展，增强政策推进的社会支持力度。

3. 打通社会参与的渠道

进一步完善社会力量参与的义务教育均衡发展政策咨询、质询、监督机制，明确并落实社会的教育评价与监督权力，推进其向制度化、常规化发展。增加家庭、社会、社会组织、大众媒体参与、评价、监督学校均衡发展的机会，在增进义务教育的委托方与代理方信息沟通与了解的过程中，引导社会大众对义务教育发展期望模式与评价方式的转变，从而为义务教育学校均衡发展校内外合力的形成创造条件。[1]

（二）学校、社区互动支持服务系统

学校与社区有十分紧密的联系，是社区的重要组成部分。学校与社区是一种双向互动的关系，学校和社区都具有的教育功能是双向互动的支点。我国著名教育学家陶行知先生曾指出："不运用社会的力量，便

---

[1] 苏娜：《区域义务教育均衡发展保障机制研究》，广东高等教育出版社 2015 年版，第 136 – 138 页。

是无能的教育；不了解社会的需要，便是盲目的教育。"① 辛普森
（Sumption）和英格斯托姆（Engstrom）也指出："社会居民必须积极、
有组织、有系统地参与学校的教育计划、政策制定、解决问题以及评
估。"② 学校与社区互动、支持、服务已经成为国际社会的共识。③

　　要建立义务教育均衡发展的学校、社区互动支持服务系统，要以科
学发展观指导学校与社区的互动，构建科学、合理、可行的互动运行机
制，社区对学校理解、帮助和服务，学校对社区支持、开放和服务。社
区支持和参与学校教育，把学校教育纳入社区发展的大系统中，为义务
教育均衡发展创造各种有利条件；学校教育反过来也要适应社区发展的
需要，为社区文化、经济建设服务。实现社区与学校相互支持、相互参
与、共同发展。④

　　除此之外，还应进一步明确并落实家庭作为义务教育委托人的权
利，拓宽政府、学校、家庭间沟通与对话的渠道，在教育政策制定过程
中增加听证、咨询程序，保障家庭诉求的充分表达，使义务教育委托人
有权参加到义务教育发展的过程中来。

第三节　义务教育均衡发展的资源配置保障

　　党的十八大把义务教育均衡发展明确为一项战略性任务。义务教育
资源要取得最优合理配置，必须契合当前的新形势新要求，适应经济社
会的发展需求。"从长远发展看，需要在区域之间、省域之间、市域之

---

① 中央教育科学研究所：《陶行知教育文选》，教育科学出版社 1981 年版，第 78 页。
② Merle R. Sumiton and Yvonne Engstrom, *School Community Relations: A New Approach*, New York: McGraw – Hill, 1996, p. 11.
③ 张茂聪、张雷：《公平与权衡：义务教育管理体制改革及制度保障》，山东教育出版社 2013 年版，第 196 – 206 页。
④ 苏丹兰：《走向 21 世纪：构建我国城乡社区与学校教育的双向参与模式》，《山东教育研究》1999 年第 6 期。

间、县域之间和城乡之间、区域内部的学校之间、不同群体之间，同步推进义务教育均衡发展。"① 而从现实出发，则需在强化政府宏观调控能力的基础上，通过优化义务教育"经费保障机制""师资保障机制"以及"科学实施标准化学校建设工程"等多元化的保障机制合理配置资源。

一、优化义务教育经费保障机制

"教育经费既是资源均衡配置的对象，也是实现资源均衡配置的前提和保障，因此，优先实现教育经费均衡配置至关重要。"② 就经费均衡配置而言，倘若只是增大投入力度、实施经费补偿，或者只是对现有的义务教育经费管理体系作"不痛不痒"的名称修改、内容增减、顺序调整，则必然流于形式上的均衡，进而在根本上制约政策效度。

（一）拓宽教育筹资渠道，提升经费保障水平

义务教育经费的筹集，倘若只是依靠教育公共财政的投入是远远不够的，急需拓宽筹集渠道，挖掘社会潜在资金投入义务教育。目前还需通过提高财政占比、创新教育筹资方式来提升义务教育经费的保障水平。

一是依法提高财政占比。义务教育是公共财政予以保障的重点。为适龄儿童"有学上、上好学"提供财政保障是政府财政部门义不容辞的责任。因此财政部门要关注义务教育阶段的财政投入力度，为义务教育的均衡发展提供财政保障。在安排义务教育经费预算时，削减不必要的经费支出，优先保障义务教育经费支出，以提高义务教育经费的预算标准，提高教育经费在公共财政支出中的占比，保证义务教育经费支出增长的幅度高于财政经常性收入增长幅度。二是创新教育筹资方式。提供义务教育财政保障虽然是政府财政部门义不容辞的责任，但多元化的教育筹资方式仍是义务教育经费筹集中不可或缺的部分。可以筹资的渠

---

① 汪明：《义务教育均衡发展与若干保障机制——部分地区的政策及实践分析》，《教育发展研究》2005 年第 10 期。

② 武向荣：《义务教育经费均衡现状调查与对策分析》，《教育研究》2013 年第 7 期。

道有：教育融资、公益福彩、体彩、区域教育附加费以及个人教育附加费等。此外，鼓励社会团体、企事业单位、以及公民个人等社会其他力量通过捐资助学、设立专项奖励等也是教育筹资的重要方式。政府需要出台相关优惠政策，并为其他社会投资助学创造良好的环境，引导社会力量积极参与教育筹资。只有这样，才能最大程度上缓解义务教育公共财政投入不足的问题。

（二）加大农村经费投入，缩小城乡发展差距

在教育经费投入上，国家财政应当加大对农村学校的扶持。通过完善均衡保障机制、完成教学体制改革、健全成本保障机制，做到实地调查、重点投入，缩小城乡学校差距是促使义务教育均衡发展的基本保障。

1. 完善均衡保障机制

一方面要重点突出农村教育的地位。要统筹城乡教育发展的思路，切实加强对农村教育现状的实地调研，为教育决策的制定提供科学、详实、有利的理论和依据。同时也要加强对市区学校的调研，提出适合解决城区问题的措施。另一方面要改变重城市、轻农村的现象。

2. 完善课程与教学体系改革

目前农村中小学使用的教材以及课程的设置与城市一样，这并不适合农村实际，也不利于农村孩子今后的发展。农村中小学的教学内容普遍凸显城市化因素，不仅与农村生活脱节，而且对学生将来就业作用不大。这就使得农村学校的课程内容设置契合农村实际情况显得极为迫切。鉴于此，有关部门需要专门编写出能够反映农村实际情况的教材，使农村中小学生所受的教育能为将来升学和就业打下良好基础。

3. 健全教育成本补偿制度

当前，农村地区培养出的优秀人才大多流向了城市，"凤凰还巢"支援家乡义务教育的大学生特别少。城市人才资源的充足和飞速增长的经济，得益于农村教育的优异成果，然而城市却没有为此付出任何教育成本，至少是没有支付这些优质学生发展成本中的前期成本，这对于农

村地区来说是极为不公平的。在教育成本分担的利益获得原则和教育成本补偿原则中，从农村流向城市人才的前期教育成本，城市是应当向农村支付的。因此，要建立健全教育成本补偿制度，使农村在教育投入上为城市所做的贡献得到一定程度的弥补。

（三）优化经费结构，注重实际效果

就义务教育经费均衡而言，倘若只是关注义务教育经费的投入，而忽视了教育的实际效果，那均衡最终往往只会流于形式。只有投入与产出结果相对均等，才能切实体现经费的均衡配置。

一是加大义务教育经费的投入。一方面要加大对义务教育基本建设的投入，包括改善办学条件，让义务教育阶段校舍硬件达到均衡化办学标准，在学校各项硬件达标的基础上，努力使人文环境、教学条件、师资水平、教育技术设备、图书、体育场地等得到一定程度的改善，并进一步拓展医疗服务、心理辅导，使区域内的各学校整体统一、个体独特。另一方面要合理配置教育经费。区域间、城乡间、学校之间要合理分配，重点向薄弱地区、薄弱学校倾斜，缩小经费差距。二是注重义务教育经费的产出。在投入上整体均衡之后，需要关注经费的产出结果。经费的产出即投入同等的经费后所得到的实际效果。经费的产出结果包括办学条件、师资队伍水平、学生的升学率、毕业率以及成才率等。定期对经费的产出效果进行统计分析，找到不同群体间教育供给的成本差异，有利于经费的均衡配置。

（四）建立经费监管机制，提高资金使用效益

在实施义务教育经费均衡各项措施的同时，各级教育财政部门要建立和完善经费监管机制，定期对区域内的中小学经费预算、投入、使用情况进行监督评估，对区域内学校间经费差距进行监测分析。引导和规范教育经费的长效监管，以资金使用效益为导向，强调经费监管机制在义务教育经费均衡中的重要作用，促进义务教育均衡，带动区域内教育经费向协调、均衡方向发展。

1. 财政部门要建立健全教育经费的长效监管机制

随着义务教育经费保障机制的深化改革，我国经费监管已取得了一定的发展，但并没有使我国义务教育经费配置达到理想状况，现实生活中依然出现变相收费的情况。如假期有偿补习、各种有偿兴趣班；贫困补助"应享未享"。由于教师不了解学生家庭情况，且贫困生资助体系不健全，贫困生的认定方式缺乏科学合理的标准，使得教师不易把控学生资助工作，经常出现"应享未享"的情况；教育经费预算不规范。由于学校管理者对预算编制的认识不够、专业能力不强，从而导致教育经费预算不规范，难以实现全面公平。政府财政部门需要建立健全教育经费的长效监管机制，让各监管主体交叉监管、相辅相成。从事前、事中、事后三个层次完善监督，全面实施科学、合理、精细的经费管理，建立健全经费监管长效机制：事前完善义务教育经费预算编制的监督机制，在审核预算前仔细检查，防止虚报、漏报、隐报以及擅自增加的经费项目；事中完善教育经费预算执行的监督机制，在年终时监督经费的执行情况，尤其关注挪用、扣留、占用专项资金的现象；事后完善对教育经费的预决算监督机制，对所有事前预算的教育资金，财政部门需要权责到人，对教育资金使用效益进行总结评价，并对被监督检查的单位给予及时反馈，督促相关学校科学合理用好教育经费，确保教育经费落实到位。

2. 教育部门要落实经费绩效考评制度，提高资金使用效益

科学规范、高效安全的资金使用体系是义务教育经费高效使用的前提。因此教育行政部门要建立和推行义务教育经费管理绩效考评制度，保证经费的使用效益。经费绩效考评形式可以有抽查、定期考察以及年终考察。考评方法以学校自查为主、区县检查与省市实地抽查为辅。考查的内容需要包括义务教育的专项经费、生均标准、教师工资、学校基本建设费用等。尤其需要重点关注贫困地区、薄弱学校的经费投入、使用情况。绩效考评工作应公开、公平。考评结果应由省级教育部门统一

形成分析报告，作为财政部门下次经费分配的依据，考评结果达标的地区以及学校教育经费配置予以重点倾斜，而对经费落实不到位、资金使用效果不佳的地区需要追究相关人员责任。

二、建立健全师资队伍保障机制

就师资均衡配置而言，倘若只是加强校际间教师流动，或者只是鼓励优秀毕业生到农村学校、城市薄弱学校任教，而不提供成长平台，减小城乡教师工资差距则必然流于形式上的均衡，只会导致农村地区和一般学校优秀教师进不来、留不住，给师资均衡配置带来极大困难。因此，教师资源的均衡配置，关键是消除师资队伍水平的差异，从根本上推进义务教育均衡。在五大教育理念的引领下，消除区域间、城乡间、校际间师资队伍水平的差距的根本措施在于完善义务教育师资保障机制。

（一）完善教师引入机制，增加师资储量

完善教师引入机制，关键在于营造一个"愿意来""进得来""留得住"的教育平台。可采取的措施有：

1. 提高福利待遇，吸引优秀师资

我国贫困地区仍然面临着优秀教师"不愿来"的困境。据调查显示，自实行"自主择校，双向选择"的政策以来，乡镇以下的贫困农村小学很难补充到师范专业的正规大学生。造成这种现象的主要原因是农村地区生活环境艰苦、交通不便、工资福利低以及教师专业发展机会少。针对这种情况，可以通过提高教师福利待遇，对边远贫困地区教师增加适度的补偿，吸引优秀教师向农村流动；为教师提供教师专业发展机会；大力发展农村经济，缩小城乡差距；重视偏远地区的教育，提高教师的地位；教育资源精准地向贫困地区和人群配置，吸引优秀教师到贫困地区工作。

2. 落实定向优质的培养制度，分配优秀教师加入义务教育

免师、特岗教师以及支教教师在一定程度上拓宽了农村地区优质教师资源，但由于培养制度落实不到位，往往会出现免师学生违约"凤凰

不还巢",以及免师教师、特岗教师和支教教师由于后续培训不到位造成的,理论与实践分离的现象。地方政府和中小学校应当在六所免师培养制度实施范围之外,开辟与地方高校尤其是师范院校之间的定向培养渠道,为本地中小学储备优秀师资。在地方高校与中小学合作的过程中,要增强互动。让高校学生走进课堂,形成平等、互动的合作氛围,增强高校学生的实践能力,在课程中开展研究并帮助中小学教师提高理论素养,提升中小学教师水平。

(二)创新师资管理体系,提高师资利用率

教师是立教之本,提高师资利用率,有利于整合现有资源,实现师资均衡的协调发展。可采取的措施有:

1. 构建科学的师资交流制度,提高师资利用率

师资均衡是义务教育均衡的方向性要求,充分强调民主、公平,它以完善的教育机制和均衡的师资配置保障整个社会的学习活动顺利进行,而目前中国城乡、地区师资配置的不平衡不仅背离了义务教育均衡的要求,也削弱了中国构建学习型社会的基础。在提高认识的基础上必须切实完善师资交流制度,赢得各级教育部门的强大政策支持,解决制约城乡间、校际间师资合理流动的问题,必须争得各个教育单位的教育战略和行动方案配合。为鼓励优秀教师到薄弱学校轮岗任教,还应配套相应的鼓励机制,实现教师交流。

2. 搭建师资共享平台,放大师资的利用率

师资队伍水平参差不齐,已成为义务教育均衡发展的瓶颈问题。进修、自培的形式不能在短期内解决当前师资队伍水平参差不齐的问题。应充分利用信息技术搭建师资共享平台,积聚教师资源,实现区域内"师资共享",放大师资的利用率。师资共享平台有以下几种模式:

第一种模式是学科资源共享。指教师以学科为分类标准,组成学科资源共享平台。教师在平台中通过研讨,实现教学资源、经验的共享。第二种模式是教育联盟。指区域内的几所学校联盟,共享教育资源。这

种形式的共享平台，能够有效地节约教师的人力资本，实现义务教育师资的优化配置和共享。第三种模式是精准扶贫。区域内的高校尤其是师范院校的专家学者对口支援薄弱学校的一线教师，让薄弱学校教师能在教学中得到及时反馈，不断更新教学观念和教学方式，提升专业发展水平。第四种是线上资源共享。在信息化社会中，互联网已成为教师获取教学资源不可或缺的部分。教师可以突破地域和时空的限制，借助互联网平台实现资源共享。

（三）完善师资培训机制，提高教师队伍水平

教师的专业发展不是一蹴而就的，而是一个螺旋式上升的持续发展过程。因此，完善师资培训机制，使教师能不断获得专业发展机会，是缩小城乡教育差距的重要手段。

1. 加大教师培训力度

近年来各级政府和教育主管部门对教师专业发展高度关注，投入了大量经费，教师专业发展水平在一定程度上得到了长足发展，但农村学校的教师队伍水平却依旧不容乐观。实践表明，农村教师培训力度不够是农村教师队伍水平低下的重要原因之一。在教师发展过程中缺乏培训指导，会引发专业发展盲目的问题，这与国家实施教师队伍建设的初衷相悖，反映出教师队伍建设尤其是乡村队伍建设实际上未得到执行机构及相关管理者的充分重视。要提高教师队伍的水平，必须要加大乡村教师培训力度，才能为偏远落后地区的农村教师提供优质的培训机会，缩小城乡教师队伍水平。

2. 增强教师培训实效性

"从 2015 年起，'国培计划'将培训的主要对象调整为乡村教师，同时强调培训的针对性和实效性。"[①] 然而，就目前的实际情况来看，由于教师本身具有教龄、级别、地域、学科等差异，使得不同的教师发

---

① 中国教育新闻网：《"国培"改革照亮乡村教师》，2015 年 9 月 10 日，见 ht-tp://www.jyb.cn/basc/sd/201509/t20150910_636573.html.

展需求也有一定的差异，而我们现阶段教师培训对教师的需求考虑较少，涵盖范围不够全面，且教师培训重形式、轻实效，从而导致教师培训的成效甚微。要提高教师队伍的水平，必须要增强教师培训的针对性和实效性，使教师培训能够真正发挥培训职能。

三、科学实施标准化学校建设工程

标准化学校建设是推进义务教育物资均衡的有效载体。就标准化学校建设而言，倘若只是倡导国家政府出台的一系列标准化办学的宏观政策，或者只是满足低水平的办学条件标准化，则必然导致收效甚微。因此要实现标准化学校建设需加大对标准化学校建设工作的监督和评估力度、加强课程教学标准化以及推进学校管理标准化。

（一）办学条件标准化

办学条件是学校标准化建设中的重要前提。事实上就办学条件而言，各地区学校设置与规划如就近入学、学校规模、校园设计等方面政策要求都大相径庭。在实现办学条件标准化的实践过程中，必须科学规划设备建设以及图书馆建设。

设备标准建设包括体育场地器材、教学仪器、乐器、实验室装备等。然而由于受到学校用地面积、经费、教育理念以及重视程度等因素的影响，我国义务教育阶段存在场地器材、实验室存在配备不齐全、使用率较低等问题，同一区域的重点校、实验校、城市学校出现器材富余、经费充足的现象，而农村地区则出现器材不足甚至缺失的现象。

图书标准建设包括藏书数量、质量以及使用效率。学校的图书标准是标准化办学的一个重要组成部分。国家层面做了相关规定，地区层面也相继出台了相应的图书标准。然而"从我国中小学图书馆（室）建设来看，全国 7797 所中学和 36.62 万所小学中建有图书馆（室）的学校不到一半，而且，在发达地区较好，在经济落后地区较弱"[1]。此外，

---

① 罗彬香：《中小学图书馆（室）建设的问题与对策》，《科技信息》2011 年第 19 期。

由于学校领导不重视，藏书质量偏低、数量不足，以及图书室设备老化、面积不足等原因，义务教育阶段的学校图书馆有效使用率不高、未能发挥第二课堂的作用。

要使设备建设、图书馆建设均衡发展，学校应高度重视，并建立义务教育设备标准化建设的经费长效保障机制。此外义务教育办学条件标准化还需从以下几方面调整：一是办学标准制定、执行、管理、监督、评估需落到实处；二是办学条件标准化仍需向乡村、贫困地区倾斜。此外，对于青少年儿童面临的突出问题，如自残行为、暴力行为、抑郁、自闭等，学校还需配备心理教师。

（二）学校管理标准化

从办学理念、班子建设、运行机制、教育科研、交流合作、办学特色等方面实现学校管理的标准化。学校管理制度力争汇编成册，重视校园文化和班级文化建设，尽可能建设心理辅导室，配齐专职或兼职教师。开展家长辅导和学生辅导，重视通过校园活动培养学生健康心理。

（三）课程教学标准化

课程教学标准化是标准化办学不可或缺的一部分。目前我国义务教育办学标准的范围主要涉及办学条件、校舍、教师、设备、图书室，对课程教学关注较少。有待扩展德育、心理、美育、劳动、社会实践等方面的标准化，实现课程管理标准化。课程管理要严格按照省级颁布的《课程计划》《作息时间表》《课外活动安排表》尽可能开全开足课程，体现师资配备的合理性。其中学校的《校本课程》不强求文本教材，但需制定校本开发的总体实施方案、收集相应的案例。通过办学条件标准化，学校管理标准化，师资队伍标准化，课程教学标准化内容体系的革新与规范，比较系统地引领和指导标准化学校建设工作。

（四）信息技术装备标准化

义务教育资源配置均衡这一目标的实现，仅靠改善办学条件、调整师资流动以及投入经费是远远不够的，在"互联网＋"赋予教育新内涵的今天,"信息技术以其'高效、便捷、共享'的优势,延伸和拓展了教育的时空,提供了推动教育公平和教育跨越式均衡发展的捷径"①。因此,为解决硬件配置不均、优质资源辐射面窄等问题,需要加快贫困地区以及薄弱学校教育信息技术装备建设、提升教师教育技术水平、建立信息技术装备监督与评估机制。

---

① 李良、刘智昂:《发达地区以信息化应用一体化促义务教育高位优质均衡发展的探索——以广东省中山市为例》,《中国电化教育》2010 年第 10 期。

参考文献

一、中文文献

（一）著作

［美］M. 卡诺依：《教育经济学国际百科全书》，闵维方等译，高等教育出版社 2000 年版。

段培君：《社会科学次逻辑视野下的方法论个体主义》，山东教育出版社 2006 年版。

教育部基础司：《义务教育均衡发展省域统筹》，教育科学出版社 2012 年版。

梁漱溟：《村学乡学须知》，转引自马秋帆：《梁漱溟教育论著选》，人民教育出版社 1994 年版。

马翀炜、陈庆德：《民族文化资本化》，人民出版社 2004 年版。

［法］皮埃尔·卡蓝默：《破碎的民主——试论治理的革命》，三联书店 2005 年版。

宋乃庆、李森、朱德全：《中国义务教育发展报告 2012》，教育科学出版社 2013 年版。

苏娜：《区域义务教育均衡发展保障机制研究》，广东高等教育出版社 2015 版。

孙启林、安玉祥：《韩国科技与教育发展》，人民教育出版社 2004 年版。

（二）期刊论文

安虎森、殷广卫：《中部塌陷：现象及其内在机制推测》，《中南财经政法大学学报》2009 年第 1 期。

曹能秀、苟琳：《西部地区义务教育均衡发展：历程、特色与趋势》，《学术探索》2005 年第 1 期。

常宝宁：《法国义务教育扶持政策与我国教育均衡发展的政策选择》，《比较教育研究》2015 年第 4 期。

陈诚：《对义务教育入学限制传统观念的修正与重构》，《教育学报》2010 年第 2 期。

陈恩伦：《关于制定〈学校法〉的思考》，《高等教育研究》2008 年第 6 期。

陈景磐、吕达：《张之洞的基本教育活动及其基本的教育思想——"中学为体、西学为用"》，《教育研究与实验》1983 年第 1 期。

陈颂东：《中国的转移支付制度与地区公共服务均等化》，《经济经纬》2008 年第 1 期。

褚宏启、高莉：《义务教育均衡发展评估指标与标准的制订》，《教育发展研究》2010 年第 6 期。

褚宏启：《城镇化进程中的教育变革：新型城镇化需要什么样的教育改革》，《教育研究》2015 年第 11 期。

褚宏启：《教育治理：以共治求善治》，《教育研究》2010 年第 10 期。

褚宏启：《义务教育均衡发展评估指标与标准的制订》，《教育发展研究》2010 年第 6 期。

董标：《符号、知识与课程——《学务纲要》百年的文化研究尝试》，《教育理论与实践》2003 年第 3 期。

董博清、于海波：《韩国城乡教师轮岗制度及其对我国的启示》，《外国中小学教育》2012 年第 7 期。

段展华：《优质均衡：义务教育均衡发展的目标》，《现代教育科学》2009 年第 8 期。

范先佐、郭清扬、付卫东：《义务教育均衡发展与省级统筹》，《教育研究》2015 年第 2 期。

冯建军：《内涵发展：推进义务教育优质均衡的路向选择》，《南京社会科学》2012 年第 1 期。

冯建军：《义务教育均衡发展方式的转变》，《中国教育学刊》2012年第 3 期。

冯建军：《优质均衡：义务教育均衡发展的新目标》，《教育发展研究》2011 年第 6 期。

傅维利、张淼：《论城市化进程对中国义务教育班级、学校规模的影响》，《华东师范大学学报（教育科学版）》2014 年第 1 期。

高庆蓬、孙继红：《义务教育均衡发展备忘录的政策分析》，《中国教育学刊》2015 年第 12 期。

顾月华：《基础教育均衡发展的实质及其实施》，《教育发展研究》2004 年第 5 期。

郭建如：《国家——社会视角下的农村基础教育发展：教育政治学分析》，《北京大学大学教育评论》2005 年第 3 期。

郝文武：《教育公平与社会公平相互促进的关系状态和基本意义》，《北京师范大学学报（社会科学版）》2011 年第 4 期。

何克抗：《教育信息化是实现义务教育优质、均衡发展的必由之路》，《现代远程教育研究》2011 年第 4 期。

胡艳婷、贺雯：《教育公平视野下的安徽省农村地区义务教育均衡研究》，《社会心理科学》2015 年第 5 期。

贾中海：《教育公平及其社会正义价值》，《黑龙江高教研究》2008年第 11 期。

姜茂、朱德全：《区域义务教育均衡发展的国际经验及其对我国民族地区的启示》,《教师教育论坛》2015 年第 3 期。

赖娟、谢英亮:《教育公平视角下我国义务教育经费投入机制的改进》,《改革与开放》2011 年第 10 期。

李军超:《财政分权视阈下城乡义务教育均衡发展的动力缺失问题研究》,《浙江社会科学》2015 年第 5 期。

李良、刘智昂:《发达地区以信息化应用一体化促义务教育高位优质均衡发展的探索——以广东省中山市为例》,《中国电化教育》2010 年第 10 期。

李玲玲、魏晓、陈威:《"中部塌陷"与湖南经济的崛起》,《经济地理》2011 年第 6 期。

李鹏、朱德全、肖桐:《中国教育督导研究的现状与走势:文献计量分析的观点》,《上海教育科研》2016 年第 9 期。

李鹏、朱德全:《公平与发展:中国义务教育督导绩效的实证研究》,《教育学报》2016 年第 2 期。

李鹏、朱德全:《义务教育学校标准化建设:进程、问题与反思——基于 2010—2014 年全国义务教育办学条件数据的测度分析》,《清华大学教育研究》2016 年第 1 期。

李森、杜尚荣:《清末民初时期基础教育改革的基本经验与现代启示》,《西南大学学报(社会科学版)》2013 年第 2 期。

李生滨、傅维利、刘伟:《从"追求均衡"到"鼓励差异"——对后均衡时代义务教育发展的思考》,《教育科学》2012 年第 2 期。

李松林:《基础教育区域性发展战略与实践——基础教育未来发展新特征研究专题研讨会综述》,《教育研究》2013 年第 3 期。

李涛:《教育公共治理:什么公共? 什么治理? ——结构转型与法理维度的探索》,《全球教育展望》2009 年第 7 期。

李宜江:《义务教育均衡发展理念走向现实的法律思考》,《教育政策研究》2010 年第 4 期。

刘乃全、陶云等：《中国区域经济增长协整分析与区域政策选择——兼论"中部塌陷"现象》，《财经研究》2006 年第 4 期；

刘涛、齐元静、曹广忠：《中国流动人口空间格局演变机制及城镇化效应——基于 2000 和 2010 年人口普查分县数据的分析》，《地理学报》2015 年第 4 期。

刘小强：《美、日中小学新教师录用制度的特征比较及启示》，《外国教育研究》2010 年第 4 期。

潘文轩：《公共服务"中部塌陷"现象研究：表现、成因与对策》，《湖北社会科学》2012 年第 4 期。

庞祯敬、谭媛媛、林双：《成都模式：统筹区域基础教育均衡发展的有益探索》，《上海教育科研》2013 年第 10 期。

钱雪亚、章丽君、林浣：《度量人力资本水平的三种统计方法》，《统计与决策》2003 年第 10 期。

阮成武、朱家存：《上好学政策面临的实践挑战与应对策略》，《中国教育学刊》2013 年第 1 期。

邵泽斌、张乐天：《从意识形态到公共精神——对新中国 60 年义务教育治理方式的政策考察》，《社会科学》2008 年第 12 期。

邵泽斌：《从"城市教育优先"到"城乡教育均衡"——新中国城乡教育关系述评》，《社会科学》2010 年第 10 期。

沈亚平、陈良雨：《现代化视阈下中国教育治理体系的重构》，《湖北社会科学》2015 年第 8 期。

司晓宏、杨令平：《务教育均衡发展进程中"政府悖论"现象透视》，《陕西师范大学学报（哲学社会科学版）》2015 年第 7 期。

斯琴、高帅：《农村中小学布局调整对家庭教育成本的影响》，《教育学术月刊》2013 年第 3 期。

宋乃庆：《我国义务教育均衡发展任重道远》，《中国教育学刊》2015 年第 9 期。

苏丹兰：《走向 21 世纪：构建我国城乡社区与学校教育的双向参与模式》，《山东教育研究》1999 年第 6 期。

孙启林、周世厚：《大均衡观下的"略"与"策"——法国义务教育均衡发展政策评析》，《现代教育管理》2009 年第 1 期。

孙素英：《区域义务教育均衡发展影响因素》，《中国教育学刊》2012 年第 6 期。

孙泽平、孙露晞：《"入学难、择校贵"难题之解——从义务教育入学机制说起》，《教育理论与实践》2012 年第 5 期。

谭建川：《困顿中的摸索：解读日本新一轮学习指导纲要》，《比较教育研究》2010 年第 2 期。

陶西平：《有学上、上好学与都上学》，《中国教育学刊》2009 年第 1 期。

滕珺：《"科研名校"带动区域义务教育优质均衡发展》，《现代教育科学》2011 年第 12 期。

调研组：《韩国、日本义务教育学校标准化建设情况调研报告》，《教育研究》2015 年第 10 期。

万华：《教育组团：促进区域义务教育均衡发展的新思路》，《教育研究与实验》2007 年第 5 期。

汪丞、方彤：《日本教师"定期流动制"对我国区域内师资均衡发展的启示》，《中国教育学刊》2005 年第 4 期。

汪丞、方彤：《日本教师"定期流动制"对我国区域内师资均衡发展的启示》，《中国教育学刊》2005 年第 4 期。

汪明：《义务教育均衡发展与若干保障机制——部分地区的政策及实践分析》，《教育发展研究》2005 年第 10 期。

王定华：《我国义务教育均衡发展之进展》，《课程·教材·教法》2015 年第 11 期。

王定华：《以现代法治精神统领义务教育治理》，《教育研究》2015

年第 1 期。

　　王继新、施枫、吴秀圆：《"互联网＋"教学点：新城镇化进程中的义务教育均衡发展实践》，《中国电化教育》2016 年第 1 期。

　　王孔敬：《国外义务教育均衡政策及其对重庆民族地区义务教育均衡发展的启示》，《贵州民族研究》2010 年第 2 期。

　　王丽慧、王玮：《强化政府责任是促进义务教育均衡发展的关键——对吉林省义务教育均衡发展问题的思考》，《行政与法》2008 年第 6 期。

　　王璐：《国际视野下的义务教育均衡发展研究：理论基础、对象层次与任务内容》，《比较教育研究》2013 年第 2 期。

　　王天平、李鹏、王建平：《城乡中小学标准化建设的问题审视与优化之道——基于 N 市中小学标准化建设的调研》，《西南大学学报（社会科学版）》2014 年第 3 期。

　　王薇：《中法中小学教师职前教育课程结构比较研究》，《教师教育学报》2015 年第 4 期。

　　王晓辉：《法国新世纪教育改革目标：为了全体学生成功》，《比较教育研究》2006 年第 5 期。

　　王远伟：《我国"教育中部塌陷"现象解读——基于省际教育数据的实证分析》，《教育发展研究》2010 年第 3 期。

　　王正青：《国外推进城乡教育均衡发展新趋势：社会生态系统的理论框架》，《中国教育学刊》2011 年第 1 期。

　　魏风劲：《试论中部地区人力资本投资与崛起》，《西北人口》2008 年第 2 期。

　　吴慧平：《韩国的平等教育解读》，《外国中小学教育》2008 年第 9 期。

　　吴康宁：《及早谋划省域义务教育基本均衡发展的国家战略》，《教育研究与实验》2015 年 2 期。

武向荣：《义务教育经费均衡现状调查与对策分析》，《教育研究》2013 年第 7 期。

夏茂林、冯文全、冯碧瑛：《日韩两国中小学教师定期流动制度比较与启示》，《教师教育研究》2012 年第 3 期。

熊贤君：《中国近代义务教育发轫年代问题》，《华中师范大学学报（哲学社会科学版）》1996 年第 6 期。

徐丽华、吴文胜：《教师的专业成长组织：教师协作学习共同体》，《教师教育研究》2005 年第 5 期。

薛二勇：《区域内义务教育均衡发展指标体系的构建——当前我国深入推进义务教育均衡发展的政策评估指标》，《北京师范大学学报（社会科学版）》2013 年第 4 期。

薛二勇：《少数群体教育均衡发展政策模式探析：以英国与瑞典为例》，《外国教育研究》2007 年第 8 期。

薛海平、胡咏梅：《我国基础教育区域非均衡发展研究》，《教育理论与实践》2004 年第 2 期。

薛正斌、刘新科：《中小学教师流动样态及其合理性标准建构》，《陕西师范大学学报（哲学社会科学版）》2011 年第 1 期。

严平：《均衡视野下日本义务教育学校标准化研究》，《比较教育研究》2013 年第 4 期。

杨秉翰、刘畅：《日本中小学建设标准的经验及其对我国的启示》，《西南大学学报（社会科学版）》2008 年第 3 期。

杨启亮：《底线均衡：义务教育优质均衡发展的解释》，《教育理论与实践》2010 年第 1 期。

杨启亮：《特色均衡：欠发达地区课程变革路径的选择》，《课程·教材·教法》2006 年第 12 期。

杨薇、张蓓蓓：《义务教育初中阶段发展不均衡的横向比较研究——基于辽宁省与全国其他区域教育经费横向比较的视角》，《现代教育管理》2011 年第 6 期。

杨小微：《义务教育内涵式均衡发展路径分析》，《教育发展研究》2009 年第 5 期。

杨银付：《深化教育领域综合改革的若干思考》，《教育研究》2014 年第 1 期。

杨兆山、金金：《建设"标准化学校"搭建义务教育均衡发展的操作平台》，《东北师大学报（哲学社会科学版)》2005 年第 5 期。

姚继军、张新平：《新中国教育均衡发展的测度》，《华东师范大学学报（教育科学版)》2010 年第 6 期；

姚继军：《教育均衡发展综合测度的原则与方法》，《教育科学》2008 年第 6 期。

姚继军：《省域义务教育优质均衡发展量化测度指标体系的构建——以江苏省为例》，《教育发展研究》2012 年第 22 期。

姚巧华：《我国义务均衡发展中市场的效用与限度研究》，《河南大学学报（社会科学版)》2015 年第 9 期。

叶澜：《让课堂焕发出生命活力——论中小学教学改革的深化》，《教育研究》1997 年第 9 期。

叶立群：《日本基础教育改革（二)》，《课程·教材·教法》1994 年第 8 期。

于月萍：《义务教育区域内均衡发展的对策研究》，《中国教育学刊》2003 年第 3 期。

余晓晨、苣景州：《走出义务教育投资管理困境的思路》，《教育研究》1994 年第 4 期。

袁连生：《我国政府教育经费投入不足的原因与对策》，《北京师范大学学报（社会科学版)》2009 年第 2 期。

翟博：《教育均衡发展指数构建及其运用——中国基础教育均衡发展实证分析》，《国家教育行政学院学报》2007 年第 11 期。

翟博、孙百才：《中国基础教育均衡发展实证研究报告》，《教育研究》2012 年第 5 期。

翟博：《教育均衡发展：理论、指标及测算方法》，《教育研究》2006 年第 3 期。

翟博：《教育均衡发展：现代教育发展的新境界》，《教育研究》2002 年第 2 期。

翟博：《均衡发展：我国义务教育发展的战略选择》，《教育研究》2010 年第 1 期。

张东桥：《中国与西方国家中小学校长职位权利的比较分析——兼论"校长负责制"与"校长管理制度"》，《比较教育研究》2005 年第 7 期。

张放平：《区域内义务教育均衡发展的制度瓶颈及其破解》，《中国教育学刊》2011 年第 6 期。

张红、杨颖秀：《二战后韩国基础教育改革政策的嬗变与成效》，《外国教育研究》2008 年第 5 期。

张家军：《日本基础教育资源配置的经验及启示》，《上海教育科研》2011 年第 12 期。

张梦琦、王晓辉：《浅析法国小学新课时改革》，《外国教育研究》2014 年第 3 期。

张万朋、孙雪：《关于"均等化"与"均衡化"的思考》，《教育与经济》2010 年第 4 期。

张炜：《我国高校教育财政经费"中部塌陷"现象研究》，《高教探索》2009 年第 2 期。

赵琦：《义务教育资源共享的博弈分析》，《教育发展研究》2014 年第 6 期。

赵庆华、江桂珍：《义务教育均衡发展的政府投入行为分析》，《东北师范大学学报（哲学社会科学版）》2006 年第 5 期。

赵永辉：《各级政府在义务教育均衡发展中的责任及履责成效》，《教育学术月刊》2015 年第 7 期。

郑增仪：《法、德、意三国基础教育管理体制调研报告》，《教育发展研究》2005 年第 2 期。

中国教科院"义务教育均衡发展标准研究"课题组：《义务教育均衡发展国家标准研究》，《教育研究》2013 年第 5 期。

钟秉林：《深化综合改革坚持依法治教提高教育质量》，《教育研究》2016 年第 2 期。

周满生、滕珺：《走向全方位开放的教育国际合作与交流》，《教育研究》2008 年第 11 期。

周绍森、王志国等：《"中部塌陷"与中部崛起》，《南昌大学学报（人社版）》2003 年第 6 期。

周甜、李鹏、朱德全、刘洪超：《中小学物力资源管理：现状、问题与对策——基于重庆市中小学标准化建设的调研》，《教育财会研究》2013 年第 5 期。

周永坤：《论宪法基本权利的直接效力》，《中国法学》1997 年第 1 期。

朱德全、李鹏、宋乃庆：《中国义务教育均衡发展报告——基于〈教育规划纲要〉第三方评估的证据》，《华东师范大学学报（教育科学版）》2017 年第 1 期。

朱德全、李鹏：《课堂教学有效性论纲》，《教育研究》2015 年第 10 期。

朱德全、李鹏：《论统筹城乡职业教育的多重治理逻辑》，《西南大学学报（社会科学版）》2013 年第 7 期。

朱德全、徐小容：《职业教育与区域经济的联动逻辑和立体路径》，《教育研究》2014 年第 7 期。

朱德全、杨鸿：《论教学知识》，《教育研究》2009 年第 10 期。

朱德全、张家琼、桂平：《提升课堂教学有效性的实践探索》，《教育研究》2010 年第 4 期。

朱德全：《农村中学"三位一体"课程与教学模式创新的行动研究》，《西南大学学报（社会科学版）》2015 年第 1 期。

邹琪：《义务教育区域均衡发展下教育资源的有效配置——以苏北楚州区为个案分析》，《上海经济研究》2009 年第 1 期。

陈祥东：《城乡义务教育均衡中的政府职能研究》，博士学位论文，湖南农业大学 2013 年。

（三）其他类

黄俊毅：《农村闲置校舍如何盘活?》，《经济日报》2012 年 11 月 1 日。

靳晓燕、荣雷：《义务教育如何应对城镇化的挑战》，《光明日报》2015 年 2 月 10 日。

朱永新：《用"五大理念"引领"十三五"教育改革发展》，《中国教育报》2015 年 11 月 16 日。

《对英国、法国教育督导和教育评价制度考察的报告》，见 http://www. moe. edu. cn/publicfiles/business/htmlfiles/moe/moe_ 626/201108/122815 html, 2011 – 08 – 02/2016 – 01 – 11.

《法国中小学标准化建设及启示》，2015 – 04 – 16/2016 – 01 – 11，见 http://www. Moe. Gov. cn/publicfiles/business/htmlfiles/moe/s8685/201504/185981. Html.

《让教师"流动"起来有多难?》，《工人日报》2014 年 9 月 5 日，见 http://acftu. people. com. cn/n/2014/0905/c67502 – 25607315. Html.

《日本教师流动有高招》，2016 – 05 – 16，见 http://www. shedunews. com/web/Disp_ 11523. Html.

《日本教育体系中的轮岗制度》，见 http://www. Scopsr. gov. cn/mtgl/ddsj/201604/t20160407_ 286201. Html, 2016 – 05 – 16.

21CN 新闻网：《我国 10 多万农村儿童上学走 5 公里寄宿生 2 人一床》，2013 年 5 月 3 日，见 http://news. 21cn. com/caiji/roll1/a/2013/0503/23/21445266. Shtml.

国务院：《国务院关于实施西部大开发若干政策措施的通知》，2015 年 12 月 10 日，见 http://www. people. com. cn/zcxx/2000/12/122803. Html.

教育部、国家统计局、财政部 2014 年全国教育经费执行情况统计公告，见 http://www. jyb. cn/info/jytjk/201510/t20151014_ 639638. html.

教育部：《唐山市丰南区：创三种模式消除择校》，见 http://www. Moe. gov. cn/publicfiles/business/htmlfiles/moe/s5203/201103/116080. Html.

新华网：《振兴东北老工业基地》，2015 年 12 月 10 日，见 http://news. xinhuanet. com/politics/2009 – 10/10/content_ 12203805. Html.

中共中央办公厅，国务院办公厅。2006—2020 年国家信息化发展战略，2013 – 12 – 30，见 http://news. xinhuanet. com/newscenter/2006 – 05/08/ content_ 45228787. Htm.

中国国情搜索网：《中国劳动力动态调查：2015 年报告》，2015 年 12 月 10 日，见 http://nation. chinaso. com/detail/20151207/10002000327581614494449183893083358_ 1. Html.

中国教育新闻网：《"国培"改革照亮乡村教师》，2015 年 9 月 10 日，见 http://www. jyb. cn/basc/sd/201509/t20150910_ 636573. html.

中国新闻网：《坚定不移沿着中国特色社会主义道路前进为全面建成小康社会而奋斗——在中国共产党第十八次全国代表大会上的报告》2012 – 11 – 20，见 http://news. china. com. cn/politics/2012 – 11/20/content_ 27165856. htm.

中国新闻网：《两部门：严禁农村学校搞超标准、豪华建设》，

2013 年 1 月 5 日，见 http：//www. chinanews. com/edu/2013/01 - 05/
4460325. Html.

中华人民共和国教育部，《2015 年全国义务教育均衡发展督导评估
工作报告》，2016 - 02 - 23，见 http：//www. moe. edu. cn/jyb_ xwfb/xw
_ fbh/moe_ 2069/xwfbh_ 2016n/xwfb_ 160223/160223_ sfcl/201602/
t20160223_ 230102. html.

中华人民共和国教育部，《县域义务教育均衡发展督导评估暂行办
法》，2012 - 01 - 20，见 http：//www. moe. edu. cn/publicfiles/business/ht-
mlfiles/moe/moe_ 1789/201205/xxgk_ 136600. html.

中华人民共和国教育部：《关于韩国、日本义务教育学校标准化建
设情况的调研报告》，2015 - 4，见 http：//old. moe. gov. cn/publicfiles/
business/htmlfiles/moe/s8685/201504/185980. html.

中华人民共和国教育部：《义务教育办学套件不断改善》，2015 年
112 月 8 期，见 http：//www. moe. gov. cn/jyb_ xwfb/xw_ zt/moe_ 357/
jyzt_ 2015nztzl/2015_ zt18/15zt18_ sscx/15zt18_ tjgy_ ywjy/.

中华人民共和国教育部：《中华人民共和国义务教育法》，2006 年 6
月 29 日，见 http：//www. Moe. edu. cn. html.

中华人民共和国教育部发展规划司：《初中办学条件（一）》，2014
年 12 月 18 日，见 http：//old. moe. gov. cn/publicfiles/business/htmlfiles/
moe/s8493/201412/181867. html；中华人民共和国教育部发展规划司：
《初中办学条件（二）》，2014 年 12 月 18 日，见 http：//old. moe. gov.
cn/publicfiles/business/htmlfiles/moe/s8493/201412/181890. Html.

中华人民共和教育部：　《国家中长期教育改革和发展规划纲要
（2010 - 2020 年）》，2015 年 8 月 18 日，见 http：//www. gov. cn/jrzg/
2010 - 07/29/content_ 1667143. Html.

二、英文文献

Australian Capital Department Of Education & Community Services, Employment Notice Board – Employment Information For Teachers, 2001 – 5 – 14/2013 – 10 – 7, http://www. decs. act. gov. au/department/noticeboard. html.

Beinhorn, D. Ellen, "The Balance of Education", *Educational Research Bulletin,* 40, 7(1961).

Bergquist, Mary, and C. Wang, "Basic Education Development in China: from Finance Reform to World Bank Projects", International Journal of Educational Management, 17, 7(2003).

Cantor, Nancy, and P. Englot, "Beyond the Ivory"Tower: "Restoring the Balance of Private and Public Purposes of General Education", *Journal of General Education,* 62, 2(2013).

Chandra, Nirmal Kumar, "Education In China: From The Cultural Revolution To Four Modernisations", Economic & Political Weekly, 1987, (19 – 21).

Education Audiovisual & Culture Executive Agency、European Commission, Organisation of the Education System in France(2009/2010), 2010 – 05 – /2016 – 01 – 11, http://eacea. Ec. europa. eu/education/eurydice/documents/eurybase/eurybase_ full _ reports/FR_ EN. Pdf.

Freeman, Joan, Quality Basic Education: The Development of Competence, 1992.

Gabriela Ossenbach, "Research into the History of Education in Latin America: Balance of the Current Situation", *Paedagogica Historica,* 36, 3 (2000).

Jenkins, Kathryn A. Jenkins, Bertram A, "Education for Sustainable Development and the Question of Balance: Lessons from the Pacific", *Current*

Issues in Comparative Education, 7(2005).

Mahapoonyanont, Natcha, T. Mahapoonyanont, and S. Samrit, "The Development of a Project Evaluation Model for Basic Education Institutions", Procedia – Social and Behavioral Sciences, 46(2012).

Merle R. Sumiton Yvonne Engstrom, *School Community Relations: A New Approach*, New York: McGraw – Hill, 1996.

New Zealand Ministry of Education, *Professional Standards: Criteria for Quality Teaching Secondary School Teachers and Unit Holders*, Ministry of Education, 1999.

North, D. C., *Institutions, Institutional Change and Economic Performances*, Cambrige University Press, 1990.

OECD *Education at a Glance 2004*, 2006 – 9 – 10, http://www. oecd. org/document/7/0, 2340, en_ 2649_ 201185_ 33712135_ 1_ 1_ 1_ 1, 00. Html.

Pierre, J., Peter, G., *What is Governance?*, Macmillan Press Ltd, 2000.

Queensland Department of Education, Teacher Transfer Guide, *Education Views*, 1998 –4 –17, 1 –8th.

Shi, Jinghuan, and D. Director, "An Exploration of the Ways of Basic Education Development in the Western Disadvantaged Areas", Educational Research, 29, 29(2003).

Yuayai, Rerngrit, P. Chansirisira, and K. Numnaphol, "Developing Competency of Teachers in Basic Education Schools", Educational Research & Reviews, 10, 12(2015).